추 천 사

혁신은 생각에 머무르지 않고,
행동함으로써 완성되리라 믿습니다.
『우리는 기적이라 말하지 않는다』 책은
직원들과 끊임없이 소통하고 혁신 의식을 확산시켜
비전을 제시함으로써 조직을 바꾸어 가는 과정을
현장감 있게 담았습니다.

"행동하는 혁신"은 20년이 지난 지금도
위기 극복의 중심이며, 불확실성이 커진 오늘날,
미래를 대비하고 있는 많은 기업들에게
커다란 시사점으로 다가갈 것입니다.

 KDB산업은행　회장 李東杰

201　　　년　　　월　　　일

_____ 님께

서 두 칠 · 최 성 율 　저자 드림
_____

우리는 기적이라 말하지 않는다

우리는 기적이라 말하지 않는다

초판 1쇄 발행 2017년 7월 1일

지 은 이   서두칠 · 최성율
발 행 인   권선복
기록정리   박순옥
디 자 인   김소영
전 자 책   천훈민
발 행 처   도서출판 행복에너지
출판등록   제315-2011-000035호
주   소   (07679) 서울특별시 강서구 화곡로 232
전   화   0505-666-5555
팩   스   0303-0799-1560
홈페이지   www.happybook.or.kr
이 메 일   ksbdata@daum.net

값 20,000원
ISBN 979-11-5602-500-9 (03320)

도서출판 행복에너지는 독자 여러분의 아이디어와 원고 투고를 기다립니다. 책으로 만들기를 원하는 콘텐츠가 있으신 분은 이메일이나 홈페이지를 통해 간단한 기획서와 기획의도, 연락처 등을 보내주십시오. 행복에너지의 문은 언제나 활짝 열려 있습니다.

우리는 기적이라 말하지 않는다

서두칠 · 최성율 지음

도서
출판 행복에너지

'우리는 기적이라 말하지 않는다'
증보판을 내며…

– 권선복
(도서출판 행복에너지 대표이사)

'세월이 쏜 화살과 같다'는 속담이 요즘처럼 실감나는 때도 없다. 세월이 훌렁훌렁 지나 금세 10년이 되고 20년이 된다. 세상은 또 얼마나 빨리 변하는가? IT기기의 발달로 조금만 방심하면 시대에 뒤쳐져 버리니 마음 같아서는 변하는 세월을 어디라도 묶어놓고 싶은 심정이다.

이제는 변하지 않으면 살아남을 수 없는 시대가 되었다. '변화', '개혁', '혁신'이라는 단어들은 내키지 않아도 대면해야만 하는 시대적 요구이다.

2013년 한국은행에서 국내 1,000대 기업을 조사한 결과 기업의 평균수명이 27.2년으로 나타났고, 중소기업은 12.3년으로 나타났다고 한다. 그마저 점점 더 짧아지는 추세라고 하니 변화와 혁신이야말로 현 시대를 살아내는 유일한 방법이 아닐까 생각된다. 적자適者만이 생존하는 잔혹한 기업생태계에서 변화는 선택이 아닌 숙명이라 해야 할 것이다.

나라의 경제를 살리기 위해서는 기업이 살아나야 한다. 그럼 기업이 살아나기 위해서는 무엇이 필요할까? 불필요한 규제 철폐 등 국가적으로 기업하기 좋은 환경을 만들어주는 것도 중요하지만 필자는 이 시점에서 열정적인 기업가정신에 주목했다.

얼마 전 휴넷(조영탁대표)의 행복한경영대학에서 최성율 동진산업 대표이사를 만났다. 그는 한때 기적 같은 기업회생을 보여준 한국전기초자라는 회사에서 18년 동안이나 몸담았던 사람이다. 최성율 대표로부터 한국전기초자의 성공적인 혁신사례를 직접 전해 듣고 큰 감동을 받았다. 비록 20년 전의 이야기지만 그의 이야기는 망해가는 한 기업을 극적으로 살린 리더의 이야기였고, 진정한 혁신이 무엇인지 적나라하고 아프게 깨우쳐주는 삶의 이야기이도 했다.

부채 비율 1,114%, 총부채 4,700억 원과 때마침 불어 닥친 IMF 한파, 거기다 77일이라는 최장기 노조파업까지, 세계적인 경영컨설팅 회사마저 '도저히 살아날 수 없다'고 포기했던 회사는 한 리더의 역할로 단 3년 만에 세계 1위의 우량회사로 거듭났다. 그 엄청난 반전 스토리의 한가운데에는 서두칠 회장이 있었다.

최성율 대표는 서두칠 회장이야말로 '대한민국 최고의 경영의 신'이며, 일본 경영의 신이라 불리는 이나모리 가즈오보다 더 내공있는 리더라고 서슴없이 말했다. 그가 그렇게 자신하는 이유는 1997년 한국전기초자가 회생불능 진단을 받았을 당시 현장 실무책임자로서 서두칠 회장이 이끄는 혁신의 처음과 끝을 모두 지켜보았기 때문이다.

2000년대 초반 한국전기초자 기업회생 신화는 '구조조정이란 이런 것'이라는 모범을 보여주며 많은 경영인들에게 회자되었다. 그 후 서두칠 회장은 '기업 구조조정의 전도사', '혁신의 대가', '기업회생의 연금술사'로 불리며 한국전기초자 외에도 동원시스템즈, 이화글로텍 등 쓰러져가는 기업을 여럿 살려냈다.

최성율 대표에게 서두칠 회장의 이야기를 듣고 같은 기업인으로서 꼭 한번 만나 뵙고 한 수 배우고픈 마음이 들었다. 그러다 서두칠 회장의 강연을 들을 기회를 가졌고, 지금은 절판된 서두칠 회장의 저서 『우리는 기적이라 말하지 않는다』를 접하게 되었다.

책을 통한 감동은 이야기로 듣는 것과는 또 다르게 다가왔다. 딱딱할 것이라고 생각했던 기업의 이야기가 이렇게 흥미진진할 줄은 몰랐다. 마치 잘 만들어진 드라마나 영화를 본 것 같은 진한 감동이 긴 여운으로 남았다.

『우리는 기적이라 말하지 않는다』는 저서는 서 회장이 한국전기초자 재임 당시 '열린 대화방'이라는 사내 신문에 게재했던 일기와도 같은 글이었다. 서 회장은 그 글들을 모아 구미공단 직원들에게 배포할 목적으로 소박한 출판을 결심했지만 뜻하지 않게 출판사 사장의 권유로 책을 시판하게 되었다고 한다. 하지만 서 회장은 대중들에게 시판할 목적으로 집필한 것이 아니어서 아쉬운 점이 많다며 33쇄에서 절판을 시켰던 것이다.

경영에 관한 수많은 책이 있지만 실제 현장에서 혁신을 주도하고 성공시킨 이야기는 많지 않다. 더구나 최악의 조건에서 노사를 한마음 한뜻으로 모아 최상의 결과를 이끌어낸 리더의 이야기는 더더욱 귀하다. 필자는 출판인으로서 기업을 이끌어갈 임원, 간부, 직원들을 위해 경영의 교과서와도 같은 책 한 권을 만들어보고 싶었다. 그리고 오랜 불황의 늪에서 모두 지쳐있을 이 시점에서 '나도 할 수 있다'는 희망의 이야기, 도전의 이야기를 들려주고 싶었다.

회생의 돌파구를 찾는 많은 기업인들과, 매너리즘과 패배주의에 빠진 사람들에게 한국전기초자 이야기는 분명 정문일침頂門一鍼의 교훈이 될 것이다. 듣기 좋은 말만 들어서는 발전이 없다. 듣기 싫어도 들어야 하고, 하기 싫어도 해야 하는 일이 얼마나 많은가.

서두칠 회장의 저서『우리는 기적이라 말하지 않는다』는 서 회장이 부도직전의 한국전기초자를 일으켜 세운 과정이 자세히 드러나 있다. 어떤 드라마가 이보다 극적일 수 있을까. 철저한 열린 경영과 솔선수범으로 강성 노조원들이 자발적 헌신과 몰입을 할 수 있도록 설득하고 변화시켜 단 3년 만에 퇴출 1호 기업에서 업계 영업이익률 세계 1위의 기업으로 올려놓은 이야기가 이대로 묻혀서는 안 된다.

또한 그는 20년 전부터 권위적인 노사관계에서 탈피해 위기의식과 성과를 공유하는 노사관계, 솔선수범하는 리더십을 모범적으로 보여줌으로써 21세기 노사관계의 선구자적 모습을 보여준 전문경영인이었다.

서두칠 회장의 사람을 중시하는 경영철학과 기본과 원칙을 지키는 정도경영, 그리고 솔선수범의 리더십은 21세기에 다시 되짚어봐야 할 가치가 있으며, 우리나라에도 이런 전문경영인이 있다는 사실을 우리 스스로 잘 알고 있어야 하고 자랑스럽게 생각해야 할 것이다. 그래서 필자는 절판된『우리는 기적이라 말하지 않는다』라는 책을 다시 살리기로 했다. 서 회장이 한국전기초자를 떠나야 했던 이유와 혁신의 주역 중 한 사람이었던 최성율 대표 이야기, 서 회장의 경영철학이 담긴 상춘포럼 강연을 추가하여 다시 증보판을 펴내게 되었다.

최성율 대표 역시 혁신에 대한 열정과 도전정신으로 한국전기초자는 물론 동부제철에서 많은 혁신 성공사례를 남겼으며 지금은 동진산업에서 또 다른 혁신 스토리를 만들어가고 있는 전문경영인이다.

서두칠 회장의 이야기는 경영인들에게는 경영의 교과서로, 직장인, 취준생, 학생들이나 일반인들에게는 한 기업의 이야기를 넘어 삶의 이야기로 다가갈 것이다. 부정적이고 나태하고 방만했던 우리의 삶에 이 책은 '기본과 원칙'이라는 화두를 던지며 삶을 다시 추스르게 하는 마중물이 될 것이다.

『우리는 기적이라 말하지 않는다』 증보판을 흔쾌히 허락하신 서두칠 회장님과 참고자료와 성공혁신 사례를 실을 수 있도록 도움을 주신 최성율 대표(전 한국전기초자 성형 팀장, 현 동진산업 대표)께 진심으로 감사드립니다. 아울러 이 책을 읽는 독자들에게 선한영향력과 힘찬 행복에너지가 전파되어 다시 한 번 서두칠 회장님과 최성율 대표의 기운이 행복에너지와 함께 합치되어 기적이 창출되기를 기원드립니다.

도서출판 행복에너지 대표

10년 같은 3년

"교문을 들어선 것이 엊그제 같은데…"라는 말로 학창 시절, 졸업생은 답사를 시작하곤 합니다. 유수같이 흘러가 버린 3년간의 학창 생활에 대한 아쉬움을 그렇게 표현한 것이겠지요. 저 또한 한국전기초자에 부임해 경영 혁신이라는 성과를 이루어 내기까지 3년이란 시간이 걸렸지만 흡사 10년의 시간을 겪은 듯 그때의 일들이 아직도 생생합니다. 흘러간 시간의 길이에 대해 이러한 '착각 증세'를 느끼는 사람이 저뿐만은 아닌 것 같습니다. 그 옛날 생산 현장에서 함께했던 사람들을 만나도 비슷한 얘기를 합니다. "3년이란 시간은 쏜살같이 지나갔지만 사장님과 함께한 시간을 회상하면 10년처럼 길게 느껴집니다."라고요.

저는 우리 1,600여 사원들이 함께했던 3년이 왜 10년이나 20년쯤으로 여겨지는지 그 연유를 알고 있습니다.

실로 말로 다 할 수 없는 격변의 시간이었습니다. 텔레비전 브라운관 유리와 컴퓨터 모니터용 유리를 생산해 오던 한국전기초자는 1997년에 무려 77일간의 장기 파업 사태를 맞았습니다. 그리고 1997년 말, 회사는 한국유리 계열에서 대우그룹 계열로 바뀌었습니다. 때마침 불어닥친 IMF 한파로 1998년에는 부도 직전의 위기를 맞았고, 이어서 구조조정 대상으로 지목되어 어디로 내몰릴지 모르는 상황을 맞기도 했습니다. 그러다가 1999년에는 일본의 아사히글라스가 지배주주가 되었습니다.

그러나 우리가 "3년이 10년 같다"고 느끼는 것은 그런 우여곡절 때문만은 아닙니다. 그 기간에 우리가 만들어낸 '변화' 때문입니다.

1997년 12월의 어느 새벽, 저는 대우그룹으로부터 한국전기초자의 경영을 책임지라는 지시를 받고 가방 하나만 달랑 든 채 구미로 내려왔습니다. 그 새벽에 처음 접했던 공장 모습은 아직도 잊을 수 없습니다. 붉은 스프레이로 사방에 휘갈겨 놓은 살벌한 구호들, 팔지 못해 지천으로 쌓아둔 재고품들, 어지럽고 침침한 작업장, 무질서한 사원들과 무기력해진 간부들, 게다가 목전으로 죄어드는 부도 위기…. 더구나 회사는 이미 미국의 기업진단기관으로부터 '생존 불가능cannot survive'이란 딱지까지 받아 둔 상황이었습니다.

저는 모든 것을 바꾸지 않으면 생존 자체가 불가능하다고 판단하여 전방위적이고 동시다발적인 혁신 운동을 시작했습니다. 그러니까 이 책은 1998년부터 2000년까지 한국전기초자 가족들이 글자 그대로 '살갗을 벗기는 고통'을 감내하며 동참했던 혁신 운동에 대한 기록입니다.

3년 동안의 혁신이 가져온 변화를 일일이 열거할 수 없으나 1997년 이전의 상황과 몇 대목만 비교하면 다음과 같습니다.

1997년 말에 1,114%에 달하던 부채 비율은 2000년 말 37%로 낮아졌고, 3,480억 원에 이르던 차입금은 2000년 말 무차입 경영으로 바뀌었습니다. 1997년에 600억 원의 적자를 본 회사는 2000년에 1,717억 원의 순이익을 올렸습니다. 특히 2000년에 한 투자기관에서 700여 상장사를 대상으로 분석한 결과, 한국전기초자는 영업 이익률에서 35.35%로 1위를 기록한 것으로 집계되었습니다. 1,000원어치 물건을 팔면 353원이 영업 이익이 되었다는 계산이지요. 또 한국전기초자는 차세대 제품인 초박막액정유리TFT-LCD GLASS 사업을 위해 1,800억 원의 내부 투자자금도 확보해 놓은 상태였습니다. 부도 위기의 퇴출대상 기업에서 3년 만에 초우량 기업으로 변신한 것입니다.

그러니까 한국전기초자 사람들이 3년이 10년 같았다고 한 것은 3년간의 회사 형편과 사정이 상전벽해桑田碧海로 변했다는 의미일 것입니다. 순전히 금전적으로만 단순 비교한다면, 혁신 운동의 1기로 삼았던 1998년 이후 3년 동안 벌어들인 돈과 납부한 세금이, 한국전기초자가 그 이전에 23년간 벌었던 돈을 웃도는 결과가 나왔습니다. 결국 우리는 3년을 10년으로 살았던 셈이지요.

저는 부임 초기 사원들과의 대화에서 '소가 밟아도 무너지지 않는 회사'를 만들자고 호소했습니다. 그리고 3년이 지나 그들에게 약속했던 우답불파牛踏不破의 견고한 회사를 만들어냈습니다. 영업 이익을 많이 내고 재무 구조가 건실해졌다고 해서 튼튼한 회사가 되는 것은 아닙니다. 3년간의 혁신에서 저는 외형적 성장에 앞서 사원들의 '의식 구조의 혁신'을 가장 중요한 성과로 꼽습니다.

77일간에 걸친 장기 파업의 그림자가 짙게 드리우고 있던 1997년 말, 노조 측에서는 새로 부임한 저를 내려다보며(저는 키가 큰 편이 아닙니다) "고용을 보장한다는 각서에 서명하라"고 강하게 요구했습니다. 저는 그 요구를 일언지하에 거절하고 이렇게 말했습니다.

"고용 보장은 사장이 하는 게 아니라 고객이 하는 것이다."

선문답처럼 들렸을지 모르나 그것은 제가 일관되게 유지해 온 경영철학입니다. 열심히 일해서 좋은 물건을 만들면 고객이 사원들 고용도 보장하고 월급도 많이 줄 것 아니겠습니까.

쉽게 말해서 제가 추진했던 경영 혁신의 목표점은 거창한 것이 아니라, 모든 사원들이 "고용을 보장해 줄 사람도, 내게 월급을 줄 사람도 결국 고객이다"라고 확고하게 인식하도록 하는 것이었습니다. 고객으로부터 고용을 보장받기 위해서는 좋은 물건을 값싸게, 그리고 열심히 만들어 내놓아야 합니다. 모든 사원들이 그런 의식으로 무장된 회사라면 그 회사는 소가 아니라 코끼리가 밟아도 깨지지 않을 것입니다.

저는 혁신에 돌입하면서 생산 설비, 기술, 재무, 영업 등 전 부문에 대한 구조조정을 단행했습니다. 그러나 본인 스스로 걸어 나가지 않는 한 단 한 명의 사원도 퇴사시키지 않았습니다. 그리고 사원들에 대한 의식 개혁에 돌입했습니다.

3년이 지나 한국전기초자의 사원 모두는 당연히 "고객이 내 고용을 보장하며 나는 고객으로부터 월급을 받고 있다"는 인식을 공유하게 되었습니다. 더불어 철저히 열린 경영을 실천했습니다. 그 결과 사장이 알고 있는 회사의 모든 경영 정보를 생산 현장의 사원들도 자유롭게 접하면서, 스스로를 회사 경영의 주체라고 인식하게 되었습니다. 이것이야말로 그 어떤 분야의 혁신보다 힘겨웠기 때문에, 저는 사원들의 의식 혁신을 가장 소중하게 생각합니다.

부임하자마자 밤낮을 가리지 않고 강행군으로 가졌던 사원과의 대화 시간에, 저는 회사의 어려운 실정을 숨김없이 털어 놓고 혁신의 고통을 함께 이겨 가자고 호소했습니다. 혹자는 그것을, 회사가 위기에 처한 상황에서 사원들의 희생을 이끌어내기 위한 전략적인 경영수법이라고 했습니다. 훗날 흑자로 돌아서면 모든 경영 정보가 다시 캐비닛 속에 들어갈 것 아니냐며 의혹의 시선을 보내기도 했습니다. 그러나 시간이 지나도 변함없이 사원들에 대한 정보화 교육 등으로 오히려 더욱 다양한 채널로, 더욱 상세한 경영 정보가 철저하게 공개되었습니다. '열린 경영Open Book Management'은 경영의 전략이 아니라, 모든 사원들을 경영의 주체로 대접하는 경영의 정도正道입니다.

제가 지향했던 열린 경영이란 단순한 경영 정보의 공개가 아니라 노와 사, 혹은 경영책임자와 사원들 간에 터놓고 주고받는 '정분情分의 교류'입니다. 이 따뜻한 마음의 교류로 인한 상호 신뢰가 없었다면 사원들의 의지를 한 방향으로 결집해내기도 어려웠을 것입니다.

노와 사, 경영책임자와 말단 사원, 각 부서의 책임자와 부서원 사이를 따뜻한 정으로 이어 주고 그런 관계를 바탕으로 새로운 목표에 신명나게 도전해 가는 것! 이것은 서양학자들의 경영 혁신 이론으로는 단순 적용이 곤란한 우리 한국전기초자만의 독창적인 문화였다고 자부합니다.

이 책은 한국전기초자의 3년간의 혁신 운동 과정을 담은 현장 보고서입니다.

그러나 안타까운 것은 지금 그때의 한국전기초자는 사라지고 없다는 것입니다. 1999년 한국전기초자를 인수한 일본 기업 아사히 글라스는 한국전기초자가 세계적인 기업으로 성장하는 것을 달가워하지 않았습니다. 한국전기초자가 세계적으로 뻗어나가 자국 내에 있는 또 다른 유리회사의 시장을 잠식해 나가는 것을 가만 보고 있을 수 없다는 판단 때문이었습니다. 그래서 생산량과 신기술 개발을 제한했습니다. 그러다 2011년 CRT GLASS(TV 브라운관 유리) 사업을 접으면서 상장폐지 됐습니다. 지금은 한국전기초자라는 회사는 사라지고 없습니다. 1,600 초짜맨들과 365일 하루도 쉬지 않고 가꾸었던 일터가 사라지고 없다는 생각을 하면 참으로 가슴이 아픕니다.

저는 가끔 강연에서 "외자에도 품질이 있다"는 말을 자주 합니다. 아무리 최대 주주라고 해도 경영자에게 회사를 맡겼으면 그 실적을 놓고 책임을 물어야지, 성장하고 있는 회사의 발목을 잡아서는 안 되는 것입니다. 따라서 외자를 평가할 때 투자 마인드가 없는 기업이 주는 돈이라면 아무리 아쉬워도 받으면 안 될 것입니다.

지금 한국전기초자는 없지만 그때 함께했던 1,600 초짜맨들의 가슴속에는 10년 같은 3년의 역사가 생생하게 살아 있을 것이라고 생각합니다. 어디에 있든 함께 땀 흘렸던 기억은 크던 작던 여러 산업현장에서 또 다른 혁신을 낳고 있지 않을까 기대해 봅니다.

저는 무엇보다, 전도前途가 불확실했던 그 어려운 시기에 저를 믿고 기꺼이 모진 고통을 감내하면서 따라 준 한국전기초자의 가족 모두에게 깊은 감사를 드립니다. 아울러 이 책이 '굴뚝산업'이라는 이름으로 구시대 산업인 양 오해되고 있는 전통 제조업 종사자들에게도 격려와 위안이 되었으면 합니다.

2017년 6월

서 두 칠(dcsuh@naver.com)

또 다른 혁신 신화의
탄생을 기대하며

전 구미시장, 현 경상북도지사 **김 관 용**

2001년 1월 2일, 구미상공회의소 강당에서는 뜻깊은 행사가 있었습니다. 구미상공인상 시상식이었는데 이날 수상자는 한국전기초자의 서두칠 사장이었습니다. 수상이 끝난 뒤 단상에 오른 서두칠 사장은 식장에 모인 구미시민과 각 기관장 및 단체장, 그리고 구미공단의 많은 기업 대표 앞에서 한국전기초자의 혁신 과정을 담담하게 설명해 나갔습니다.

장기간의 파업으로 부도 직전에 직면한 회사를 대대적인 혁신 운동을 통해 모든 사람들이 부러워하는 초우량 기업으로 변모시킨 그의 회고담은 식장에 모인 사람들의 아낌없는 갈채를 받고도 남을 만큼 감동적이었습니다.

이미 한국전기초자의 혁신 성공 사례는 우리 구미지역에서는 널리 알려져 있는 '신화'였지만, 이 회사의 어제와 오늘을 서 사장으로부터 구체적으로 듣고는 또 한 번 놀라고 말았습니다. 2000년 한 해에만 1,717억 원의 순이익을 올려 전국 700여 개의 상장사 중 영업 이익률 1위를 차지하는 등 한국전기초자의 놀라운 실적은 77일간의 파업으로 회사가 휘청거리는 모습을 안타깝게 지켜보아야 했던 하객들의 감탄을 자아내기에 충분했습니다.

아마 시상식장에 참석한 많은 사람들 중에서 나만큼 열렬하게 박수를 보낸 사람도 드물었을 것입니다. 내가 당시 3년 동안 한국전기초자가 어떻게 변모해 왔는지를 가까이에서 관심 있게 지켜보아 온 '증인'이었기 때문입니다.

당시 한국전기초자의 장기 파업 사태는 모든 구미시민들에게 불안과 걱정을 안겨 주었습니다. 시정을 책임지고 있는 나와 몇몇 기관장들이 그 사태의 원만한 해결을 위해 동분서주했지만 좀처럼 해결 기미가 보이지 않았습니다.

추석을 며칠 남겨 두지 않은 그해 늦여름, 한국전기초자의 300여 근로자가 시청 광장으로 몰려 나왔습니다. 구미시가 직접 나서서 사태를 해결해 달라는 것이었습니다. 당시의 파업 사태는 1천여 명의 노조원들이 회사 앞 길바닥에 텐트를 치고 농성을 계속하는 등 대단히 격렬한 양상을 보이고 있었습니다. 나는 해결책을 모색하기 위하여 지역의 각 기관장과 단체장, 시민단체 대표들, 심지어 노인회 회장님까지 모인 자리에서 두 차례에 걸쳐 중재를 시도했습니다. 그러나 한 가지 문제가 풀리면 다시 새로운 문제가 제기되고, 노사 양측이 극적으로 타협점을 찾았다 싶으면 또 다른 요구가 이어져서 교섭은 원점으로 돌아가곤 했습니다. 대단히 안타까운 상황이었습니다.

어쨌든 77일간이나 계속된 파업은 노사 양측과 시민들에게 상처만 남기고 끝이 났습니다. 파업의 끝은 참담했습니다. 경영권이 대우그룹으로 넘어가 버린 것입니다. 장기간의 파업으로 회사의 상황이 워낙 어려워진 데다 부도 소문까지 나돌던 터여서 이 회사가 단기간에 정상궤도에 오를 수 있을지 걱정이었습니다. 그때 경영책임을 맡아 부임한 사람이 서두칠 사장이었습니다.

나는 설이나 추석에 구미시에 있는 공단업체들을 방문하는 것을 연례행사로 했습니다. 혹시 고향에 가지 못하고 있는 직원이나 당직 근무자들을 격려하기 위한 걸음이었습니다. 1998년 설날, 한국전기초자에 들른 나는 깜짝 놀랐습니다. 용해로를 가지고 있는 공장이니 그것을 관리할 직원이 몇 명쯤은 남아 있을 것이라 예상하고 들렀는데, 서두칠 사장을 비롯한 전 임직원이 평상근무를 하고 있는 게 아니겠습니까. 나는 그들에게 감사의 마음을 감출 수 없었습니다.

1998년 추석에도, 1999년과 2000년 설과 추석에도 공단에서 유일하게 한국전기초자의 전 임직원들은 어김없이 출근하여 땀을 흘리고 있었습니다. 이렇듯 뼈를 깎는 노력으로 한국전기초자는 전국의 언론과 경제연구소들이 주목하는 초일류 기업으로 우뚝 일어섰습니다.

이 회사의 눈에 보이는 실적도 경이적이었지만, 나는 무엇보다 노사관계에서 모든 사람이 부러워하는 모범적인 모습으로 탈바꿈

한 사실에 큰 박수를 보냈습니다. 1997년 막다른 골목을 향해 치닫던 파업사태 때문에 전 구미시민의 걱정거리였던 회사가 3년 후 구미공단에서 가장 모범적인 노사관계의 전형을 보여주고 있었던 것입니다. 서두칠 사장 부임 이래 형성된 한국전기초자의 신노사문화는 모든 사업장의 귀감이 되었습니다. 노사 협력을 위한 이러한 노력이 높이 평가되어 2000년 이 회사의 김철수 노조위원장이 산업평화대상(경상북도 주관) 금상을 수상한 데 이어서 2001년 1월 20일에는 서두칠 사장이 대상大賞을 수상했습니다.

며칠 후인 1월 24일, 설 명절에 한국전기초자를 방문했을 때에도 모든 사원이 출근하여 근무하고 있었습니다. 이러한 모습이야말로 쓰러져가는 회사를 일으켜 세운 원동력이었다는 것을 알 수 있었습니다.

『우리는 기적이라 말하지 않는다』는 그 시절 한국전기초자의 생생한 기록이자 경영혁신의 성공 스토리입니다. 서두칠 사장과 임직원들의 땀과 노력은 눈물겨운 것이었습니다. 그래서 이 책에 담긴 교훈과 감동들이 또 다른 제2, 제3의 한국전기초자 성공 신화를 만들어 내는 계기가 될 것으로 믿습니다. 한 가지 안타까운 마음은 한국전기초자가 역사의 뒤안길로 사라졌다는 것입니다. 하지만 한국전기초자는 대한민국 산업발전사의 빛나는 이름으로 기억될 것으로 확신합니다. 거듭 증보판 출간을 진심으로 축하드립니다.

기적은 없다

1997년 6월

"결론적으로 말해서 한국전기초자는 현재의 경쟁력으로 볼 때 도저히 살아남을 수 없다Our conclusion is that HEG cannot survive in its current position."

한국전기초자의 경영 진단을 맡았던 한 세계적인 경영 컨설팅 회사는 6개월에 걸쳐 이루어진 경영 실사 후 이렇게 결론지었다.

1997년 7월

한국전기초자 노조원들은 조간 근무팀이 근무를 끝낸 오후 3시, 제1공장 본관 앞에 모였다. 쟁의 돌입을 위한 찬반투표에서 전체 조합원 86.4%의 압도적인 찬성으로 파업이 결정되었고 오후 3시를 기해 전면파업에 돌입한 것이다. 노사 간에 15회에 걸친 협상이 결렬된 다음이었다. 파업은 매일 10억 원의 손실을 초래하였고 회사는 7월 22일 직장 폐쇄 신고를 한 후 정문을 폐쇄했다. 사원들은 파업파와 조업 참여파로 분열되었고 공장 벽 곳곳에는 'OOO 배신자', 'OOO 죽일 놈'이라는 스프레이 낙서가 난무했다. 8월 18일에는 제4공장에 모인 관리직 사원 및 조업 참여 노조원 500여 명이 노조원들의 공장 봉쇄로 30여 시간 감금되는 사태가 벌어졌다. 결과적으로 회사도 지고 노조도 진 파업은 77일 만에 끝났다.

1997년 12월

연말 결산 결과 한국전기초자의 총 부채는 4,700억 원, 부채 비율은 1,114%였다. 금융기관 차입금 총액이 3,500억 원, 설비를 사들일 때 분할 상환 방식으로 갚기로 한 리스 채무가 당시 환율로 1,200억 원이었다. 달러 환율이 800원이었을 때 끌어다 쓴 외화 차입금은 IMF 구제금융 여파에 따른 원화가치 하락으로 그 규모가 얼마로 불어날지 몰랐다. 성장성의 척도가 되는 매출액 증가율은 −22.5%였고 시장가치의 기준이 되는 주당 이익은 −9,115원이었다.

1998년 초

신문에는 연일 퇴출 기업에 관한 기사가 나왔다. 대우그룹 계열사 중 한국전기초자는 퇴출 대상 1호 기업으로 지목되었다.

1999년 초

대신그룹에서는 국내 전 상장기업을 대상으로 하는 '대신종합경영평가상' 수상 기업 선정을 위해 각개 기업의 1997년 경영 지표를 토대로 1998년 경영 실적을 평가하는 작업을 벌였다. 경영 지표들을 비교 검토하던 평가위원들 사이에 작은 흥분이 일어났다. 전년도 경영 평가에서 584위를 기록한 한국전기초자가 1년 만에 32위로 껑충 뛰어오른 것이다. 처음에 심사위원들은 제출된 자료에 문제가 있을 것이라고 생각했다. 1997년과 1998년을 비교하니 매출액은 2,377억 원에서 4,842억 원으로, 경상 손익은 600억 원 적자에서 307억 원 흑자로 전환되었고, 부채 비율은 1,114%에서 174%로 떨어져 있었다. 더구나 일체의 자산 매각, 인적 구조조정 없이 만든 부채 감소였다.

정밀조사 결과, 자료에 기재된 내용이 모두 사실이라는 것을 확인한 평가위원들은 고민에 빠졌다. "등위에 못 들었다고 이대로 탈락시키기에는 너무 아쉽다." 평가단은 규정에 없는 번외상番外賞을 새로 만들었다. 비약상飛躍賞이었다.

이듬해, 한국전기초자는 2000년 '대신종합평가상' 본상을 수상했다. 전체 상장기업 725개사 중 평가가 가능했던 기업 542개사 중에서 3위를 차지한 것이다. 자본금 규모에 따라 분류된 중형사中型社 부문에서는 1위였다.

2000년 6월

한국경제신문이 제정한 제9회 '다산경영상' 시상식이 이 신문사 다산홀에서 열렸다. 창업자 부문과 전문경영인 부문으로 나누어 수상자를 선발했는데, 심사위원장이었던 지용희 교수(서강대)는 전문경영인 부문 수상자로 한국전기초자의 서두칠 사장이 선정된 경위를 설명하면서 이렇게 말했다.

"심사위원 모두가 한국전기초자의 경영 자료를 검토하면서 고개를 갸웃거렸습니다. 그동안 이 회사가 경영 혁신에 성공했다는 얘기를 듣기는 했지만, 그 짧은 기간에 어떻게 그런 경이적인 경상 이익을 낼 수 있었는지 도무지 믿을 수가 없었습니다. 필시 자료에 기재된 수치가 잘못됐거나 아니면 그 기간에 특별 이익이 발생했을 것이다, 이런 판단을 내리고 검증 작업에 착수했는데 놀랍게도 순전히 영업활동의 성과로 이룩한 결과였습니다."

사람들은 기적이라 말했다. 부채 비율 1,000%가 넘던 부실덩어리 회사가 3년 만에 무차입 경영을 하게 된 상황을 설명할 적당한 말이 없다는 것이다. 최악으로 치닫던 노사관계가 모두가 부러워할 만큼 협력적 관계로 전환한 것 역시 기적이라 얘기했다. 대량 감원이 불가피한 고용 여건에 IMF 한파까지 겹친 상황에서 단 한 사람의 강제 퇴출 없이 구조조정을 해낸 결과에 대해서도 기적이라 얘기하고, 비싼 로열티를 지급해 오던 외국의 기술선을 단절하고 단기간에 기술 독립을 이룩한 결과를 두고도 기적이라 말했다.

그러나 기적은 없었다. 우리는 다르게 했을 뿐이다. 이 책은 그에 대한 기록이다.

한국전기초자, 어떤 회사인가?

한국전기초자HEG:Hankuk Electric Glass는 1974년 5월에 설립되어 초기에는 흑백 텔레비전용 유리만 생산했고 1988년 들어 컬러 텔레비전용 유리 생산을 시작했다. 1995년 12월에 주식을 상장했으며, 컬러 유리 생산을 위한 제2, 3공장을 준공했다. 1997년에 77일간의 장기 파업을 겪었고 그해 말 대우그룹으로 경영권이 이양되었다. 대우그룹에서 서두칠 사장이 전문경영인으로 파견되어 1998년부터 대대적인 경영 혁신 운동을 전개했다. 대우가 그룹 차원의 어려움을 겪게 되자 1999년 말에 일본의 아사히글라스로 경영권을 이양했다. 하지만 제품의 사양화로 2011년 2월 상장폐지, 2012년 공장이 철거되었다.

주요 생산 제품은 텔레비전 브라운관 유리CPT와 컴퓨터 모니터용 브라운관 유리CDT였다.

컴퓨터나 텔레비전 브라운관은 전면유리만 있는 게 아니라 내부 후면에 깔때기 모양의 유리가 함께 들어가서 전면유리와 짝을 이뤄 맞물려 있었다. 이 전면유리와 후면유리 한 쌍을 회사 내부에서는 '1개'라고 얘기했다. 일반적으로 전면유리가 출하되면 후면유리도 짝을 맞춰 함께 공급되었다.

브라운관의 전면유리를 패널Panel이라 하고 후면유리를 훤넬Funnel이라 하는데, 그림이나 문자를 사용자가 직접 눈으로 대하는 전면유리는 훨씬 더 정밀한 작업을 요하기 때문에 후면유리보다 수율收率이 낮았다. 수율이란 용해로에서 나온 유리물이 성형된 후 마지막의 검사 공정에서 양품으로 합격되는 숫자의 비율을 말한다. 또한 컴퓨터 모니터 브라운관용 유리는 텔레비전 브라운관용 유리보다 해상도가 높기 때문에 더욱 정밀하고 깨끗한 제품이 요구되었다. 이외에도 완전평면유리 Flatron 등을 생산했다.

● 목차 ●

1997년
그 뜨거웠던 여름

혁신의 '혁'은
'가죽 혁(革)'이다

1997년
그 뜨거웠던
여름

왜
서두칠인가?

1997년 12월 6일 새벽, 한 남자가 구미역 광장에 모습을 나타냈다. 대우전자 부사장으로 일하던 중 한국전기초자 사장으로 내정된 서두칠이었다. 대우전자 사람들이 베풀어 준 송별연이 끝나자마자 집에도 들르지 않고 밤열차를 타고 내려온 길이었다.

법적으로 그는 아직 한국전기초자 대표이사가 아니었다. 12월 29일에 있을 임시주주총회에서 대표이사로 선임되기 전까지 대우전자 소속으로 월급도 대우전자에서 받도록 되어 있었다.

구미에 내려온 것은 회사 개황을 브리핑 받고 한번 둘러보자는 생각에서였다. 본격적인 업무는 임시주총이 끝난 뒤에 시작할 생각이었다. 시계는 새벽 1시를 넘어가고 있었다.

새 사장이 떴다

서두칠 사장이 구미에 온 그 시각, 곤한 잠에 빠져 있던 한국전기초자의 문종만 기획팀장은 꼭두새벽에 걸려온 전화를 받고 부랴 부랴 구미역으로 달려갔다.

"문 차장, 사원들이 3교대로 24시간 풀타임으로 근무한다고 했 지?"

"그렇습니다. 피곤하실 텐데 일단 숙소로 가셨다가 월요일에 둘 러보시지요."

"아니야. 밤늦게 고생하는 종업원들 위로도 해 줄 겸 공장으로 가자고. 사장이 새로 온다는 얘기는 들었을 텐데, 내가 어떻게 생 겼는지 궁금해할 것 아닌가."

문 차장은 가슴이 철렁했다. 간부들이 모두 퇴근하고 없는 일요일 새벽에 생산 현장을 둘러보겠다고 나올 줄은 꿈에도 생각지 못했던 것이다. 신임 사장의 공장 시찰을 예상했더라면 간부들이나 라인 책임자들에게 미리 연락해서 대비를 하도록 했을 텐데, 나중에 자신에게 쏟아질 원망이 걱정스러웠다. 그러나 어쩔 도리가 없었다.

서 사장은 생각이 있었다. 공장을 예고 없이 방문함으로써 평소 모습 그대로를 살펴보고 싶었던 것이다.

일행을 태운 차는 어둠이 깔린 구미공단을 가로질러 갔다. 헤드라이트를 켜고 정문으로 들어서자 경비원들은 인사를 건넬 생각도 못한 채 멍한 표정으로 바라만 보았다.

차에서 내린 서 사장은 문 차장의 안내를 받아 원료 수급 과정부터 시찰했다. 서 사장을 처음 맞은 것은 콘크리트 벽에 적힌 '○○○ 배신자', '○○○ 죽일 놈' 등의 살벌한 페인트 글씨들이었다.

신임 사장을 수행하던 문 차장은 민망한 나머지 연신 쩔쩔맸다.

공장은 혼란스런 풍경의 파노라마였다. 휴게실은 담배 연기가 자욱했고, 테이블 위엔 신문지며 잡지가 널브러져 있었다. 앉아서 조는 사람, 잡담하는 사람 등 일하는 사람보다 쉬고 있는 사람이 더 많아 보였다. 근무 중인 사람들도 의자를 뒤로 젖히고 졸고 있거나 아예 신문지를 책상 위나 바닥에 깔고 자고 있었다.

처음엔 '저 사람이 누군데 아닌 밤중에 남의 공장에 들어와서…' 식으로 멀뚱멀뚱 바라보던 근무자들은 그가 곧 부임할 새 사장이라는 걸 알고 화들짝 놀랐다. 그러고는 그때서야 부산하게 비상연락망을 가동했다.

"새로 온 사장이 떴다! 지금 제1공장 왼편 모퉁이를 돌아갔으니 곧 연마 공정을 시찰할 것이다!"

개선 여지가 무궁무진하군!

그러나 그들이 대비하건 말건 상관없이 새 사장은 첫 공장 시찰로 회사가 안고 있는 문제점을 대략 간파할 수 있었다.

서 사장은 전자회사에서 잔뼈가 굵은 사람이다. 그가 공장 내부를 바라보는 시각은 '유리공장=장치산업'이라는 인식이 아니라 전자공장 마인드였다. 그런 눈으로 바라보니 모든 게 문제 상황이었다.

우선 현장 조명이 너무 어두웠다. 전 공정이 24시간 가동되는 공장임에도 절전 명목으로 전등의 상당수를 꺼 놓고 있었다. 의욕, 희망, 책임감 같은 긍정적인 언어들은 어두침침한 환경하고는 짝이 될 수 없는 법이다.

근무 태도도 마찬가지였다. 프레스 공정의 경우, 프레스 작업 자체가 자동으로 이뤄지기 때문에 종업원들의 임무는 '지켜보는 일'이다. 기계 고장은 없는지, 유리물의 상태는 이상이 없는지, 이물질이 섞이지는 않았는지를 꼼꼼하게 살펴야 한다. 그러다가 조그만 이상이라도 발견되면 재빨리 그 원인을 제거하기 위한 조치를 취해야 한다. 그런데 그날 밤 종업원들의 모습은 "까짓 것 별 문제 없이 잘 돌아가고 있는데 힘들게 서 있을 필요 뭐 있나. 잠이나 한숨 자두자" 이런 식이었다.

또 현장이 지저분했다. 물론 기계설비가 많은 공장, 그중에서도 기계 공장의 경우 그럴 수밖에 없다는 것이 일반적인 인식이었다. 그러나 전자공장 관점에서 바라본 그날의 현장은 아주 실망스러운 모습이었다.

그리고 무엇보다 거슬리는 것은 공정과 공정 사이에 놓여 있는 재공품在工品이었다. 그것은 공정이 매끈하게 흘러가고 있지 못하다는 반증이었다. 그걸 들어내기 위해서는 또 다른 인력이 동원되고, 지게차가 부산스럽게 드나들어야 하니 그 비용이 또한 적은 게 아닐 것이었다. 공장 중간 곳곳에 작은 사무실을 만들기 위해 설치된 칸막이도 공정과 공정 사이를 단절하는 느낌이었다.

공장이란 아무리 복잡한 공정을 가지고 있는 경우라도 '가장 무식한 사람이 들어가서 훑어 봤을 때 한 눈에 그 운영 체계가 척 들어와야 효율적'이라는 생각을 가지고 있던 서 사장에게, 한국전기초자의 첫인상은 낙제점이었다.

그리고 또 하나, 회사를 새로 인수한 대우 출신 서 사장을 대하는 현장 사원들의 태도는 무척 적대적이었다. 그것은 그날 밤 공단을 휘감던 북풍보다 더 싸늘하게 서 사장의 가슴에 와 닿았다.

그러나 서 사장은 모든 곳곳에 희망이 깔려 있다고 생각했다. 무질서하고 비효율적인 공장 운용 체계와 지저분한 환경, 한숨이 절로 나오는 종업원들의 근무 태도, 우호적이지 않은 눈빛 그 모두가 희망이었다. 빈틈없이 잘 짜여 돌아가서 손 볼 여지가 없는 모습이었다면 오히려 곤혹스러웠을 것이다. 아무 문제가 없는데 회사가 망할 지경이라면 혁신 방안을 궁리하기도 그만큼 어려울 텐데, 도처에 문제점이 보인다는 것은 개선할 여지가 무궁무진하다는 의미 아닌가!

공장을 둘러본 그는 이런 결심부터 하게 된다.

'햇볕이 드는 곳에는 곰팡이가 슬지 않는다. 모든 현장에는 언제나 관리자의 눈길이 닿아야 문제점이 노출되고 또한 그 개선 방안이 뒤따를 수 있다. 그 정도가 되려면 나를 비롯한 전 임원, 간부들이 연중무휴로 근무를 해야만 한다.'

한국전기초자 경영 혁신은 바로 그 일요일 새벽, 첫 공장 시찰에서 이미 가닥이 잡혔다고 볼 수 있다. 사람들이 안 된다고 고개를 내저었던 현장에서 그는 오히려 가능성과 성공에의 확신을 발견한 것이다.

2시간이 넘게 공장을 둘러본 서 사장은 어쩔 줄 몰라 하는 문종만 기획팀장과 현장 간부들에게 말했다.

"내일부터 기획팀을 시작으로 각 팀별로 1시간씩 업무 보고를 받겠습니다."

꼭두새벽에 예상치도 못한 방문객을 맞은 간부들은 신임 사장의 이어지는 말에 다시 한 번 놀라야 했다.

"회의 시각은 아침 6시입니다. 그때 봅시다."

그때까지 서두칠 사장은 서울에서 메고 온 가방을 열어 보지도 못했다. 거기엔 양말 두 켤레와 와이셔츠 한 장이 들어 있었다. 그 날부터 그는 구미에 눌러앉았다.

구미로 가라!

"서두칠 부사장이 적임입니다."

1997년 11월 말, 대우그룹의 김우중 회장은 한국유리로부터 인수한 한국전기초자의 경영을 누구에게 맡길 것인가를 놓고 대우전자 배순훈 회장과 숙의를 거듭하다가 대우전자 국내 영업을 총괄하던 서두칠 부사장을 낙점했다.

IMF 통제가 시작된 1997년 말은 부도 기업이 속출하는 등 기업 활동의 전도가 혼미한 상황이었다. 대우의 입장에서도 한국전기초자는 77일에 걸친 파업으로 노사 간에 또 무슨 일이 터질지 모르는 시한폭탄이었다. 그런데 왜 서두칠이었을까?

1993년, 김우중 회장은 당시 대우전자 상무였던 서두칠에게 대우전자부품의 경영책임을 맡겼다. 대우전자부품은 대우전자에 전해電解콘덴서, 탄탈룸콘덴서, 고압변선기, 센서 등의 부품을 납품하는 회사였다. 그 회사는 당시만 해도 누적 부채에다 만성적인 노사 분규로 그룹 내에서 문제투성이 회사로 평가받고 있었다.

서두칠이 대우전자부품에 부임했을 때 사람들은 모두 "아무리 발버둥 쳐봤자 정상화는 어렵다"고 입을 모았다. 그리고 거기에는 다음과 같은 근거가 있었다.

첫째, 대우전자부품은 역설적이게도 그룹 내 납품처인 '대우전자' 때문에 어렵다. 부품을 열심히 만들어 봤자 대우전자 측에서는 제품 값이 떨어진다는 이유로 매년 10%씩 납품 가격을 인하하자고 나온다. 그러니 열심히 만들어 봤자 상황을 호전시킬 수 없다.

둘째, 차입금이 워낙 많아서 벌어 봤자 이자 물고 나면 도로아미타불이다.

셋째, 대우전자부품 노조가 강성인 데다 당시 법외단체인 전노협 소속이어서 현장 컨트롤이 안 된다.

넷째, 공장이 네 군데에 흩어져 있어서 비용이 너무 많이 든다.

얘기대로라면 하루빨리 간판을 내리는 것이 상책이었다. 서두칠은 첫날 간부회의에서 "할 수 있다"고 큰소리쳤다. 간부들은 그가 무슨 대단한 비책을 내놓을 것으로 기대했다.

"대우전자가 매년 10%씩 깎아 달라고 한다니 깎아 줘야지요. 그래야 납품을 지속적으로 할 것 아닙니까. 대신 생산량을 늘려서 대우전자에 대한 의존도를 줄여 나가면 됩니다."

간부들은 크게 실망했다. 누가 그걸 몰라서 안 한 줄 아느냐는 것이었다. 그가 제시한 다른 처방이라는 것도 마찬가지였다.

"차입금 이자 때문에 어렵다고 하는데, 그 문제는 동일한 설비를 가지고 생산을 두 배로 늘리는 방향으로 나가면 절대비용이 줄어들 것 아닙니까. 1,000억 매출을 2,000억으로 끌어올리면 대출 이자 부담을 반으로 줄일 수 있습니다."

간부들이 쓴웃음을 지었다. 마치 생활고로 허둥대는 100만 원짜리 월급쟁이한테 "월급을 200만 원 받으면 될 것 아니냐"고 궤변을 늘어놓는 것처럼 들렸던 것이다. 그뿐만이 아니었다.

"노조 때문에 어렵다는데, 그거야 확실하게 노사관계를 정립해 나가면 돼요. 그런 걸 하기 위해서 관리자가 있고 감독자가 있는 것 아니오. 또 공장이 네 군에 흩어져 있어서 어렵다고요? 그거야 한 군데로 합치면 됩니다."

"갈수록 태산이네!"

사람들은 속으로 코웃음을 쳤다.

"말이야 쉽지. 어디 한번 해 보십시오. 안 될 겁니다."

대부분 이런 반응이었다.

그런데 서두칠이 대우전자부품에 재직한 4년 동안 다음과 같은 변화가 있었다.

부임 당시 매출액이 1,000억 원이었는데 그가 4년 후 떠날 때에는 2,300억 원으로 증가했다. 반면 사원은 자연 감소가 있어서 1,800명에서 1,000명으로 줄었다. 인원은 반으로 줄었는데 매출은 두 배가 넘게 향상된 것이다. 그리고 4군데로 흩어져 있던 공장도 정읍 한 군데로 다 모았다. 물건이 안 팔려 고민하던 문제도 베트남, 멕시코, 중국, 폴란드, 영국에 공장을 세워 현지 생산도 하고 서로 싸게 만들어서 수입·수출을 하는 방법으로 활로를 열었다. 그렇다면 노조는? 그가 대우전자부품을 그만둔 뒤 노사화합대상을 받았을 정도로 노사 간 협력 경영에 성공했다.

이러한 점을 익히 알고 있던 회장은 서두칠을 구미로 내려보낸 것이다.

도저히
살아남을 수 없다

당시 한국전기초자 분위기에서 서 사장이 말한 '아침 6시'는 간부들에게 '새벽 6시'였다. 한국유리 시절의 6시라면 아직 단잠에 빠져 있을 시간이었던 것이다. 더군다나 한겨울이니 6시면 깜깜한 밤중이다. 보고 시간이 6시라면 브리핑 준비를 위해서 더 일찍 나와야 했다.

어쨌든 아침 6시에 기획팀부터 업무 보고가 시작됐다. 일반적인 기획업무를 보고한 팀장이 두툼한 영문 서류 한 부를 서두칠 사장에게 내밀었다.

"이런 사실이 있었습니다. 읽어 보십시오."

그것은 한국전기초자에 대한 경영 진단 평가 보고서였다.

1997년 한국전기초자의 모기업이던 한국유리그룹은 한 세계적인 경영컨설팅 회사에 경영 진단을 의뢰했다. 6개월간에 걸친 실사 작업 끝에 그들은 마침내 하나의 정밀한 보고서를 완성해냈다.

당시 경영 진단을 의뢰한 것은 '회사의 건강 상태가 어떤지 참고하기 위해서'라고 보기는 어렵다. 당시 회사 상황은 아주 어려웠다. 갈수록 경쟁력은 떨어지고, 재고는 쌓이고, 세계 시장 전망도 어둡고, 기술 수준도 선진업체에 비해 뒤지고 있는 형편이었다. 따라서 한국유리그룹으로선 '과연 이 회사를 계속 붙들고 있을 만한 가치가 있는가?' 하는 회의에서 진단을 의뢰했다고 보는 편이 옳았다.

당시 세계 TV 브라운관 시장은 1996년을 기준으로 할 때 일본전기초자NEG가 29.6%, 아사히글라스가 25.6%, 한국의 삼성코닝이 14.8%, 한국전기초자HEG가 8.1%였고 기타 필립스 등이 나머지 시장을 차지하고 있었다. 비율로 보면 8.1%의 점유율에다 세계 4위이므로 대단한 비중을 차지하고 있었던 것처럼 보인다.

그러나 TV 브라운관 유리가 컴퓨터 모니터용 유리에 비해 부가가치가 훨씬 떨어지는 상황에서 양쪽 제품을 합한 단순 점유율은 의미가 없다. 일본전기초자나 아사히글라스, 삼성코닝에서는 컴퓨터 모니터용 유리를 양산하고 있는데 비해 한국전기초자는 그렇지 못했다.

그렇다면 어떻게 해야 할 것인가? 과연 한국전기초자에서 스스로 고부가가치 제품인 컴퓨터 모니터용 유리를 개발해서 선진 회사들과 겨뤄 경쟁력을 유지하면서 회사를 계속 영위할 수 있겠는가? 아니면 또 다른 회사와의 전략적인 제휴가 필요한가? 그것도 아니라면 제3의 방법은 없는가? 이런 과제들에 대한 답을 경영 진단 결과로부터 얻어 내려 했던 것이다.

경영 진단이 시작됐다. 최고 전문가로 조직된 경영 진단팀은 서류상의 경영 실태 조사 외에도 관련 회사들을 돌아다니면서 꼼꼼하게 조사활동을 벌였다. 또 구미의 작업장에 와서 공장장들을 비롯한 라인장, 생산 지원팀, 기술 개발 관계자 등을 30여 명이나 만나 광범위한 조사를 벌였다.

조사 활동이 이뤄지고 있는 동안 회사 사람들은 무슨 조사가 진행되고 있다는 건 어렴풋이 짐작하고 있었지만 자세한 의도는 몰랐다. 인터뷰 대상자들은 회사의 장래에 대한 질문에 너도나도 "우리 한국전기초자는 할 수 있다"는 의지를 표명했지만 "어떻게 하면 된다"거나 "언제까지 해 낼 수 있다"는 답을 내놓지는 못했다.

6개월여의 긴 조사 끝에 경영 진단 결과 보고서가 제출되었다.

한국전기초자는 구조적 약점뿐 아니라, 이 사업을 수행해 나가는 데 있어 여러 가지 결점을 가지고 있다. 이 구조적인 약점들은 너무 심각해서 한국전기초자는 현재 상태로는 살아남을 수 없다. 따라서 외부로부터 기술을 도입하고 회사의 생산 기반을 확충하기 위한 파트너가 필요하다. 외국으로부터 기술을 받아들여 협력해 가면서 회사의 규모를 키워 나감으로써 결과적으로 시장지배율을 높이는 방법을 생각해 볼 수 있다.

우선 5군데의 가능한 파트너를 상정해 볼 수 있다. 일본전기초자, 아사히글라스, 삼성코닝, 필립스 등이다. 그런데 한국전기초자는 일본전기초자NEG의 투자 회사이기도 하기 때문에, 일본전기초자와 경쟁 관계인 아사히나 삼성코닝과 협력한다는 것은 생각하기 힘든 가정이다. 이런 상황을 염두에 둘 때 일본전기초자를 파트너로 선택하는 게 최선의 방법일 것이다. 그러나 일본전기초자가 한국전기초자에 대한 추가적인 기술 제휴 제안을 매력적으로 생각할지는 장담할 수 없다.

아무리 낙관적으로 보더라도 국내 시장에서의 수요 증가를 기대할 수 없고, 세계적으로도 공급 과잉 상태이기 때문에 1~3위 업체만 살아남을 수 있다. 한국전기초자는 상대적으로 축적된 노하우가 부족하며, 생산 제품도 저부가가치 제품에 치중되어 원가 및 수익성 측면에서 경쟁력이 없다. 이로 인한 회사의 어려움은 가중될 것이다.

그들은 보고서 말미에 이런 결론을 내렸다.

"Our conclusion is that HEG cannot survive in its current position(결론적으로 말해서 한국전기초자는 현재의 경쟁력으로 볼 때 도저히 살아남을 수 없다)."

그것은 "생명이 경각에 달렸다"는 사망 선고나 다름없었다.

냉혹한 평가서를 받아든 한국유리 경영진은 그들의 충고대로 희미한 희망에 기대를 걸고 일본으로 건너가 일본전기초자 측에 컴퓨터 모니터용 유리 제조 기술을 비롯한 신기술 제휴 여부를 타진했다.

그러나 아사히글라스, 삼성코닝 등과 함께 세계 시장을 놓고 치열한 경쟁을 벌이던 그들이 또 한 마리의 호랑이를 키우는 일에 나설 리가 없었다.

경영 진단 평가서는 극비로 취급되었다. 그래서 한국유리그룹 경영진과 한국전기초자의 상층부 몇 사람 정도만 알고 있었을 뿐 다른 임원들이나 간부들은 그 내용을 알지 못한 상태였다. 그러던 중 회사는 대우로 넘어갔다.

진단서를 보관하고 있던 기획팀장으로서는 아직 정식 부임도 하지 않은 서 사장에게 그런 서류를 내민다는 것이 가혹한 일이었지만, 그렇다고 앞으로 회사 경영을 책임질 사람에게 보이지 않을 수도 없는 일이었다. 그래서 첫날 회의 때 그것을 내민 것이다.

이걸 못 막으면 부도납니다

회사 회생에 자신감을 갖고 있던 서 사장도 영업, 총무, 재무팀의 보고를 차례로 받으면서 등줄기에 땀이 흘렀다. 회사는 한마디로 백척간두에 있었다.

부채 비율 1,114%.

1997년 매출은 2,377억 원인 데 비해 차입금은 3,500억 원.

차입금의 세부 내역은 더욱 절망적이고 화급했다. 1995년에 제2공장과 제3공장을 신·증축할 때 은행에서 차입한 자금 말고도, 77일간의 파업 기간 중에 필요했던 회사의 운전 자금을 종금사에 CP(이율이 고정되지 않은 기업어음)를 발행해서 단기 자금으로 끌어다 썼다. 그 자금만 8백억 원에 이르렀다. 이외에도 한 달짜리, 보름짜리는 물론이고 일주일짜리 초단기 차입금도 있었고, 심지어 하루짜리도 있었다.

금융기관 차입금 3,500억 원 외에도 설비를 사들일 때 분할상환식으로 갚도록 계약한 리스 채무가 원화로 쳐서 1,200억 원이었으니 총 부채는 4,700억 원이었다. 그런데 대對 달러 환율이 800원이었을 때 끌어다 쓴 외화 차입금은 IMF 구제금융 여파로 원화가치가 계속 하락세여서 그 규모가 얼마로 불어날지 모르는 형편이었다.

회사의 재무 상태가 그런 지경인 줄 모른 상태에서, 공식 취임 전 회사개황이나 브리핑 받자고 내려왔던 서 사장은 정신이 번쩍 날 수밖에 없었다.

"100억 원짜리 어음이 또 돌아왔습니다. 이걸 못 막으면 부도납니다."

"정유회사에서 현금을 예치하지 않으면 기름을 못 주겠다고 하는데 어떻게 하면 좋겠습니까?"

"2공장의 원료 대금을 지불하지 않으면 공장 가동이 중단될지도 모릅니다."

당장 하루를 연명할 끼니거리가 문제였다. 그렇다고 '아직 공식적인 경영책임자가 아니니까' 하고 비켜 서 있을 수도 없는 노릇이었다.

서 사장은 그날 바로 구미 시내 도량동에 16평형 아파트를 얻었다. 그리고 자취 생활에 들어갔다. 회사 직원들과 고락을 함께 한다는 마음에서 밥은 직접 끓여 먹기로 했다.

구미에 내려올 꿈도 꾸지 마라

다음 날부터 서두칠 사장은 시도 때도 없이 만기가 되어 돌아오는 어음을 막느라 딴 데 정신을 팔 겨를이 없었다.

종전에는 이자만 갚으면 연기가 가능했으나 금융기관 자체가 위기에 봉착해 있었고, 더욱이 회사는 노사분규 때문에 더 이상 지탱하기 어렵다는 인식이 퍼져 어떤 핑계도 먹혀들지 않았다. CP 이자율 한도가 24%였으나 그 상한선을 깨고 무려 39.9%의 이자로 일주일 혹은 한 달짜리 CP를 발행해서 날마다 목을 조여 오는 채무 상환금 조달에 매달려야 했다. 이 무렵 간부들과 사원들의 입에선 "우리 회사 부도날지 모른다"는 소문이 나돌았다.

한편 서 사장은 '부도 초읽기'에 들어간 회사의 자금 문제를 해결하기 위해, 대우전자부품 자금부에 근무 중이던 최영호 부장을 한국전기초자로 불러들였다.

당시 한국전기초자 서울 사무소는 여의도 한국유리 빌딩 안에 있었고, 그때까지만 해도 한국유리 시절의 재무팀이 자금 관리를 담당해 오고 있었다. 그럼에도 최 부장을 불러들인 것은 아무래도 사장의 손발이 되어서 위기를 헤쳐 나가자면 기존의 담당자로는 안 되겠다는 판단을 했기 때문이다.

옛 상사로부터 "당장 한국전기초자 서울 사무소로 출근하라"는 명을 받은 최 부장은 그 지시를 가벼운 마음으로 받아들이고 여의도의 한국유리 빌딩으로 출근했다. 한국전기초자의 자금 사정이 어렵다는 정도의 짐작만 했을 뿐 자세한 내막을 모르고 있는 상황이었다.

서울 사무소의 재무팀은 나이 지긋한 상무 한 사람과 직원 3명을 더해 단 4명이었다. 젊은 직원 두 사람은 타 부처에 있다가 옮겨 온 사람이라서 실무에 어두웠다. 재무팀을 실질적으로 이끌던 차장과 여타 직원들은 회사가 대우로 넘어가자 사표를 내고 떠나 버린 뒤였다.

업무를 파악하던 최 부장은 머리가 곤두서는 느낌이었다. 나이 많은 상무가 직접 일일이 자금 계획을 짜고 있었는데 그날그날의 수입 계획과 지출 계획 등 일일 자금 계획을 직접 작성하고 부족분을 빌리러 뛰어다니고 있었다. 요행히 은행에서 돈을 구해 구멍을 메우면 그날 하루 부도를 면했다고 한숨 내쉬면서 연명해 나가는 형편이었다.

예상보다 훨씬 심각한 상황이었다. 업무를 새로 맡기 전에 워밍업을 할 기간이 있을 것으로 생각하고 들렀던 최 부장은 급박한 자금 사정에 당장 일을 맡을 수밖에 없었다.

뒤늦게까지 남아서 회사의 자금 위기를 얼기설기 때워 나가고 있던 기존 재무 담당 임원은, 새로운 자금 담당이 나타나자 서류철 몇 개를 떠안기고는 "알아서 잘 해 보라"며 한국유리 본사로 떠나 버렸다.

졸지에 회사가 부도나느냐 마느냐의 명줄을 떠안게 된 최 부장은 서 사장이 자신에게 그랬듯이 긴급하게 원군 한 사람을 청했다. 역시 대우전자부품에서 자금 담당으로 일하고 있던 김종배 대리에게 막무가내로 한국전기초자 서울 사무소로 출근할 것을 청했다.

김종배 대리에게 그것은 유쾌한 뉴스가 아니었다. 그는 당시 대우전자부품의 재무팀 대리였는데, 12월 31일부로 과장으로 승진할 예정이었다. 만일 한국전기초자로 옮기게 되면 과장 승진이 취소될 상황이었는데 워낙 급박하다 보니 승진이니 뭐니 따질 겨를도 없이 달려 와야 했다.

이렇게 자금난에 빠진 한국전기초자를 연명할 두 사람의 서울팀이 갖춰졌다. 구미와 서울 사이에는 하루에도 수차례 부도를 막으려는 핫라인이 가동됐다.

서울팀이 갖춰진 후 서 사장이 두 사람에게 던진 메시지는 간단하고 단호했다.

"아무리 궁금해도 당장은 구미에 내려올 꿈도 꾸지 말고 자금 문제부터 해결해야 돼."

그해 여름,
77일

당시 회사가 심각한 자금난에 빠진 결정적인 이유는 1997년 여름에 일어난 77일간의 파업 때문이었다. 장기 파업 여파로 금융기관이나 원료 공급업체로부터 전혀 신뢰를 얻지 못한 것이다. 또 파업 기간 중에 제품을 제대로 공급하지 못하다 보니 거래처가 끊겨 돈 나올 구멍이 없었다.

파업은 1997년 여름, 제2공장에 있는 브라운관 후면유리용 용해로가 꺼지는 데서 비롯되었다. 재고 누적 등을 견디지 못한 당시 경영진이 내린 결정이었다.

용해로가 꺼졌다

그것은 충격적인 소식이었다. 용해로는 유리 생산 공장의 심장이기 때문이다. 용해로는 아침에 출근해서 불을 붙였다가 저녁에 퇴근할 때 끄고 나오는 것이 아니다. 공장이 가동되고 있는 한(제품 생산을 일시 중단할 경우에도) 용해로는 일정량의 유리물을 담고 끓는 채로 유지돼야 한다. 그래서 십여 년 넘게 유리 공장에 다녔어도 용해로 의 불을 끄는 모습을 본 사람은 거의 없었다.

용해로의 불이 꺼졌다는 것은 '그 공장 문 닫았다'는 얘기와 같 다. 아니 공장이 폐업하여 사원들이 퇴직금 받아서 떠난 뒤에도 불 타고 있는 곳이 바로 용해로이다. 왜냐하면 용해로는 불을 끌 때도 그 절차가 만만치 않기 때문이다.

먼저 안에 있는 유리물을 뽑아내야 하는데, 내부의 유리물을 모 두 뽑아내는 데 4~5일이 걸린다. 유리물을 빼냈다고 바로 온도를 낮춰 식힐 경우 용해로 자체가 부서져 버린다. 조금씩 온도를 떨어 뜨려서 1주일 이상 식혀야 '불을 다 껐다'고 할 수 있다. 이러다 보 니 불을 끄는 데만 보름 이상이 걸린다.

시장 상황이 좋지 않으면 일부 생산 설비의 가동을 중단하는 일 은 제조업체에서 흔히 일어나는 일이다. 그러나 '유리밥'을 먹고 있 던 사람들에게 용해로가 식어 버렸다는 것은 충격이 아닐 수 없었 다. 맥박이 뛰어야 살아 있음을 확인하는 것처럼, 그들은 용해로가 끓고 있어야 비로소 평온해지는 사람들이었다. 용해로가 꺼진 것은 사랑하는 가족 가운데 한 사람의 심장 박동이 멈춘 것과 같은 충격 으로 와 닿았다.

이때부터 생산직 사원들이 술렁거리기 시작했다.

"돈 들여서 2공장, 3공장 지을 때는 언제고 이제 와서 재고가 쌓 였네, 경기가 안 좋네 하면서 후면유리로를 꺼 버리다니. 불 꺼진 후면유리로 하나에 120여 명의 밥줄이 달려 있는데, 그 인원을 어떻게 하겠다는 거야."

"모두 쫓아내겠다는 음모라고. 재고 쌓인 게 우리 책임이야?"

"한국유리 인천공장에서도 구조조정이다 해서 억수로 잘렸다는데, 우리 초자도 이제 줄줄이 추풍낙엽 되는 거라니까. 이러다가 80년대 초 짝 나는 것 아냐?"

1980년대 초 흑백 TV 유리를 만들어 호황을 구가하던 한국전기초자는 1980년 12월에 컬러 TV 방송이 시작되자 휘청거리기 시작했다. 결국 흑백 TV가 퇴조하자 일거리를 잃은 종업원들이 줄줄이 보따리를 싸야 했다. 그래서 1980년 6월엔 650명이던 사원이 1982년 5월에는 207명으로 줄어든 적이 있었다.

현장 사원들의 분위기가 이러한데도 누구 하나 회사가 돌아가는 상황이나 앞으로의 경영 계획을 속 시원하게 설명해 주지 않았다.

파업의 막이 오르다

경영 악화는 국내외 시장 상황 등 외부 여건의 영향을 받기도 했지만, 어찌 보면 이미 예견된 상황이었다.

당시 회사는 노조 측의 요구를 웬만하면 다 들어 주는 분위기였다. 그래서 회사 급료 수준은 구미지역에서 가장 높은 축이었다. 대부분의 업체가 600%의 상여금을 지급할 때 한국전기초자는 800%를 줬다. 자주 가는 구미 시내 신평시장 일대 술집에서는 회사 제복과 명찰만 보고도 외상을 줄 정도였다.

작업 시간도 여유 있었다. 물론 작업장 자체가 뜨거우므로 다른 곳에 비해 노동 강도가 강한 측면이 있지만, 1시간 일하고 30분을 쉬는 체제였다. 근로기준법에 명시된 1일 8시간 근무 원칙은 지키고 있었지만 그것도 형식적이었다. 30분씩 쉬는 시간은 물론 점심시간까지 그 8시간 안에 다 포함하자는 노조의 요구를 그대로 수용했던 것이다. 더구나 작업의 특성상 제품을 찍어내는 형틀을 교체하려면 교대조는 30분 먼저 나오고 인계조는 30분 늦게 퇴근해야 원활한 형교환Job Change이 이뤄질 텐데 경영진은 그마저 근무 시간에 포함하는 쪽으로 양보해 버렸다.

그러다 보니 제품 원가가 자꾸 올라갔다. 원가가 높다 보니 경쟁력은 자꾸 떨어지고 재고는 늘어 갔다. 당시 경쟁사와 견주었을 때 제품 원가가 8.5:7의 비율이었다. 게다가 컴퓨터 모니터용 유리에는 손을 대지 못한 채 텔레비전 유리만 생산하고 있었고, 그나마 고객이 요구하는 다양한 규격의 제품을 제때 공급하지도 못하는 형편이었다.

시간이 지남에 따라 고객사로부터 제품 저평가를 받기 시작했다. LG전자 창원공장에 납품하는 비율이 경쟁사인 S사와 비교해서 1:9 수준이었다. 많이 나갈 때라고 해봐야 2:8 정도였다. 그나마 물건이 들어가면 공장에서 소진이 다 되지도 않았다. 오늘 납품했다 하면 다음 날 반품세례가 터지는 일이 수시로 벌어졌다. 제품이 부실하다 보니 매일 담당자를 만나 통사정을 하는 것이 창원 주재원의 주 업무가 되다시피 했다. 주재원 차원에서 해결이 안 될 경우 본사에 SOS를 보내면, 본사 간부가 창원으로 달려가 체면도 팽개친 채 담당자에게 제발 받아 달라고 매달려야 했다.

LG쪽에서는 가능하면 한국전기초자 제품을 쓰지 않으려고 했다.

S사 제품과 외국 수입품을 쓰다가 부족분이 생기는 경우 겨우 얼마씩 사주는 식이었다. 납품 받은 제품을 검사해서 99% 이상 양품이 나와야 하는데, 자꾸 불량품이 나오는 형편이니 TV공장 사람들도 두 번 세 번 손을 써야 했다. 한국전기초자의 제품을 안 쓰겠다고 나오는 건 당연한 반응이었다.

공장 곳곳에 재고가 쌓여 갔다. 출하하지 못한 제품을 보관할 곳이 모자라 인근 공터를 빌려서 적재해야 할 정도였다. 일을 하면 할수록 애물단지만 키워 가는 형국이었다.

당시의 시장 상황은 나쁜 편이 아니었다. 문제는 시장이 다양한 제품을 요구하는데, 회사는 컴퓨터 모니터용 유리에는 손도 대지 못한 채 사양화 단계인 텔레비전 브라운관 유리만을, 그것도 수요자의 다양한 요구에 맞추지 못하는 공급상의 비탄력성을 보이고 있었다는 점이다.

무리해서 제2, 3공장을 지은 것은 고객사의 요구에 의한 것이었다. 고객사는 중국의 장사長沙에 튜브공장을 건설하면서 한국전기초자에 유리 공급을 타진했는데 해외 진출이 여의치 않게 되면서 공급 과잉 상태가 초래된 것이다.

후면유리를 생산하던 용해로 하나가 꺼지자 그곳에서 종사하던 120여 사원들의 처리문제가 초미의 관심사가 되었다. 회사에서는 그들을 감원하겠다는 얘기를 표명한 적은 없었다. 실제로 구체적인 사원 감축 계획을 가지고 있지도 않았던 것으로 보인다.

우선 그들을 다른 생산부서로 재배치하기 위한 교육이 실시되었다. 생산직이든 관리직이든 승진 발령의 경우를 제외하고는 근무

부서를 옮기는 것을 좋아할 사람은 없다. 더구나 줄곧 같은 생산라인에서만 숙련공으로 일해 온 그들에게 생소한 일터로 옮겨 간다는 것은 낯설고 불안한 일이었다. 더구나 그들이 '자기 일터의 상징'으로 여기며 함께 해오던 용해로가 숨을 멈추고 폐쇄된 상황이었으니.

"다른 부서로 재배치된다지만 빈자리가 없는데 어디로 간단 말이야."

"이러다 결국 잘리는 것 아냐."

교육장에 앉은 사원들은 교육은 뒷전이고 불안한 장래를 두고 이렇게 수군거렸다.

불안감에 휩싸인 것은 그들만이 아니었다. 용해로의 불이 꺼지고, 120명이나 되는 동료들이 갈 곳을 못 정해 '교육생'으로 대기 상태이고, 일을 해 봤자 재고는 적재 장소를 찾지 못해 천덕꾸러기 취급을 받을 만큼 불어나고….

'고용 보장'이라는 슬로건을 내걸고 노조가 나섰고 단체교섭이 시작됐다. 노사 간의 협상은 15여 회에 걸쳐 진행됐다. 회사는 노조를 설득하는 데 무기력했다. 노조도 당시 회사가 여러모로 어렵다는 것은 알고 있었지만, 파업을 하면 모기업인 한국유리 측에서 도와 줄 것이라고 다소 안이하게 판단한 면도 있었다. 이렇게 해서 회사를 뒤흔들어 놓은 77일간의 파업은 막이 올랐다.

한 번 퇴근하면 공장에 못 들어온다

파업 직전, 노조위원장이 비교적 강성强性이라는 평을 듣는 사람으로 교체되었다. '강철대오' 구축을 위한 조직 추스르기를 한 것이다.

1997년 7월 16일 오후 3시, 조간 근무팀이 근무를 끝낸 뒤 제1공장 본관 앞에 모였다.

"지난 10일 쟁의 돌입을 위한 찬반투표에서 전체 조합원 86.4%의 압도적인 찬성으로 파업이 결정됐습니다. 오늘 15시부터 우리는 전면파업에 돌입합니다. 현재 1, 2, 3공장에서 작업하고 있는 모든 조합원은 당장 조업을 중단하고 파업 대열에 동참할 것을 명합니다!"

노조위원장의 입에서 파업 돌입을 알리는 포고가 떨어졌다. 조업 중인 노조원들이 우르르 손을 털고 작업장에서 뛰쳐나왔다. 여러 가지 요구사항을 슬로건으로 내걸었으나 핵심은 고용 안정이었다. 더불어 임금 8.8% 인상, 노동 시간 단축, 상여금 800% 보장 등의 내용을 문서화하라는 게 주된 내용이었다.

이때 한쪽에서는 노조 지도부와 회사 간부들 사이에 용해로를 관리할 안전요원 문제를 두고 승강이가 벌어지고 있었다. 제품 생산을 중단하더라도 용해로는 끄지 않고 가동해야 하는데, 그러자면 용해로를 관리할 안전요원이 절대 필요했다. 용해로를 유지하려면 기름과 에어air도 공급해야 하기 때문에, 회사 규정상 안전요원은 어떤 경우라도 자리를 지켜야 했다.

"좋다. 안전요원은 들여보내겠다. 그러나 최소한의 인원만 출입시키겠다."

"안전요원은 잠도 자지 말란 말이냐? 적어도 기존 방식대로 교대할 인원은 출입시키면서 파업을 하든 말든 해야 할 것 아니냐?"

노조로서는 파업 효과를 극대화하기 위해서 불을 꺼뜨리지 않을 최소한의 필수 요원만 작업장에 배치하겠다는 거였고, 사측에서는 되도록 많은 인원을 보장 받기 위해서 승강이를 벌였던 것이다.

당시 파업에 참여하던 조합원들 사이에는 '이 기회에 한번 놀아 보자'는 생각을 가졌던 사람도 일부 있었다. 집행부도 언제까지 어떤 방식으로 파업을 하고 다음 단계로 또 어떻게 행동한다는 스케줄을 가지고 있지 못한 상태였다. 또 '무노동 무임금 원칙'이라는 것도 나중에 파업 끝나면 격려금 형식으로 지급될 것이라는 생각을 가지고 있었다. 싸움이 두 달 보름이 넘는 장기 파업으로 이어질 줄은 전혀 몰랐던 것이다.

회사 측도 파업 사태에 대해 엉거주춤한 모습을 보였다. '노조가 한 사흘 한풀이를 하도록 놔두자. 그러다 복귀하겠지' 하는 생각으로 대처하고 있었다. 결국 노조 측은 싸움 자체에 들떠서 전면파업이라는 쪽으로 휩쓸려가고 있었고, 사측 역시 뚜렷한 대응방안을 찾지 못한 채 엉거주춤한 상태였던 것이다.

전면파업이었지만 초기에는 비조합원에 의해 부분적인 조업이 이뤄졌다. 그리고 파업이 계속되는 와중에도 대화가 아주 없었던 것은 아니다. 그러나 노조는 "고용 보장 문서화", "임금 인상 및 상여금 보장 문서화"라는 종래 주장을 되풀이했고, 회사 형편상 그런 확답을 줄 수 없었던 사측 역시 그들의 요구를 수용하지 않았다. 세계적인 경영컨설팅 회사로부터 '가망 없음' 판정을 받은 터에, 노조 측의 요구를 그대로 수용할 경우 노무비가 연간 1,004억 원에 달해 절망적인 상황으로 내몰릴 게 뻔했던 것이다.

파업 7일째인 7월 22일, 회사는 그 상태로 끌려갈 수 없다고 판단하고 맞대응에 나섰다. 아침 9시 부로 직장 폐쇄 신고를 하고 정문을 닫아 버렸다. 13시 30분부터 노조 측의 집회가 예정돼 있었다. 간부들은 노조원들의 집에 일일이 전화해서 직장 폐쇄 방침을 통고했다. 이때가 겨우 파업 일주일째였는데 매일 10억 원의 손실을 초래, 누적적자가 70억 원을 넘었다.

회사 측에서는 노조의 기세를 약화시키기 위해서 간부들이 각 팀별로 분담하여 조합원 설득 작업에 나섰다. 간부들은 점심시간 등을 이용 근무연한이 오래된 노조원들을 일대일로 만나 설득 작업을 시작했다. 일부는 설득에 수긍했으나 대부분은 자신들의 곤란한 처지 때문에 조업에 복귀할 수 없다고 했다.

가장 딱한 처지에 놓인 쪽은 중간간부들이었다. 평소에 노사문제는 '노조 집행부와 사장이 알아서 할 일'이라 생각했기 때문에 그들은 아무런 권한이나 책임도 없는 것으로 인식하고 있었다. 그러나 쟁의가 발생하자 조합원들을 회유하라는 책임이 떨어진 것이다. 밖으로 따로 불러 술 사주고 밥 사줘 가면서 인간적인 정리에 호소해 보기도 하고, 한적한 곳으로 불러 비밀리에 조업 복귀 서명을 받아 내기도 했다. 노조가 경영진을 상대로 열전을 치렀다면 간부들은 이런 식의 게릴라전을 수행해야 했다.

그러나 그것도 의도대로 진행되지 않았다. 간부들이 "너희들이 이런 식으로 하면 망한다는 것은 기정사실이다. 이 회사 망하고 나서 어디 갈 데 있으면 파업에 동참해도 좋다. 나하고 이 회사에서 조금이라도 오래 있고 싶거든 조업에 복귀해 달라" 이렇게 인간적으로 호소하면 그러겠다고 끄덕이던 사람들이 다음날이 되면 언제 그랬냐 싶게 강성 분위기에 휩쓸려 버리는 일이 비일비재했다.

그 사이에도 비조합원과 설득된 조합원 일부가 부분 조업을 진행하고 있었다. 그러나 조합원들이 정문 출입을 차단했기 때문에 조업파들은 공장 내부에 감금되다시피 해 식당에서 밥을 끓여 먹고 공장 바닥에서 새우잠을 자야 했다. 퇴근할 수도 없었다. 한번 퇴근했다간 다시는 공장 안으로 들어올 수 없었으니까. 또 외부에서 간부들에 의해 설득된 조업 참여파도 공장 안으로 들어갈 방도가 없었다.

조합원들은 정문을 점거한 채 출근 저지 투쟁으로 기세를 올리고, 간부들은 조업 참여파 사원들을 데리고 그들과 마주한 채 철야로 대치하는 형국이 이어졌다. 공장 벽과 바닥에는 조업에 참여한 사람들을 비난하는 글씨가 휘갈겨져 있었다. 며칠 전까지만 해도 받들어 모시던 나이 든 직속 상급자에게도 마찬가지였다.

사원아파트의 풍경은 비극 그 자체였다. 수적으로 우세한 파업파들은 조업 참여파들의 아파트 현관문에 붉은 페인트로 '배신자'라 쓰고는 창문으로 날계란 세례를 퍼붓기도 했다. 심지어는 출입문 열쇠 구멍을 본드로 메워 버리기도 했다.

이것은 그동안 자랑해 왔던 끈끈한 인간미의 기업문화를 고려할 때 더욱 비극적인 상황이었다. 한국전기초자 생산직 사원들 간의 관계는 여타 작업장에 비해 특이한 측면이 있었다. 공식적인 모집 형식으로 사원을 충원했던 게 아니라, 기존 사원들의 소개로 들어오는 경우가 대부분이었기 때문이다. 그래서 고향 친구, 동창, 동네 선후배, 형제 등 여러 인연들의 조합이라 할 수 있었다. 그런데 고향 선후배나 친구들이 파업파와 조업 참여파로 나뉜 것이다. 싸움에는 가족들도 가세했다. 조합원들의 부인들이 아이들까지 데리고 나와 가장의 투쟁을 응원했다.

8월 8일 아침, 부사장은 극비리에 공권력 투입 요청 계획을 세웠다. 7시를 작전개시 일시로 잡았다. 조업 복귀자들의 출입을 봉쇄하고 있는 조합원들의 불법 정문 점거를 해산시키기 위한 의도였다. 그런데 무슨 연유에서인지 공권력 투입 요청은 없던 일로 돼버렸다.

공장 내부의 조업 참여파는 손에 잡히지 않는 일손을 건성으로 움직이며 나갈 날만 기다리고 있었고, 바깥의 조업 참여파는 공장 내부로 들어갈 환경이 조성되지 않아 비상 대기하는 상태가 지루하게 이어졌다.

공권력 투입 요청이 포기된 가운데 회사 측에서는 보다 느슨한 작전 계획을 수립했다. 간부들과 비조합원, 그리고 노조를 이탈한 사원들의 팀워크를 다지는 연수 행사였다.

파업 26일째를 맞은 8월 10일, 추적추적 비가 내리는 날에 용해로를 관리하는 용해로팀을 제외한 조업 참여파와 간부들은 수안보 유스호스텔로 연수를 떠났다. 노조의 조업 방해에 대한 대응전략을 짜기 위한 '한마음 공동체 훈련'을 떠난 것이다.

그러나 그곳이라고 안전지대가 아니었다. 강성 조합원들 2백여 명이 빗속을 뚫고 달려온 것이다. 유스호스텔 밖에 진을 친 조합원들이 연수 행사 자체를 방해하려 했기 때문에 인근 경찰서를 비롯한 관할기관에 비상이 걸리는 등 숙소 안팎이 혼란스러웠다.

30시간의 감금, 그리고 만신창이

파업이 장기화되면서 품질은 더욱 떨어졌고 회사의 대외신용도
는 하루가 다르게 추락해 갔다. 파업을 겪은 바 있는 한 고객사는
한국전기초자가 파업에 들어가자 아예 상대도 해 주지 않았다. 파
업 기간 중에 여기저기서 인원을 불러 모아 급조된 생산팀으로 만
든 물건은 "아예 품질도 아니다"면서 접수조차 하지 않으려 했다.
유리 화면이 패이고 이물질이 들어 있고 성형 불량에다 연마 불량
등 불량이란 불량은 다 발견되는 상황이었으니 고객사를 탓할 수도
없었다. 결국 파업 기간에는 납품이 거의 이뤄지지 않았다. 덕분에
경쟁사인 S사에서는 공장 구석에 박혀 있던 재고까지 모두 납품할
수 있었다.

더 큰 문제는 거래선 자체가 끊길 위험에 놓여 있었다는 것이다.
공급은 제대로 안 되고, 또 언제 파업이 끝날지 예측할 수 없는 상황
이었기 때문에 고객사로서도 한국전기초자는 불안한 공급처였다.

드디어 한 고객사에서 기존의 한국전기초자 물량을 보충하기 위
해 일본과 중국의 유리벌브 회사로 수입선을 돌리려고 했다. 이런
경우 보통 6개월 단위 이상으로 공급 계약을 맺기 때문에 한국전기
초자의 파업 사태가 당장 해결된다 해도 기존에 확보한 공급 거래
선이 끊기게 될 상황이었다. 업계에서는 "한국전기초자는 이제 끝
났다"는 소리가 들렸다.

이런 상황인데도 파업은 더욱 거세져 마침내 대충돌 사태를 불러

오고 말았다. 8월 18일, 김지선 당시 제2, 3공장장은 조업 참여파로 구성한 구사대 5백여 명을 이끌고 '자의반 타의반'으로 제3공장으로 향했다. 그날도 노사 대표는 협상 테이블에 마주 앉았으나 협상은 결렬되고 말았다. 조업을 원하는 구사대를 어느 공장에 어떻게 투입시키느냐를 놓고 간부들 간에 의견이 분분했으나, 노조가 철통같이 봉쇄하고 있는 제1, 2공장으로 진입하는 것은 위험부담이 크다고 판단하여 비교적 봉쇄가 느슨한 3공장을 택한 것이다.

제3공장의 용해로는 가장 작은 것이었는데, 그것이라도 가동해 보자고 계획한 것이다. 또 5백 명이 넘는 인원이 3공장으로 진입해서 회사를 살리자는 구호를 외치는 등 단결된 행동을 보임으로써 파업 조합원의 기세에 맞대응하자는 계산도 깔려 있었다.

버스에 분승한 구사대가 3공장 정문에 도착하고, 조업 참여파 사원들이 버스에서 내려 공장 정문으로 향했다. 별 문제 없이 공장 진입에 성공할 수 있으리란 판단은 여지없이 빗나갔다.

"저놈들 죽여라!"

"배신자들!"

조합원들이 구름처럼 몰려와서 몽둥이로 무차별 공격을 가해 왔다. 조합원들의 조직적인 공격에 비무장이었던 조업 참여파는 대책 없이 얻어맞으며 밀리고 밀리다가 제4공장으로 피신했다. 4공장은 말이 공장이지 용해로 등 생산설비 없이 창고로 이용되는 곳이었다. 이때가 8월 18일 오전 10시였다.

부장, 차장, 과장, 대리 등 관리직 사원들과 파업 대열에서 빠져나온 조합원 330명, 그리고 임원으로는 공장장인 김지선 이사가 있었다. 자연스럽게 김 이사에게 통솔 책임이 떨어졌다. 상당수가 파업 조합원들에게 얻어맞아 부상을 당한 상태였다. 이제 구사대도 독이 오를 대로 오른 상태였다.

"김 이사님, 왜 우리가 이렇게 당하고만 있어야 합니까. 나가서 다시 싸웁시다!"

"그럽시다. 싸우면 이길 수 있어요!"

그러나 김 이사로서는 물리적 충돌을 부추길 수 없었다. 그는 사원들의 분노를 간신히 다독이고 다음 행동을 어떻게 할 것인가 궁리했다. 그때 누군가 소리쳤다

"노조 측에서 공장을 에워싸고 있어요!"

파업 조합원들이 정문은 물론 공장 담을 아예 에워싸고서 "꼼짝하면 다 죽인다!"고 외치고 있었다. 그들을 아예 제4공장에 감금시키겠다는 의도였다.

구사대 사원들의 분노가 한층 더 끌어 올랐다.

"나가도록 허락만 해 주세요!"

"우리도 몽둥이 들고 돌진하면 저까짓 것 얼마든지 뚫을 수 있어요!"

상황이 험악해지고 있었다. 공장 담을 사이에 두고 살벌한 전선이 형성되었다. 조합원들 대부분이 달려와 4공장 전부를 에워쌌다. 김 이사는 사장에게 전화를 걸어 상황을 전했다.

"내가 노조 집행부하고 잘 협상해서 해결할 테니, 거기 있는 직원들 흥분하지 않도록 잘 다독거리면서 데리고 있도록 하세요."

기다리라는 것이었다. 그러나 아무리 기다려도 별다른 소식은

없고, 시간만 자꾸 흘러갔다. 세 시간이 지나고 다섯 시간이 지나고…. 오전 10시에 감금됐다가 점심도 굶은 채로 어느새 날이 저물고 있었다.

"배고파서 못 참겠어요."

"맞아 죽더라도 나 혼자라도 나갈 테니 허락해 주십시오!"

여기저기서 불만이 터져 나왔다. 4공장 내에도 수도 시설이 있었지만 공업용수였기 때문에 마실 수가 없었다. 음식은커녕 물 한 모금 먹지 못한 채 고스란히 하루를 넘길 참이었다. 배고픔, 목마름에다 심적 허탈감까지 더해 모두들 넋이 나간 얼굴이었다.

김지선 이사가 전화기를 들었다. 4공장의 한쪽 담장은 (주)보광이라는 삼성계열 공장과 맞닿아 있었다. 그 공장의 이 전무는 평소 김 이사와 잘 알고 지내는 사이였다.

"500명이 넘는 사람들이 꼼짝없이 갇혀서 굶어 죽게 생겼으니 마실 물하고 먹을 것 좀 담으로 넘겨주시오."

이웃 회사의 파업 사태를 잘 알고 있던 터라, 이 전무는 물과 빵을 서둘러 조달해 뒷구멍으로 반입시켰다. 그러나 그마저 파업 조합원에게 들키고 말았다. 한국전기초자 조합원들이 우르르 보광으로 몰려가 엄포를 놓았다.

"이런 짓 계속하면 이 회사도 뒤집어엎어 버릴 거야!"

한국전기초자 노조의 '위력'을 익히 들어 알고 있던 터라, 깜짝 놀란 이 전무가 전화를 걸어 왔다.

"이거 정말 죄송합니다. 어쩔 도리가 없네요. 준비는 다 해 놨는데 더 이상 못 들여보내니 이해해 주세요."

하는 수 없이 이미 반입된 빵은 조합원들에게만 배급했다. 관리
직 사원들과 간부들은 물 한 모금으로 배를 채우고 포로 신세로 갇
혀 있어야 했다. 배고픔이나 감금의 고통보다 미적거리고 있는 경
영자와, 한때 동료요 상사였던 사람들을 가둔 채 빵 한 조각까지
차단하고 나선 동료들에 대한 배신감이 그들을 더 절망하게 했다.

밤이 되었다. 회사 쪽으로부터 "배고프고 힘들더라도 참고 견뎌
라"는 얘기뿐이었다. 여기저기서 배고픔을 호소하는 소리가 터져
나왔다.

뜬눈으로 밤을 지새우고 아침을 맞았지만 감금 상태는 계속됐다.
갇혀 있는 사람들은 물론이고 밖에 있는 간부들은 한시 바삐 경찰
이 노조의 감금 행위를 엄단해 줄 것을 희망했다. 그러나 경찰도
사건이 확대되는 것을 꺼려하여 노조위원장과의 타협에 매달리고
있었다.

4공장 감금 사태는 만 24시간을 넘기고 정오를 넘기고 있었다.

"사람의 생사가 달린 문제 아닌가. 빨리 4공장 정문 봉쇄를 풀어
라."

"아무 것도 달라진 것이 없는 상황에서 그렇게 할 수 없다."

노사 간에, 그리고 노조위원장과 경찰서장 간에 이런 식의 공허
한 공방이 이어졌다. 오후 3시, 파업 조합원들이 4공장 정문 봉쇄를
풀었다. 회사 측이 단행했던 직장 폐쇄 조치를 철회하고, 구사대 감
금 행위에 대해서 경찰에 처벌을 요구하지 않는다는 조건이었다.

18일 오전 10시부터 19일 오후 4시까지 무려 30여 시간 동안 갇
혀 있던 직원들이 탈진한 모습으로 정문을 나왔다. 처음 조업을 시

도하러 올 때 타고 왔던 버스들은 파업 조합원들의 돌멩이 세례로 유리창은 박살나고 집어던진 날계란으로 만신창이가 돼 있었다.

회사의 파업은 공단도시인 구미지역 전체의 분위기를 휘청거리게 만들었다. 고용 규모가 2천여 명에 이르는 큰 회사이기도 했지만, 사원들의 거의 전부가 남자이고 기혼자여서 여러 회사 중 한 군데에서 생긴 파업 사태로 치부할 수 없는 충격파를 던졌다. 이렇게 되니 시 행정을 책임진 시장 역시 이리저리 뛰어다니며 중재 노력을 기울였다. 그러나 파업이 계속되면서 노사 간의 골이 더욱 깊어져 별다른 소용이 없었다.

8월 26일, 구미 시장을 비롯해 도의원, YMCA, 경실련 등 시민단체 대표들, 그리고 노인회 회원들까지 나서서 중재를 시도했다. 법적인 구속력을 가진 중재모임은 아니었지만 각계각층 인사들이 노사를 압박함으로써 하루라도 빨리 정상화의 길을 찾아보자는 의도였다.

그러나 그동안 쟁점이 돼 온 사항들과 파업 기간에 새로 추가된 고소 고발 문제, 무노동 무임금 문제 등이 겹쳐 노사 양측의 대립은 더욱 첨예해져 갔다. 보다 못한 노인회 대표들이 원로라는 권위를 내세워 호통을 쳐 보기도 했지만 전혀 진척이 없었다.

9월 13일, 추석이 되었다. 파업 사태는 정확히 두 달째를 기록하고 있었다. 변한 건 없었다. 다만 모두 지쳐가고 있었다. 조합원들은 회사 이곳저곳에 천막을 치고 기약 없는 농성을 계속했지만, 그 사이에서도 "지겹다", "빨리 좀 끝났으면 좋겠다", "이러다 회사가 공중분해 되는 것 아니냐" 등의 소리가 새어나오기 시작했다. 두 달째 월급 한 푼 못 받고 추석을 맞이해야 했으니 1997년 한가위는 모두에게 악몽이었다.

77일간의 파업, 모두 졌다

파업은 70일을 넘기고 있었다. 노조는 노조대로 지루한 투쟁으로 지칠 대로 지쳐 내부 결속이 심각하게 흐트러져 있었다. 그런 터에 사측에서는 다시 한 번 조업 희망자들을 공장으로 진입시켜 조업을 시도하려는 작전을 수립했다.

9월 25일, 조업 복귀 조합원들과 근로 감독자들의 공장 진입은 싱겁게 끝났다. 무혈입성이었다. 그동안 회사를 점거하고 있던 파업 조합원들이 회사에서 철수하여 충돌을 피한 것이다.

1997년 9월 28일, 일요일, 맑음

파업 75일째다. 더도 말고 덜도 말고 최소한 오늘만큼 기분 좋은 날이 계속됐으면 좋겠다. 풀리지 않고 있는 파업 문제도 오늘만큼은 머리에서 털어 버리고 싶다.

'98 프랑스 월드컵 예선전' 일본과의 경기가 도쿄에서 열렸다. 후반에 한 골을 먹고 패색이 짙었는데 종료 7분을 남겨 놓고 동점골, 그리고 3분이 지나 역전골을 터뜨렸다. 계속되는 파업으로 심신이 지칠 대로 지친 상태에서도 모두들 환호성을 올렸다. 회사에서도 온통 축구 얘기뿐이다. 파업 조합원들의 동태도 오늘은 조용하다. 회사를 일시 떠나 포항 안강에 가있던 조합원들이 오후부터는 움직이기 시작한다는 정보가 입수됐다. 아마 노조도 예전과 같은 무지막지한 물리력으로 나오지는 않을 것이라는 생각이 든다.

임성부 부장은 그 무렵을 이와 같이 적고 있다. 노조는 급격히 결속력을 잃어 갔다.

9월 30일.

파업 조합원 700여 명이 제2공장에 모였다. 노조위원장이 입을 열었다.

"투쟁 방향을 '선조업 후교섭'으로 변경하겠습니다."

77일간을 끌어 오던 파업 사태가 막을 내리는 순간이었다. "그럴 거면 뭐 하러 깃발을 들었나?" 하는 항변조차 부질없는 것이 되었다.

파업이 끝났다. 그러나 아무도 감격스러워하지 않았다. 단지 모두 지쳐 있었다. 싸움에서 진 정도가 아니라 망가져 있었다. 아수라장이 된 사업장보다 저마다의 가슴 속이 더 모질게 황폐해져 있었다. 77일 동안, 한국전기초자 식구들은 '용감하게' 싸웠다. 그리고 모두 졌다.

파업의 끝, 그러나 그걸로 모든 게 끝나지 않았다. 용해로가 꺼진 것 못지않은 놀라운 소식이 그들을 기다리고 있었다.

하룻밤 새
주인이 바뀌다

파업 사태가 두 달을 넘기면서 장기화하자 국내 브라운관 유리 시장에 심각한 변화가 생겨났다. 한국전기초자로부터 부품을 공급받지 못한 LG전자, 오리온전기, 삼성전관 등이 외국, 특히 일본 회사와 긴급 수입계약을 맺은 것이다.

그때까지만 해도 브라운관 벌브 유리는 한국전기초자와 S사가 2천백만~2천6백만 개를 생산하여 가전 3사에 독점적으로 공급해오고 있었다. 그런데 한국전기초자로부터 공급이 단절되자 가전 3사들은 부족분을 긴급 충당하기 위해서 일본전기초자NEG와 수입계약을 체결해야 했다. 1997년 말까지 수입에 의존해야 할 물량이 자그마치 6백만 개로 1,000억 원에 상당하는 금액이었다. 엄청난 외화 손실임은 물론이고 나라 전체의 수출 목표 달성에도 차질을 가져올 만한 사안이었다.

파업은 그동안 한국 내 판매망 구축 기회를 엿보던 일본전기초자에게는 절호의 기회였다. 그들은 수입사인 가전 3사에게 계약 기간을 1998년까지 길게 잡도록 무리한 요구를 해 왔다. 당장 물건이 없어 TV나 모니터를 못 만들 지경이었으니 가전사들은 울며 겨자 먹기로 일본전기초자의 요구에 응해야 했다.

이제 파업 사태가 수습되어 정상화한다고 해도 가전업계의 수입 현상은 불가피하게 됐다. 말하자면 한국전기초자는 장기 파업으로 인하여 물건 납품선을 외국 업체에 헌납해 버린 것이다.

둘로 나뉜 한국전기초자

1997년 10월 6일부터 파업 조합원이 정상 출근함으로써 회사는 외형상으로 정상을 되찾았다. 그러나 생산부서 책임자들에게는 또 하나의 숙제가 기다리고 있었다. 파업 기간 중 아군과 적군으로 분열되었던 사원들을 융화시키는 작업이었다.

그들은 노골적으로 상대를 배척하거나 차가운 시선으로 쏘아보고 있었다. 아니 서로가 그랬다기보다는 숫자가 많은 파업 조합원들이 조업 참여파를 집단 따돌림 하는 현상이 모든 생산라인에서 일어나고 있었다. 뿐만 아니라 파업 조합원들로부터 감금을 당하는 등 피해를 당했다고 생각하는 간부들은 그들대로 가슴속에 원망과 분노를 품고 있었다.

회사 밖에서는 더욱 심각했다. 출퇴근 시간에 통근버스에 올라타는 순간부터, 조업에 참여했던 소수의 조합원들은 다수의 파업 조합원들의 놀림감이 되었다 조업에 참여한 조합원 등에 '나는 배신자'라는 글귀를 붙이는 등 '정신적인 이지매'를 가하기도 했다. 어쩌다 술자리가 있더라도 편을 달리했던 사람들과는 결코 어울리지 않았다.

사원아파트에 돌아가면 아직도 파업 기간 중에 페인트로 휘갈겨 놓은 '배신자○○○' 등의 글씨들이 현관문에서 그들을 맞이했다. 파업 당시 간부들이 조합원을 조업에 참여하도록 유도했던 '공작'이 추후에 이런 결과를 불러오리라는 것을 그들 자신도 몰랐을 것이다.

사원 간의 분열상을 보여 주는 또 다른 예로, 파업이 끝난 후 무수히 많은 친목계가 깨졌다는 점을 들 수 있다. 회사는 생산직 신규 사원을 현직 사원의 추천을 받아서 채용했기 때문에 모두가 끈끈한 인연으로 연결돼 있었다. 그래서 회사 내엔 동창회, 향우회 등 다양한 모임이 만들어져 있었고 그 모임들은 하다못해 은가락지라도 나눠 가지기 위한 계契 형식으로 결성돼 있었다.

이런 현상은 파업 전엔 사원 통합을 위한 긍정적인 요인이 되었다. 특히 고향을 떠나온 경우 고향 사람이 곁에 있다는 것은 적잖은 위안이었다. 뿐만 아니라 간부의 지시가 잘 먹히지 않을 때라도 고향 선배가 호통 한번 치면 해결되는 경우도 많았다. 심지어 이런 일도 있었다. 어떤 간부가 한번은 작업 중에 말을 잘 안 듣는 사원을 다른 사원이 두들겨 패는 장면을 목격했다. 간부가 깜짝 놀라 왜 그러냐고 야단쳤다. 그런데 때리는 사람 얘기가, "저 녀석은 고향 후배라 괜찮다"는 거였다.

결국 장기간의 파업 사태는 보기 좋게 얽혀 있던 그 인연들마저 갈라놓고 말았다. 친구와 동창과 형과 아우가 '적군'으로 갈라져 한바탕 전쟁을 치른 것이다.

정상 조업이 시작되었지만 사실 조업에 임하는 자세는 정상이 아니었다. 두 달여 동안 월급 한 푼 못 받아간 사원들을 공장으로 이끈 것은 열심히 일해 보겠다는 의욕이 아니라, 굶어 죽지 않으려면 일자리를 지켜야 하지 않겠느냐는 호구지책에 대한 소극적인 의무감이었고, 따라서 그저 시간만 때우고 보자는 생각들이었다.

경영 측면에서도 파업의 여파는 컸다. 이미 과도한 설비 투자로 자금 부담이 가중된 데다 국내는 물론 해외 수요도 극도로 침체된 상황이었다. 또 파업으로 인한 조업으로 6백여 억 원의 적자가 겹친 상황이었다.

회사가 망가질 대로 망가졌을 이 무렵 지배주주였던 한국유리는 한국전기초자에 대해 '정情을 떼는 절차'를 밟고 있었다.

30년 젊음 바친 대가가 배신감이라니

'선조업 후협상'이라 했다. 그렇다면 '조업'은 시작했으니 이제 '협상'을 해야 할 시점이었다. 그런데 노조는 무기력증에 빠져 있었고 사측에서도 협상에 적극성을 보이는 사람이 없었다. 그런 중에 노조 집행부가 파업 기간 중의 불법 행위로 검찰 조사를 받는 등 어수선한 상황이 이어졌다.

그 와중에 '회사가 대우로 넘어갔다'는 발표가 나왔다. 모두에게 그것은 충격이었다.

11월 1일, 당시 제 2, 3공장장이었던 김지선 이사 등 임원 몇 사람과 사장 일행이 부산으로 향했다. LG전자 임원들을 만나 "이제 파업이 수습됐으니 우리 물건 좀 써 주시오"라고 부탁하기 위해서였다. 그 다음 날엔 또 다른 고객인 삼성전관 관계자와의 약속이 예정돼 있었다.

일행은 부산으로 내려가는 승용차에서 파업의 후유증을 걱정하고, 앞으로의 대책을 숙의하는 등 회사의 장래에 대한 얘기를 주고받았다.

부산에 도착한 그들은 LG전자 임원진과 저녁식사를 하면서, 파업의 상처는 아물어 가고 있으니 다시 종전의 거래 관계를 회복하자고 사정했다. 만찬 자리는 비교적 화기애애했다. 다음 날에는 삼성전관 사람들을 만났다. 그들 역시 나름의 어려움을 토로하면서 한국전기초자의 파업이 수습된 것을 다행으로 생각한다며 위로했다.

이와 같은 활동은 당장 옛 수준의 거래선을 회복할 수는 없겠지만, 납품선을 확보하기 위해 임원으로서는 당연히 해야 할 대외 활동이었다. 사장을 비롯한 임원들은 술이 얼큰하게 취한 상태에서 일요일 저녁에 구미로 돌아왔다. 돌아오는 차에서도 어떻게 하면 하루빨리 파업의 여파를 수습할 수 있을 것인지를 의논했다.

월요일 아침, 김 이사는 여느 때와 다름없이 출근했다. 그런데 텔레비전 10시 뉴스에서 청천벽력 같은 말이 흘러나왔다. 회사가 한국유리에서 대우로 넘어갔다는 소식이었다. 부랴부랴 사장을 찾았지만 그는 서울로 올라가고 없었다.

"바로 전날 밤까지만 해도 회사의 총책임자인 사장과 함께 거래처 사람들을 만나 밥을 먹고 술을 마시면서 회사에 대해 걱정했는데, 다음 날 아침에 회사 주인이 바뀌었다는 겁니다. 30년 동안 젊음을 바쳐서 일해 온 대가가 이것인가 하는 생각에 배신감부터 들었어요. 회사의 운명이 좌우되는 그런 상황이었다면 의당 언질이라도 주었어야 하는 것 아닙니까."

본시 경영권을 주고받는 일이야 오너들끼리의 거래로 이뤄지는 것인데, 임원들에게 그런 과정을 알렸느냐 알리지 않았느냐가 뭐그리 중요한 일이냐고 얘기할 사람도 있겠지만, 김 이사는 당시 '뒤통수를 얻어맞은 기분'이었다고 한다.

그러나 훗날 한국전기초자의 경영 혁신이 성공한 데에는 경영에 관한 사원들의 정보 공유가 큰 힘이 되었다는 사실에서 볼 때, 이 사례는 매우 중요하다. 평소 회사의 정보가 얼마나 막혀 있었는지 가늠할 수 있기 때문이다. 사실 1997년 당시에 경영자 측에서 회사가 처한 상황을 숨김없이 털어 놓고 이해를 구했다면 그토록 장기간에 걸친 파업은 일어나지 않았을 것이다.

상층부 고위 임원도 모르는 중에 하룻밤 사이에 주인이 바뀔 수 있는 회사와, 말단 생산직 사원까지도 회사의 경영 지표는 물론 장단기 비전까지 손금 들여다보듯이 꿰고 있는 회사는 이름이 같다고 해서 같은 회사일 수 없다.

파업 후유증으로 혼란과 무기력 증세가 지배하던 회사 분위기는 회사가 넘어갔다는 소식까지 알려지자 벌집을 쑤신 꼴이 되었다. 일손이 잡힐 리 없는 간부들은 삼삼오오 모여 앉아 착잡한 심정으로 장차 전개될 상황을 점쳤다. 생산 현장 역시 대대적으로 단행될 감원바람을 예상하며 뒤숭숭하기만 했다. 고용 보장을 외치며 두 달 보름 동안 소득 없는 싸움을 하다 지쳐 버린 터에 회사 주인까지 바뀌었으니 미꾸라지 잡으려다 늪에 빠져 버린 형국이었다.

옛 주인과 새 주인의 절묘한 거래

대우에서 유리 사업의 필요성을 인식하고 유리 생산에 대한 프로젝트를 시작한 건 1995년이었다. 삼성전관이 그룹 내에 삼성코닝이라는 브라운관 유리회사를 가지고 있어서 안정적인 공급을 받는 것과 달리, 대우계열의 오리온전기는 국내외에 튜브공장과 텔레비전 공장을 가지고 있었지만 벌브유리의 안정적인 공급선을 확보하지 못하고 있었다. 그래서 '브라운관 유리공장을 추진하자'고 나선 것이었고, 이 사업을 'G-프로젝트G-Project'라 칭했다.

프로젝트 추진팀은 우선 유럽에 공장을 짓는다는 계획을 세웠다. 국내는 S사와 한국전기초자의 생산량만으로도 공급이 남아돌 정도인 데다, 공장 설립에 따른 정부 차원의 지원을 기대할 수 없기 때문에 일찍이 후보에서 제외됐다. 최종 후보로 떠오른 곳이 프랑스와 영국이었다.

유럽의 경우 외국 자본에 의한 공장 설립 시 다양한 지원을 하는데, 특히 영국의 경우 각 지역의 자치정부 단위로 한국에 투자 유치단을 파견할 정도로 공장 유치에 적극적이었다. 그러나 다각적인 검토 끝에 현지에 텔레비전 공장이 있는 프랑스로 일단 결정이 됐다.

문제는 어디서 기술을 가져오느냐였다. 세계적인 브라운관 유리회사들을 대상으로 검토한 끝에 일본의 아사히글라스를 파트너로 선정했다. 아사히와의 기술 제휴 협상은 무난하게 잘 진행되는 듯했다. 대우와 아사히가 공동 경영을 한다는 조건이었다. 그런데 결국 마지막 단계에서 협상은 무산되고 말았다. 아사히가 독자적인 경영권을 요구했던 것이다.

아사히와의 유리공장 합작 설립 건이 결렬되자 대우는 독자적으로 공장을 짓겠다는 계획을 세운다. G-프로젝트팀은 세계 각국을 돌면서 기술자 확보에 나섰다. 1997년 말, 대우는 그룹 차원에서 투자를 하느냐 마느냐를 놓고 최종적인 검토 작업을 벌였고 바로 이 시점에 한국유리그룹에서 "한국전기초자를 인수할 의향이 없느냐?"는 타진이 들어왔다. 그리고 얘기가 나온 지 한 달 만에 주식 인도 방식으로 경영권을 인수인계하기로 결정이 났다.

결국 한국전기초자의 경영권 이양은, 한시 바삐 '애물단지'를 떨쳐버리고자 했던 옛 주인과 유리공장이 절실히 필요했던 새 주인 사이에 시기적으로 절묘하게 맞아떨어진 거래였다.

그러나 경영권을 넘겼던 한국유리 경영자도, 그리고 '세계 경영'을 기치로 사업 확장을 꾀하던 대우도 IMF 구제금융사태라는 대폭풍은 전혀 예상하지 못했다. 특히 대우는 회사의 이모저모를 꼼꼼히 따져 보고 실사 과정을 거쳐서 경영권을 주고받은 게 아니라, 주식 인도 방식으로 경영권을 넘겨받았기 때문에 재무 구조가 어떤지 세세한 내막을 몰랐다.

이제 IMF 사태라는 전대미문의 난국에서 한국전기초자라는 부실덩어리를 어떻게 꾸려 가느냐 하는 책임은 새로 부임한 서두칠 사장의 몫으로 떨어졌다.

구미에 내려온 서 사장은 노사분규의 시말에 대해서 충분한 얘기를 들었다. 그리고 재무제표의 수치도 머리에 입력했다.

회사가 살 수 있는 '단 하나의 해결책'이 머릿속에 정리되었다. 그것은 '정신이 어지러울 정도로 동시다발적이고 파상적인 변화'였다.

혁신의
'혁'은
'가죽 혁(革)'이다

섬기러
왔습니다

　12월 29일 임시주주총회에서 서두칠 사장은 경영책임자로 선임된다. 그는 대표이사 자격으로 처음 주재한 간부회의에서 이런 인사말을 했다.

　"나는 우리 회사의 주주를 섬기러 왔습니다. 우리 회사의 사원들을 섬기러 왔습니다. 우리 제품을 사 주는 고객을 섬기러 왔습니다. 그리고 열심히 벌어서 세금을 많이 냄으로써 국가에 이바지하기 위해서 여기 왔습니다."

　섬기기 위해 왔다는 이 말은 주총에서 정식으로 선임되기 전, 정확히 말하면 12월 6일 구미에 도착하던 날부터 이미 행동으로 보여 주고 있었다.

고용보장은 고객에게서 받아 와라
　그는 제일 먼저 사원들을 섬기는 일에 돌입했다. 그러려면 장기간의 파업과 불확실한 미래 때문에 안정감을 잃은 사원들에게 심리적 안정감을 주고 경영책임자로서의 비전을 제시하는 일이 급선무였다.

당시 회사는 현장은 물론이고 간부사원들도 갈피를 잡지 못한 채 마음이 허공에 떠 있었다. 간부사원들의 경우 회사의 장래를 비관적으로 예측해 사표를 내는 사람도 많았다 이해할 수 있는 일이었다. 주인이 바뀌었으니 경영 합리화 차원에서 대대적인 물갈이 혹은 감원이 있을 것으로 판단한 것이다. 설령 현직이 유지된다 해도 안팎에서 회사 자금 사정이 심각하다는 설이 분분한 만큼 회사의 장래는 영 미덥지 못했다. IMF 폭풍으로 믿었던 기업들이 사방에서 쓰러지는 판국이니 부실덩어리 이 회사도 곧 망할 것이란 생각이 지배적이었다. 회사가 고용을 보장했음에도 자칫하다간 퇴직금마저 떼일지 모른다는 생각에 하나둘 사표를 냈고 그 수는 2백여 명에 이르렀다.

생산직 사원들은 사정이 더 절박했다. 사원들 간의 유대감은 심각한 균열증상을 보였고, 가계家計도 큰 타격을 입은 상황이었다. 또 IMF 구제금융 여파로 사방에서 '구조조정'이라는 이름 아래 수많은 직장인들이 맥없이 쫓겨나고 있었다. 더구나 그들은 '회사를 위기로 몰아넣은 파업의 주체'라는 원죄의식까지 가지고 있었다. 자신이 회사 경영자라 하더라도, 재고는 사방에 널려 있고 용해로 하나도 불을 끈 마당에 인원을 감축하지 않을 재간이 없을 것이라고 생각할 정도였다.

구미에 내려온 서 사장의 기이한 스타일도 처음엔 그들의 불안감을 부채질했다. 새로 부임한 사장은 일요일, 새벽을 가리지 않고 불쑥불쑥 도깨비처럼 현장에 나타났다.

"우리들의 근무 상태를 관찰하는 것이다. 근무자세가 불량한 사람을 리스트에 올려 해고하려는 사찰 활동의 일환일 것이다."

대부분의 생각이 이랬다. 그래서 노조 일부에서 이런 움직임이 생겨났다.

"새 사장이 왔으면 구조조정은 뻔한 것 아닌가. 구조조정이란 다름 아닌 인원 감축이다. 그러면 우리는 어떻게 해야 하나? 다시 단결해서 투쟁해야 한다. 지난번 파업 투쟁은 종국에 아무런 소득 없이 조업에 복귀함으로써 끝났다. 그 여파로 결속력이 눈에 띄게 약화되었는데, 이제 회사 주인이 바뀌었으니 다시 한 번 투쟁할 수 있는 기회가 온 것이다. 자, 다시 투쟁의 대오를 갖추자!"

일부였지만 이런 목소리가 어느 정도 힘을 얻어 갔다. 다른 한편으로 비노조원인 관리직 사원들도 언제 목이 달아날지 모르는 상황이라 생각하고 조합원과 목소리를 합하기 시작했다. 그래서 조합원과 비조합원을 망라해서 '고용 보장을 위한 비상대책위원회'가 만들어졌다.

이번에는 오히려 비조합원인 관리직 사원들이 생산직 사원들보다 더욱 적극적이었다. 그들은 머지않아 대우그룹의 대규모 낙하산부대가 구미상공에서 쏟아져 내릴 것이라고 판단하고 있었다.

이렇게 판단한 데에는 근거가 있었다. 같은 구미공단의 '오리온전기' 역시 대우로 경영권이 넘어갔을 때 대우 사람들이 '점령군'으로 들이닥쳤기 때문이다. 역시 같은 공단의 '한독부품'이 'LG부품'

으로 이름표를 바꿔 달 때에도, 2년 동안 60%의 관리직 사원들이 물러나는 모습을 똑똑히 봐 왔다. 따라서 생산직보다는 관리직의 불안이 더 컸고, 그들이 도리어 생산 현장의 사원들을 선동해서 뒤숭숭한 분위기로 몰아가고 있었다.

그러던 어느 날 비대위 관계자들이 서 사장을 찾아왔다.

"전 사원의 고용을 보장한다는 각서에 사인해 주십시오!"

서 사장은 고개를 절레절레 흔들었다.

"이까짓 서류에 사인하는 것, 백 번이라도 할 수 있다. 그런데 내가 사인한다고 고용이 보장되나? 여러분은 고용을 나한테서 보장받을 게 아니라 우리 물건을 사 줄 고객으로부터 받아 와라."

이 얘기는 크게 생각한다면 이치에 맞는 말이었지만 한편으론 몰인정하고 인색한 자기방어로 보였다. 그렇다고 또다시 '타도'와 '투쟁'을 외치고 나설 수 있는 회사 분위기가 아니었다.

이상한 소문

이 무렵 이상한 소문 하나가 더 퍼졌다. 서두칠이라는 사람이 과도기를 관리할 한시적 경영자라는 소문이었다. 그 증거로 사람들은 사장실 책상을 들었다.

서 사장은 처음부터 자기 방에 책상을 들여놓지 않고 원탁 하나만 설치했다. 사장이라는 권위에 어울리는 책상은 없고 6인용 원탁 하나가 놓여 있는 사장실 풍경이 엉뚱한 방향으로 해석된 것이다. 사원들은 '책상조차 들여놓지 않은 걸 보니 모가지 자르는 일 등 전초작업만 하고 훌쩍 떠날 사람이 분명하다'고 생각했다.

이래저래 사원들의 불안은 더해 갔다. 아니나 다를까 서 사장은 드디어 대대적인 구조조정을 공개적으로 천명했다.

"한국전기초자의 사정을 알고 있는 어느 누구에게 물어 봐도, 그 상황에서 상당수를 감원하는 것이 당연하다고 말하더군요. 상식적인 경영자라면 당연히 그렇게 해야 할 상황이었어요."

서두칠 사장의 말이다. 그럼 그는 과연 '상식적인' 경영자였을까?

살가죽 벗기러 온 저승사자?

서두칠 사장과 생산직 사원들과의 공식적인 첫 만남은 새벽 3시에 사내 3층 강당에서 이뤄졌다.

서 사장은 무엇보다 경영책임자와 사원 간 직접 대화의 필요성을 느끼고 '전 사원과의 대화'를 추진했는데 생산 현장이 3교대 근무를 하고 있었기 때문에 새벽 근무 교대자들과 만나기 위해서는 자신이 그 시간에 그들 곁으로 찾아가야 한다고 생각했다. 그래서 새벽 3시의 첫 만남이 있는 날 서 사장은 1시쯤에 아파트를 나섰다.

한겨울이라 강당은 썰렁했고, 막 근무 교대를 하고 나온 사원들의 표정도 겨울 날씨만큼이나 냉랭해 보였다. 서 사장이 단상에 섰다.

"나는 일을 만들러 왔지 일자리를 빼앗기 위해 온 사람이 아닙니다. 나는 일을 만드는 데 있어서는 대한민국에서 두 번째 가는 경영자가 되고 싶은 생각이 추호도 없습니다. 나와 함께 하면 여러분은 항상 바쁘게 돼 있습니다. 이 자리에서 저는 단언합니다. 우리 한국전기초자의 모든 사원들 중, 본인이 원해서 제 발로 걸어 나가지 않는 한 단 한 사람도 강제로 퇴사시키는 일은 없을 것입니다. 두고 보면 알겠지만 사람을 더 뽑을지언정, 있는 사람을 줄이는 일은 없을 것입니다."

이렇게 말한 서 사장은 가장 시급한 사안이라 생각한 위기의식의 공유를 위해 그동안 사원들이 잘 몰랐던 사실을 일일이 설명해 나갔다. 회사의 자금 사정, 생산과 재고 현황, 기술 수준, 그리고 IMF 구제금융으로 상징되는 국가 경제의 어려운 형편을 있는 그대로 설명해 나간 것이다.

서두칠 사장은 어떤 조직이 위기에 처했을 때 가장 위험한 현상은 조직의 성원들이 위기를 위기로 각성하지 못하는 상태라고 생각했다. 그리고 어려운 상황을 돌파하고 비전을 실행에 옮기기 위해 가장 먼저 해야 할 일은 '위기의식의 공유'라는 것도 알고 있었다. '전 사원과의 대화' 프로그램을 마련한 것도 위기의식을 전 사원에게 제대로 전파하기 위해서였다.

방송 드라마에서 주인공의 대사를 실감나게 해 주는 것은 배경음악이나 효과음이다. IMF라는 초유의 사태와, 그로 인한 기업들의 연이은 도산, 명예퇴직 등 이런 대외적인 환경이 사원들에게 위기의식을 전파하는 데 대단히 중요한 요소로 작용했다. 그래서 훗날 사람들은 한국전기초자가 경영 혁신에 성공할 수 있었던 데에는 대외적인 경제 위기도 한몫했다는 분석을 내놓기도 한다.

솔직히 말씀드리자면, 지난 12월 10일에 지급한 급여도 여러분의 가계에 더 이상의 어려움이 없도록 하기 위해 회사의 마이너스 통장(당좌차월)으로 어렵게

긁어모은 돈으로 마련한 것입니다. 현재 우리 회사의 자금 사정이 얼마나 어려운지 이루 다 말할 수는 없습니다만, 한 가지 예를 들겠습니다. 우리 회사의 심장이라 할 용해로의 가동에 절대적으로 필요한 유류油類의 경우, 12월 17일부터 출고되는 기름은 현금을 미리 주지 않으면 공급이 불가능하다는 통보를 받았습니다. 우리 회사의 대외적인 신뢰가 이런 형편입니다. 정말로 우리 한국전기초자에게 지금은 창사 이래 가장 심각한 위기 상황입니다.

사원들과의 첫 만남 이후인 1997년 12월 19일, 가정으로 우송한 통신문이다. 위기의식을 공유하려는 노력이 담겨 있다. 사장은 사원과의 만남에서 명확한 비전도 제시했다. 1998년 1년 동안 혁신운동을 전개해서 흑자로 전환하고, 도약의 1999년을 거쳐 3년 차인 2000년에는 빚이 한 푼도 없는 '무차입 경영 시대'를 열자는 것이었다.

말은 쉽다. 입으로 부조하는 일이야 누구나 할 수 있다. 그러나 사장은 우선 다독거려 놓고 보자는 의도로 그런 장담을 한 게 아니었다. 사장은 사원들에게 이런 말로 자신의 비전에 동참해 줄 것을 독려했다.

여러분들이 우리 회사의 장래를 비관적으로 보고 있는 이유를 나는 잘 압니다. 여러분은 스스로가 텔레비전 유리 생산업에 종사하고 있으면서도 이미 TV 유리는 세계 시장에서 사양화 추세라서 전망이 어둡다는 것을 알고 있습니다. 그러나 두고 보면 알겠지만, 다른 유리 회사들은 다 죽을지 몰라도 우리 회사 제품은 앞으로 수요가 더 늘어나면 늘어났지 줄어드는 일은 없을 것입니다.

그것이 어떻게 가능한가? 간단합니다. 우리의 고객인 브라운관 만드는 회사 사람들에게 사고자 하는 의욕을 불러일으키는 겁니다. 구매자의 의욕을 어떻게 불러일으키느냐? 간단합니다. 우선 싼값에 공급하는 겁니다. 싸다는데 관심 안 가질 수요자가 어디 있겠습니까. 하지만 대개 싼 게 비지떡이라고 값이 싸면 품질이 엉망일 거라고 생각합니다. 그런데, 타사 제품보다 더 좋게 만들어서 준다면 고객은 감동하게 돼 있습니다. 덧붙여서 원하는 물건을 원하는 시기에 공급해주는 겁니다.

좋은 물건을 납기에 맞춰서 싸게 판다? 경제의 ABC를 모르는 구멍가게 점원이라도 다 알고 있는 뻔한 '공자님 말씀'이었다.

그러나 당시 회사 입장에서 '싸게 팔고', '좋게 만들고', '납기에 맞춰 공급한다'는 것은 절실한 과제였다. 따지고 보면 77일간의 장기 파업도, 가격 경쟁력이 떨어지고 제품의 질이 나빠서 고객에게 외면당한 물건이 재고로 쌓인 데서 유발되었다. 그런 현실을 우선적으로 타개할 수 있는 유일한 방법은 가격 경쟁력을 갖추는 일이었다.

사장은 "남들보다 1달러 싸게 팔자"고 주장했다. 수요자의 입장에서 본다면, 만일 100만 개의 제품을 쓰는 회사라면 100만 달러 싸게 사는 셈이 된다. 100만 달러를 벌 수 있는 길이 있는데 한국전기초자 제품을 안 쓰고 배길 재간이 있겠는가.

그럼 회사는 언제 돈을 버나?

"가격을 1달러 내리되 생산 비용을 2달러 절감하자!"

이것이 사장이 제시한 답이었다. 즉 가격을 1달러 내리고, 생산

비용을 2달러 절감한다면 종전보다 1달러를 더 버는 셈이 된다는 것이다. 그렇게만 할 수 있다면 세계적으로 연간 2억 5천만 개에 이르는 브라운관 유리 수요가 1억 개로 줄고 5천만 개로 줄더라도 한국전기초자 제품은 판로 걱정을 안 해도 된다는 거였다.

문제는 '어떻게'였다. 어떻게 그것이 가능한가?

서 사장은 가동이 중단된 용해로에 곧 불을 붙이겠다고 말했다. 용해로를 재가동하겠다고 선언하자 사원들은 열렬한 박수를 보내며 기뻐했다. 그러나 이어서 나온 이야기엔 입이 쩍 벌어지고 말았다.

"우리 사업장은 특성상 온도가 높은 곳에서 일하는 관계로 1시간 일하고 30분 쉬는 방식으로 근무 체제를 운용해 왔습니다. 그러나 그렇게 해서는 경쟁력을 확보할 수도, 내가 제안한 비전을 이룩할 수도 없습니다. 앞으로 2시간 일하고 10분 쉬는 방식으로 근무 체제를 바꾸지 않으면 안 됩니다. 우리는 혁신을 해야만 살 수 있습니다. 여러분, 혁신이 뭡니까? 혁신의 '혁'은 '가죽 혁革'입니다. 가죽을 벗겨내는 아픔 없이는 성공을 기약할 수 없습니다!"

사원들 사이에서는 이런 소리들이 흘러나왔다.

"이제 우리는 다 죽었다."

"알고 보니까 저 사람, 순전히 우리 살가죽 벗기려고 내려온 저승사자였어."

첫 만남은 사원들에게 '아리송한 약속'과 '황당한 제안'을 남긴 채 끝났다.

그러나 서두칠 본인에게는 아리송한 약속이 절대 아니었다. 지키지 못할 약속은 아예 하지 않는 게 그의 성미였다. 약속을 지키기 위해 그는 자기 자신부터 한없는 긴장감 속으로 내몰았다.

1997년 12월에 서두칠 사장은 한 번도 편안하게 잠을 자지 못했다. 매일 토막잠으로 해결했다. 발등의 불같은 자금 문제 해결, 경영 현황 파악 등으로 파김치가 되어 좁은 아파트로 돌아오면 금세 피곤이 몰려왔다. 그러나 새벽 3시 사원과의 만남을 위해 그는 1시에 집을 나섰다.

'끝없이 긴장해야 한다. 그래야 회사가 살고 사원들이 일자리를 잃지 않는다.'

그래서 한겨울임에도 그는 찬물로 샤워를 하고 새벽에 회사로 향했다.

7가지 방향의
구조조정

17회, 1997년 서 사장이 전 사원과 나눈 직접 대화 횟수다. 여기엔 밤과 낮, 아침저녁이 따로 없었다. 그는 사내외의 다른 업무를 수행하면서도 새벽 3시에서 5시까지, 오전 9시에서 11시까지, 오후 4시에서 6시까지 하루 세 차례씩의 대화를 강행해 나갔다. 이는 모두를 혁신 운동의 방관자가 아닌 주체로 만들기 위한 것이었다.

"여러분이 품질 향상을 책임지십시오. 내가 여러분의 고용을 책임지겠습니다."

"혁신의 목표는 도저히 불가능하다고 여겨지는 수준에 두어야 합니다. 이 목표를 달성하기 위해서 우리는 살갗이 벗겨지는 고통을 감내해야 합니다."

"모든 것을 제로베이스에서 다시 시작합시다."

대화가 거듭되면서 사원들 입에 자주 오르내리는 말이 생겨났다. 바로 '혁신'이었다. 그것이 "우리 살가죽 다 벗기려고 한다"는 식의 불평이 됐든, "내 일자리를 보장받기 위해서는 이대로는 안 된다"
는 긍정적인 반응이 됐든, 늘 혁신이라는 말이 대화의 중심에 섰
다. 혁신에 대한 인식의 정도에는, 서 사장 정도는 아니었지만 전
사원들이 그 필요성에 대한 공감의 영역으로 한 발씩 다가서고 있
었던 것이다.

전체가, 동시다발로, 숨가쁘게

서두칠 사장은 제로베이스에서 새출발하기 위한 대대적인 구조
조정을 선언하고 그 방향을 제시했다.

"내가 한국전기초자에 부임하고 나서 대대적인 구조조정 작업을
단행하고 있다니까 주변에서 대뜸 한다는 소리가 '몇 명 잘랐소?'
였어요. 그러나 사원과의 대화 시간에 약속했듯이 제 경영 혁신 프
로그램에는 사람 자르는 구조조정은 애초부터 들어 있지 않았습니
다."

서두칠 사장이 추진하려 했던 구조조정은 한마디로 제조의 효율
을 혁신적으로 끌어올리는 방식이었다.

첫째, 기계·설비·라인의 구조조정이다. 생산된 제품이 따로 반
제품 창고로 가서 대기하거나 공정 한가운데 쌓여서 작업 속도를
지체시키고, 이에 따른 가외의 물류비용 부담까지 떠안게 돼 있는
구조를 획기적으로 바꾸는 것이다.

둘째, 제품의 구조조정이다. 중소형 텔레비전 유리만 생산하던
구조에서 탈피하여, 생산 품목을 대형 유리나 컴퓨터 브라운관 유

리로 바꿔 나감으로써 부가가치를 높이고 고객의 다양한 요구에 부응할 수 있어야 한다는 것이다.

셋째, 금융의 구조조정이다. 단기 차입금을 점진적으로 장기 차입금으로 대체하고, 고금리자금은 우선적으로 상환하여 금리 부담을 줄여 경영수지를 혁신적으로 개선하는 것이다.

넷째, 노사관계 구조조정이다. 그동안 노조의 단골 슬로건이었던 '투쟁'과 '쟁취'의 깃발을 내리게 해야 한다. 노조의 역할이 회사로부터 무엇인가를 쟁취하는 데 있는 게 아니라, 회사의 발전 방향에 따라 무엇을 하는 것이 회사의 경쟁력 강화에 도움이 되는지를 연구하고 토론하는 데 있도록 해야 한다. 회사 또한 열린 경영으로 모든 정보를 공유토록 함으로써 신노사문화를 만들어 나가야 한다.

다섯째, 인력의 구조조정이다. 가동 중지돼 있는 용해로에 불을 붙여 안정된 자리에서 일하게 하되, 전공정前工程과 후공정의 종사자를 효율적으로 전환 배치하고 사업 지원 부문의 경우 필요에 따라 분사分社 등의 구조조정을 함으로써 구성원 전원에게 안정된 직장을 보장하는 의미의 인적 구조조정이다.

여섯째, 기술의 구조조정이다. 외국 기술에 의존함으로써 값비싼 로열티를 지불하고 있는 구조를 과감하게 탈피하기 위해 자립 기술을 확보하는 것이다.

일곱째, 사고방식의 구조조정이다. 구성원들 마음속에 뿌리 깊이 자리하고 있는 '어렵다', '안 된다'는 타성이야말로 시급히 뜯어고쳐야 할 구조조정의 대상이다. 과거의 부정적 사고를 떨쳐 버리고 '할 수 있다'는 능동적이고 적극적인 생각과 의지로 재무장해야 한다.

이렇게 혁신의 방향은 섰다. 그러나 경영책임자인 사장 이외에는 이러한 혁신운동이 성공하리라고 확신하는 사람은 없었다. 아무리 회사의 제반체제를 제로베이스에서 재편한다지만, 세계적인 경영 진단 회사에서 '생존 가능성 없음'이라는 판정을 받은 회사를 인원 감축, 자산 매각도 하지 않은 채 1년 만에 흑자로 전환시키고 3년 차에는 무차입 경영을 실현한다는 것은 꿈같은 얘기로 들렸다.

그러니까 서 사장이 주창한 혁신 프로그램이나 그가 제시한 비전은 다분히 정신 개혁 운동의 성격이 짙은 것처럼 보였다. 투입된 생산 요소Input는 그대로인데(사실은 그대로인 것도 아니다. 경영권 이양 과정에서 불안을 느낀 200여 사원들이 회사를 떠났다), 성과Output만을 극대화하겠다는 것이 무지개 잡는 얘기로 들리는 건 당연했다.

"생산력이 떨어지다 보니 자본이 형성되지 못하고, 자본 형성이 어려우니 생산에 투자할 여력이 없어 늘 허덕이게 된다."

경제학자 너크시R.Nurkse가 주장한 '빈곤의 악순환'이다.

서두칠 사장은 이 순환의 한 고리를 개선함으로써 점차적으로 전체적인 사이클을 호전시키는 방안을 택하지 않았다. 그렇게 하기에는 그가 임기로 보장 받은 3년이라는 기간이 너무 짧았다. '빚을 갚고 상황이 좋아진 다음에 인력 구조조정을 생각해 보자'는 것은, 순환 고리 하나가 개선되고 나면 언젠가는 전체적으로 잘 돌아갈 날이 있을 것이라는 얘기와 통한다. 서 사장은 당시 회사 상황으로 볼 때 그런 한가하고 느슨한 개혁으로는 성공이 어렵다는 판단을 하고 있었다.

동시다발적이고 파상적으로 개혁을 진행해서 조직 구성원들이 빠른 시간 내에 혁신 운동의 효력을 피부로 느껴야 성공의 토대가 마련되고 혁신 운동은 더 큰 추동력을 받는다.

서두칠식 '선순환' 논리다. 어쨌든 혁신 운동에 시동이 걸렸다. 부분적이 아니라 전체적으로, 순차적이 아니라 동시다발적으로, 쉬엄쉬엄이 아니라 숨 가쁘게.

그런데 이 무렵 회사는 서 사장과 사원들이 처음 만난 새벽 3시의 강당 분위기보다 더 싸늘한 자금 시장 앞에서 연일 부도의 위험과 맞닥뜨리고 있었다. 여의도에 있는 자금팀의 하루하루는 살얼음판이었다.

하루살이
회사

임시주총에서 한국전기초자의 이사로 선임된 최영호는 대우그룹에서 20여 년간 재무 관련 업무에 종사했다. 그런데 그가 한국전기초자에서 보낸 첫 한 달은 대우그룹에서 보낸 20년보다 더 숨 가쁜 나날들이었다.

최 이사가 전임 담당자로부터 자금 계획표를 인수해서 들여다보았을 때 가장 먼저 해결할 것은 종합금융사로부터 끌어다 쓴 단기 자금 800억 원이었다. 만기가 되어 돌아오는 이 어음들을 어떻게 막느냐에 회사 부도 여부가 달려 있었다. 이 문제를 해결하지 못하면 사장이 구미 공장에서 아무리 혁신이다 뭐다 해도 모두 물거품이 되는 상황이었다.

더구나 한국유리그룹에 속해 있을 당시 자금 관련 업무를 맡았던 사람들이(그 당시 상황에서 부득이했을 것으로 판단되지만), 종금사에 단기 자금을 끌어다 쓰면서 만기일을 대우로 넘어가는 시점으로 맞춰 버렸다. 결국 대우가 경영권을 인수하자마자 사방에서 어음이 융단폭격처럼 날아들기 시작했다.

구미로 전화를 걸면 서 사장의 말은 한결같았다.

"모든 보고는 전화로 하라. 당신들은 여기 내려올 생각은 절대 말고 서울에 남아서 단기 자금을 중장기로 돌리는 작업에 전념하라."

실제로 최 이사를 비롯한 자금팀은 한국전기초자가 어떤 회사인지 구경 한 번 못해 본 채 서울의 금융기관들로 뛰어다니면서 "우리 회사는 좋은 회사입니다. 곧 판매 대금이 회수되면 갚을 수 있으니 조금만 연기합시다."를 연발하며 자금을 메꿔야 했다. 평소 과장이 하던 일을 이사가 해야 했고, 평사원이 하던 일을 과장이 처리해야 했다. 그 자체를 불평할 틈도 없었다.

내일은 어떻게 살지?

대우에서 자금 업무로 잔뼈가 굵은 터라 대부분 금융기관 사람들을 잘 안다고 자부하던 최 이사는, 만기가 도래한 한 종금사에 가서 평소 친하게 지내던 간부부터 찾았다. 평소의 인연을 앞세워 바짓가랑이라도 붙잡아 보자는 생각이었다. 그러나 10년지기처럼 지내오던 종금사 차장은 의자를 돌려 외면부터 해 버렸다.

"지금 우리 회사가 상당히 어려운 상황이오. 이 고비만 넘기면 괜찮아질 거요. 여기서 빌린 돈의 상환 기일이 오늘인데, 미안하지만 일주일만 연기해 주시오. 한꺼번에 갚지는 못하겠지만 성의를 다해 갚아 나가겠소."

그러나 돌아오는 대답은 싸늘했다. 얼굴을 마주 보려고도 하지 않은 채 "안 됩니다" 그 한 마디를 던지고 자리를 뜨기 일쑤였다.

그런데 최 이사의 경우 그런 일을 너무나 많이 당하고 또 회사 사정이 급박하다 보니 종금사 담당자를 원망할 틈도 없었다. 매일매일이 전쟁이었다. 하루를 넘기는 일이 지상과제였던 것이다.

더구나 종금사들 자체가 전반적으로 휘청거리던 상황이어서 상환 연기는 더욱 어려웠다. 당시 종금사는 망해 가는 종금사와 생존이 가능하다고 평가 받은 종금사로 나눌 수 있었다. 망해 가는 종금사는 대출금을 한 푼이라도 건지는 게 상책인지라 이자 일부라도 갚아 주면 얼마 동안 상환을 연기해 주기도 했지만, 생존을 위해 발버둥치는 종금사들은 오히려 에누리가 없었다.

최 이사 등 재무팀이 비상수단으로 찾아간 곳이 H금융과 D증권이었다. 이 회사들은 대우에서 일정 지분을 출자한 금융회사였다. 대우 식으로 말하자면 '가족'인 셈이니 그 곳에 찾아가서 자금을 융통해 보자는 계산이었다.

H금융부터 찾아가 어려운 회사 사정을 설명한 다음, 당장 부도나게 생겼으니 도와달라고 하소연했다. 그러나 돌아온 대답은 "도와주고 싶지만 그럴 수 없는 입장"이라는 것이었다. 대우계열에 워낙 빌려 준 돈이 많아서, 같은 계열사에 빌려 줄 수 있는 한도가 차 버렸다는 것이었다. 물론 편법을 찾자면 방법이 아주 없는 것은 아니었지만, 대우계열인지 아닌지도 긴가민가한 낯선 이름의 회사(유리를 의미하는 '초자(硝子)'라는 한자어가 사람들에게 더욱 생소한 느낌을 갖게 한 모양이었다)를 위해 무리수를 둘 수는 없다고 판단한 듯했다.

대리부터 시작해서 과장, 부장을 다 만나 봤으나 대답은 마찬가지였다. 사장을 만나 봤자 씨도 안 먹힐 것이라는 만류를 무릅쓰고 사장실로 들어갔다. 역시 사장 대답도 "어렵다"였다. 최 이사는 사장실에 눌러앉아 버티기 작전에 들어갔다. 진드기처럼 눌러 붙은 최 이사에게 사장이 혀를 내둘렀다.

"좋다. 그럼 오늘 필요한 자금만 봐 주겠다."

이렇게 되면 또 하루 죽지 않고 사는 것이었다. 다음 날 또 찾아가 통사정을 했다.

D증권에 찾아갔을 때의 일이다. 담당자는 한국전기초자가 대우에서 인수한 회사라는 것도 모르고 있었다. 전후 사정을 설명하고 나서 어음 할인을 통한 돈 빌리기 작전에 돌입했다. 실무자들과 중간 간부들은 도와주려 했는데, 이번에는 사장이 반대하고 나섰다. '사흘 굶은 거지 밥집 문간에 버티고 서듯' 이번에도 버티기 작전으로 나갔다. 그래봤자 소용없다며 퇴근했던 사장이 결국 카폰으로까지 매달리는 집념에 두 손을 들고 다시 사무실로 돌아와 또 하루 버틸 자금을 융통해 주었다.

매일 이런 식이었다. 구미에 전화를 걸어 "사장님, 오늘도 하루를 넘겼습니다"라고 보고하자마자 "내일은 또 어떻게 살지?"를 곧바로 고민해야 했다.

대우 가족 맞아?

자금난에서 대우그룹의 계열사라는 배경은 아무 도움이 되지 못했다. 대우그룹에서는 덜컥 인수만 했지 회사의 내부 사정이 어떠한지 깜깜했고, 그룹 차원에서 자구책을 논의해 본 적도 없었다. IMF 구제금융사태 때문에 그럴 겨를이 없었는지도 모른다. 오히려 '대우가족'의 일원이라는 사실이 불리하게 작용했다. 금융기관에서 돈을 빌려 줄 수 없는 이유로 가장 빈번하게 들이댄 핑계가 "대우 그룹 차원의 대출 한도액이 초과됐다"였다.

종금사들뿐 아니라 시중 은행들이나 보험회사들도 마찬가지였다. 일부 시중 은행의 경우, 담당 간부가 한국전기초자 서울 사무소로 찾아와서 만기가 안 된 차입금까지 당장 갚으라고 윽박지르기까지 했다. 한국전기초자가 위태위태하다는 소문이 그만큼 널리 퍼져 있었던 것이다.

보험회사의 경우 한 술 더 떴다. 당시 회사는 보험회사로부터도 상당액을 차입해 쓰고 있었다. 보험회사에서 돈을 빌리는 경우 담보로 견질어음을 맡긴다. 금액 표시도 없고 기일도 없는 백지어음이다. 그런데 회사가 어렵다는 소문이 퍼지자 한 보험회사는 백지어음에 빌려 준 원금과 이자까지 계산한 액수를 기입하고, 날짜도 자신들이 받고 싶은 날짜를 멋대로 기재한 다음 시중에 돌려서 회사 경영진을 경악하게 했다.

"관계 서류를 뒤져 보니까 한국전기초자가 당신네하고 장기간 거래를 하면서 기여한 부분이 많던데, 회사가 일시적으로 어려움에 처했다고 이럴 수 있어요? 두고 보십시오. 짧은 시간 내에 다시 정상 상태로 돌아설 거요. 채무 상환을 요구하는 건 좋은데 넘어진 사람 등을 밟아서야 되겠소? 최소한의 시간을 주는 것이 그동안 거래 관계를 이어 왔던 금융기관으로서의 도리 아니오?"

자금 담당자가 달려가 항의했다. 그러나 너도나도 살겠다고 발버둥치는 위기 상황에서 기존 거래 실적이나 신뢰 관계는 휴지조각에 불과했다.

어떤 회사가 부도로 넘어질 경우 결정적으로 부도어음을 돌린 금융사는 안팎으로 비난을 받게 돼 있었다. 한국전기초자가 대우그룹 계열사가 아닌 개별 회사라면 견질어음을 돌리는 것 자체가 그 회사를 부도나게 하는 행위이기 때문에 기존 대부금 상환을 연장해 주는 것이 관행이었다. 그럼에도 불구하고 보험사에서 해당 회사에 치명적이라 할 견질어음을 무리하게 내돌린 것은 다른 이유가 있었다.

"한국전기초자가 대우그룹의 일원으로 편입되었다. 도리상 가혹하기는 하지만 우리가 견질어음을 돌리더라도 한국전기초자가 쉽게 부도나진 않을 것이다. 한국전기초자가 부도 직전에 이르면 굴지의 대우그룹이 보고만 있겠는가? 그룹 차원에서 막아 줄 것이다. 그렇다면 먼저 돌리는 것이 이익 아닌가."

회사가 '대우'라는 우산 속에 듦으로서 당한 또 하나의 피해 사례였다.

단기 차입금을 장기로 전환하는 것은 서두칠 사장이 천명한 구조조정의 일환이기도 했지만, 당장 살아남기 위해서도 불가피한 일이었다.

언제까지나 하루살이 땜질로 살아갈 수는 없는 일이었다. 더구나 1997년 10월경에 13~14% 정도이던 금리가 IMF 사태가 터지자 불과 한두 달 만에 35~39.9%까지 치솟아 버린 데다 차입금 회수는 어려운 실정이었으니 상환을 끝없이 연장해 주기를 기대하는 것 자체가 무리였다.

가장 큰 문제는 다급한 종금사의 8백억 원 단기 자금을 어떻게 해결하느냐였다. 재무팀은 사장과 전화로 회의를 한 끝에 회사채를 발행하기로 했다. 물론 회사 자체 신용으로는 회사채 발행이 어려운 상황이었다.

방법은 한 가지였다. 어차피 대우에서 인수한 대우 계열사이니 대우의 신용에 기대는 방법이었다. 대우그룹에서도 대우중공업 같은 회사는 재무 건실도가 괜찮으니까 그 회사의 보증을 받아낸다면 회사채 발행이 가능하겠다는 판단이었다. 당장 그룹으로 달려갔다.

"한국전기초자는 그룹의 절실한 필요에 의해서 인수한 것 아닙니까. 그런데 IMF 사태가 터지는 바람에 인수하자마자 부도가 날 판입니다. 이 상황에서 도와주지 않으면 그룹 차원에도 막대한 손실이 올 겁니다. 인수 직후에 부도가 나 버린다면 대우그룹의 체면 문제도 있지 않습니까?"

(주)대우, 대우전자, 대우중공업뿐만 아니라 기획조정실에 찾아가서 사정을 설명하고 회사채 발행에 필요한 지원을 요청했다.

그런데 웃을 수도 울 수도 없는 일은, 대우에서 워낙 갑작스럽게 인수하는 바람에 한국전기초자가 대우 방계회사라는 사실조차 모르는 임원들이 부지기수였다는 점이다.

'대우가족'은 대우그룹의 전체 식구들을 친근하게 부르는 말이었는데 "한국전기초자? 그거 우리 가족회사 맞아?"라는 반문이 첫 반응이었다. 허겁지겁 달려간 사람들에겐 맥 빠지는 일이었다.

뿐만 아니라 그룹 내 계열사들이 국가 경제 위기라는 메가톤급 쇼크에 저마다 발등에 불이 떨어져 있는 처지였다. 앞가림하기 바쁜 터에 이름도 생소한 계열사를 도울 여력이 어디 있느냐는 거였다. 더군다나 1998년부터 공정거래법에 의해서 그룹 계열사 간에 상호 보증을 하지 못하도록 돼 있는 점도 불리하게 작용했다(그러나 1998년 초까지만 해도 재벌 기업들에서는 상호 보증을 해서 자금 문제를 해결하고 있었다).

상황은 더욱 옥죄어 오고 있었다. 선택할 수 있는 카드도 거의 바닥이 난 상황이었다. 서 사장은 결단을 내렸다.

"보증채로 발행하자!"

한국전기초자의 신용상 회사채를 발행한다 해도 사갈 사람이 없을 것이니 보증보험회사로부터 보증을 받아 발행하는 '보증회사채'로 발행하자는 계산이었다. 이번에는 D보증보험과 H보증보험 등을 문턱이 닳도록 찾아다니면서 사정을 했다. 간신히 보증을 서 주겠다는 약속을 받아냈다. ·

그런데 문제는 그들이 제시한 보증 조건이었다. 보증을 서 주는 대신 보험회사에서는 보증료(보증수수료)를 받게 되는데, 보통 3개월마다 한번 씩 받는 게 관행이었다. 보증료율도 높이 쳐서 보증 금액의 0.3% 가량이었다. 그런데 "보증료를 1.5%로 쳐서 3년 치를 한꺼번에 다 주시오"하는 것이 아닌가. 입이 딱 벌어질 일이었다. 1.5%라는 듣도 보도 못한 보증료만 해도 충격적인데, 3년 치를 한꺼번에 지급하는 경우 거의 2.5~3%에 해당하는 셈이었다. 그건 보증료가 아니라 금리나 마찬가지였다.

23% 회사채 할인

어쨌든 회사채를 발행하는 데 성공했다. 그러나 높은 이율을 보장해 주지 않으면 회사채의 소화를 기대하기 어려웠으므로, 표면금리는 18%였으나 22.5~23%로 할인해서 팔아야 했다.

그래도 하루하루 땜질하기 바빴던 단기 차입금을 1년 혹은 3년짜리 회사채로 일부나마 전환할 수 있었으니 조금씩 숨통이 트였다. 물론 회사채 발행으로 조달된 자금이 넉넉하지 않아서, 조금씩 '찢어 발라' 초읽기에 들어간 종금사의 단기 차입금의 구멍을 메우는 데에 투입해야 했다. 뿐만 아니라 회사의 원료 구입비를 비롯해서 사원들의 임금 지급 등 운전 자금 역시 시급한 상황이었다.

회사 자금 위기를 더욱 부채질했던 요인은 회사를 스스로 그만두는 사원들에게 지급해야 할 퇴직금이었다. 보통 퇴직금은 사외에 예치해서 회사가 아무리 어려움에 처해도 회사를 떠나는 사원들에게 최소한 퇴직금은 보장해 줘야 한다. 그런데 당시 한국전기초자에서는 퇴직금 일부를 보험사에 적립해 놓고 있었으나 모두 차입금과 연결돼 있는 형편이었다. 당시엔 자금난에 처한 기업이 퇴직금을 사외에 예치한 후 그 돈을 담보로 빚을 얻어 쓰는 경우가 다반사였다.

자칫 유일한 희망인 퇴직금마저 못 받는 사태가 올까 봐 조바심이 난 사람들이 상당수 사표를 내던졌다. 줄잡아 2백여 명이었다. 더군다나 그만둔 사람들 대부분은 근속연수가 길어서 퇴직금의 덩치가 컸다. 1998년 1월에 퇴직금으로 지출한 돈이 50억 원, 2월에 50억 원이었다. 전체 채무 규모로 보면 큰 덩어리는 아니었지만,

예상치 못했던 지출처가 돌출한 경우여서 자금 담당자의 애를 태웠다.

서두칠 사장과 재무팀이 부도 직전의 위기를 아슬아슬하게 모면해 가고는 있었지만, 공장에서 생산한 제품을 내다 팔아서 영업에 의한 자금이 정상적으로 순환되지 않는다면 오래 버티지는 못할 형편이었다.

그렇다면 서 사장이 천명한 일곱 가지 분야의 혁신(구조조정) 과제 중 자금을 제외한 나머지 부문은 어떤 변화를 보이고 있었을까?

사장이 솔선수범하는데
별 수 있나

"나에게는 사람의 열의熱意를 불러일으키는 능력이 있는데 이것이 나에게 가장 소중한 보배다."

미국 카네기 철강회사와 유나이티드스테이츠 철강회사의 사장을 역임한 바 있는 슈워브C.M.Schwab의 얘기다. 그는 식료품점 점원 출신으로 원만한 노사관계를 형성하는 데 탁월한 능력을 발휘해 훗날 카네기 제국의 정상에 올랐다. 1892년 카네기의 홈스테드 공장은 대규모 유혈파업으로 노동자와 관리자의 관계가 최악의 상황이었는데, 이 불화를 해소하고 기술 진보를 추진함으로써 생산성을 향상시키는데 성공한 인물이 바로 슈워브였다.

슈워브가 폭동에 가까운 유혈파업 뒤에 부임하여 어떤 방식으로 원만한 노사관계를 이끌어 냈는지, 그리고 기술 개발을 어떻게 추진해서 생산성 향상에 성공했는지 구체적으로 알 수는 없다. 그러나 스스로가 "다른 사람의 열의를 불러일으키는 능력을 가지고 있다"고 공언한 것으로 봐서 그의 경영 철학이 어떠했는지 짐작은 가능하다.

'격렬한 파업', '생산성의 극심한 저하'는 당시의 카네기 철강공장과 한국전기초자가 공통으로 안고 있는 문제였다. 시대 배경도 다르고, 규모로 볼 때에도 세계 굴지의 미국 철강공장과 사원이 2천 명도 안 되는 한국의 유리공장을 단순 비교할 수는 없다. 또한 슈워브와 서두칠의 처지가 다른 것은, 슈워브는 카네기라는 전설적인 철강왕을 든든한 배경으로 가지고 있었던 데 비해 서두칠은 회사 생존에 대한 모든 책임을 혼자 감당할 수밖에 없는 처지였다. 명색이 '대우가족'의 일원이라 했으나 대우로부터는 어떠한 지원도 기대할 수 없는 상황이었다.

하지만 동서東西와 고금古今이라는 차이에도 불구하고, 난국을 타개하는 과정에는 뭔가 닮은 점이 있게 마련이다. 열의를 불러일으키는 능력이 그것이다.

열의를 불러 일으킨다는 것

"마음[感]이 움직여야[動] 열의가 생긴다. 그것이 감동感動이다."

서두칠 사장이 사원과 고객에 대한 감동 경영을 주창했던 이유가 거기 있었다. 이것은 부임 초기에 서 사장이 스스로에게 다짐했던 최고 화두 중 하나였다. 그가 공식 부임도 하기 전에 전 사원들을 대상으로 대화의 시간을 가졌던 것은 위기의식 공유라는 이유도 있었지만 사원들의 열의를 이끌어내려는 목적도 있었다.

사장이랍시고 자신은 저만치 떨어진 곳에 올라앉은 채로 "모든 간부들은 365일 연중무휴로 출근하라"거나 종업원들에게 "1시간 일하고 30분 쉬어서는 회사 망한다. 2시간 일하고 10분만 쉬도록 하라"는 지침만 툭툭 내려 보냈다면, 열의가 생기기는커녕 반감만 커졌을 것이다.

열의를 끌어내는 가장 강력한 무기는 솔선수범이었다. 이것은 또 사원들이 인식하고 있는 최고경영자에 대한 고정관념을 바꿔 놓을 수 있는 최고의 방법이었다. 그리고 솔선수범은 철저히 현장에서 이루어지는 것이어야 했다. 과거의 사장처럼 주로 서울에 머물면서 가끔 내려와 현장을 한번 둘러보고, 간부들과 식사하고 다시 서울로 떠나서는 절대 문제를 해결할 수 없었다.

서두칠 사장은 부임 직후 상시주재常時駐在를 선언했다. 이는 자신이 일 한가운데 서서 중심을 잡겠다는 것을 의미했다. 특히 휴무 시간대나 공휴일, 일요일, 새벽 등 해이해지기 쉬운 취약 시간대에 어김없이 현장에 나타나 직접 점검 지도했다. 그렇게 함으로써 간부들에게 제자리를 지키게 하고, 사원들에게도 항상 현장에 사장이 함께 있다는 걸 보여 주었다. 그래서 새벽부터 밤까지 계속되는 '사원과의 대화'로 지칠 대로 지친 상황이었지만 일요일에도 아침 7시면 반드시 회사에 나타나 두 시간에 걸쳐 1, 2, 3공장을 순회했다.

이 무렵 생산직 사원들 사이에서는 이런 우스갯소리가 나돌았다.

"에이, 누가 우리 사장한테 과부나 하나 붙여 줬으면 좋겠어."

혼자 내려와 자취 생활을 하고 있으니 여자라도 생기면 거기 정신이 팔려 날마다 현장에 나타나는 극성은 없어질 것 아니냐는 것이었다.

그러나 경영책임자가 앞장서서, 항상 현장을 지키면서 '해낼 수 있다'고 하는 데야 그를 믿고 따르지 않을 수 없었다. 더구나 내외적인 제반 여건이 사원들로 하여금 생각을 한길로 모으게 했다. 그것은 '이 길밖에 없지 않느냐'는 거였다.

사장실 문을 활짝 열다

마음을 움직이려면, 열의를 유도하려면 진정한 마음에서 우러난 대화도 필요했다. 그래서 서 사장은 다가서기 부담스런 사장실의 문턱부터 낮췄다. 원탁 하나만 있는 사장실을 활짝 열어젖힌 것이다. 회사가 궤도에 올라서기까지는 서울 사무소의 사장실에도 가지 않았다.

그는 마음을 연 대화가 혁신의 중요한 도구임을 알고 있었고, 사장실 개방으로 그런 의지를 보여 주었다. 그에게 회사 발전을 위한 진정한 대화는 단순한 대화가 아닌, 근원적인 의미의 대면공화對面共話였다. 마주보고 평등한 입장에서 얘기를 나누는 것이다.

"혁신에 대한 공감대를 이루기 위해서는 많은 대화를 해야 합니다. 그런데 일반적으로 사장 그러면 찾아온 상대를 주눅 들게 할 만큼 크고 화려한 책상을 앞에 두고, 등받이가 높다란 의자에 앉아 있단 말입니다. 나도 하급자 시절에 그랬지만 그런 사장실에 들어가면 맘속에 있는 얘기를 자유롭게 털어놓을 엄두가 안 납니다. 지레 주눅이 들어요. 모든 임원이 그렇게 해야 된다는 건 아닙니다. 내가 그 쪽을 선호한다는 얘기죠."

그러한 생각에 서두칠 사장은 대우전자 부사장 시절에도 책상 없이 원탁만 하나 들여놓고 업무를 보았다. 현명한 의사 결정을 하려면 충분한 상황 파악을 해야 하는데, 그러자면 많은 사람들로부터 충분히 들어야 한다. 그런데 얘기 나눌 상대가 어전御前에 불려나온 사람 입장이 되어서는 진정한 대화가 불가능하다는 생각이었다. 그러나 앞서 말한 대로 취임 직후 한동안은 그런 진의가 제대로 받아들여지지 않았다.

"대우에서 임시로 파견한 사람이니까 책상이 따로 필요 없겠지. 자를 대로 다 자른 다음에 훌쩍 떠나자는 속셈"일 거라는 수군거림이 사원들 사이에서 완전히 가시지 않은 것이다. 사장은 사원과의 대화 시간에 이 한마디로 수군거림을 잠재웠다.

상법상 경영책임자의 임기는 3년입니다. 그래서 내가 '혁신98', '도약99', '성공2000'이라는 3년 치 비전을 제시한 겁니다. 나는 살가죽을 새롭게 바꾸는 혁신의 고통을 참아내자고 호소하면서 여러분 살가죽만 다 벗겨 놓고 나 몰라라 하고 떠나 버릴 만큼 무책임한 사람이 아닙니다. 아무리 못 있어도 3년 동안은 여러분과 함께할 것입니다.

그러는 사이 간부들부터 하나 둘 '서두칠화'되어 갔다. 한 간부는 당시 분위기를 이렇게 말한다.

"사장님이 스스로 밥을 끓여 먹고, 새벽에 직접 차를 몰고 출근해서 사원들과 대화 시간을 갖고, 밤중에도 남아서 퇴근하는 사원들 붙들고 열린 경영을 설파한단 말입니다. 그 시간에 간부들이 현장에 있어야 하니 나오지 않을 수가 없었지요. 만약 사장님 자신은 안 그러면서 365일 전일 근무니까 일요일이나 공휴일에도 출근하라고 했다면 반감이 아주 컸을 겁니다. 사장님이 솔선수범하니 간부들이 따르게 되고, 모든 간부들이 이전과는 달리 '그래, 한번 해보자'고 팔을 걷어붙이니까 현장 사원들도 믿음을 가지고 동참하게 됐지요."

물론 모든 사람이 능동적으로 동참한 것은 아니다. '설렁설렁 근무해도 잔소리하는 사람 없고 보너스까지 척척 주던 옛 시절'에 대한 타성이 깊이 밴 사람들 중에는 혁신 운동에 지레 겁을 먹고 '힘들어 못해 먹겠다'며 사표를 내던진 사람들도 있었다.

혁신에 동참할 자신이 없어 자연스럽게 그만둔 사람들이 생긴 것은 서 사장의 경영 혁신에 플러스 요인이 되기도 했다. 빠져나간 자리에 새 인력을 보충하지 않은 상태에서 더 질 좋은 제품을, 더 많이 생산하기 위해서는 그들 몫까지 더 열심히 하지 않으면 안 되었던 것이다.

사장이 된
운전기사

서두칠 사장은 단 한 명의 감원도 없는 '인력 구조조정'을 약속했다. 부임 초기에 단행한 '운전기사 해고 사건'은 그가 지향하는 구조조정의 방향이 어떤 것인지를 보여주는 사례이다.

당신이 잘할 수 있는 일이 무엇이오?

서 사장은 "회사가 싫어 제 발로 걸어나가는 사람 외에는 아무도 내보내지 않겠다"는 공언과는 달리 몇 사람의 운전기사를 '내보낸' 전력이 있다.

처음 부임해 보니 총무팀 소속 사원 중에서 대단히 한가한 사람들이 있었다. 다름 아닌 사장 운전기사와 부사장 운전기사였다. 그들은 평소에 카브러시로 본관 앞에 주차된 승용차의 먼지를 쓸어내는 일 외에는 하는 일이 없었다. 어쩌다 한 번 사장이 기차를 타고 구미에 내려오면 기차역으로 나가 사장을 모셔오는 게 유일한 업무였다.

일주일에 많아야 한두 번 역에서 회사까지 사장을 모셔왔다가 숙소까지 모셔가는 일을 전담하는 사람을 따로 둔다? 서두칠 사장에게 이것은 비효율의 상징처럼 보였다. 운전기사들도 언제 출동할지 모르는 시간을 위해 하루 종일 무한정 대기하는 게 고통일 것 같았다. 서 사장은 두 운전기사를 불렀다.

"해가 저물어 집으로 돌아갈 때 사람들은 누구나 '오늘 내가 무슨 일을 했나'를 돌이켜보게 됩니다. 하루 종일 하는 일 없이 대기하고 있다가 근무 시간 끝나고 집으로 돌아가야 한다면 그보다 더한 고통이 어디 있겠소. 게다가 나이도 만만치 않은 사람이 어쩌다 내려오는 사장 앞에서 '사장님'이라며 굽신거리는 것도 좋은 모습은 아닐 터이고, 어떻소? 기사를 그만두는 대신에 우리 회사에서 다른할 일이 있다면 내가 그 쪽으로 밀어 주겠소."

"그럼 사장님 출퇴근은 어떻게 하시려고요?"

"내 걱정은 말고 어떤 일을 잘할 수 있는지나 얘기해 보시오."

"우리 회사 생산 제품을 운송하는 물동량이 아주 많습니다. 제가 트럭 한 대를 사서 그 일을 따로 맡아 해 보고 싶습니다."

"좋은 생각이오. 그럼 아예 분사 형식으로 강 기사가 회사 하나를 따로 차려서 트럭으로 제품 운송하는 일을 맡고, 그 회사의 사장이 되시오."

강 기사가 신이 나서 고마움을 표시했다. 다음으로 이 기사에게 말했다.

"당신이 할 수 있는 일을 얘기해 보시오."

"사내에 지게차를 가지고 할 일이 아주 많습니다. 제가 지게차를 몇 대 사서 직접 관리 감독하면서 별도로 운영해 보고 싶습니다."

"좋은 생각이오. 이 기사도 회사 하나 차려서 나가시오. 나는 대우그룹의 직급으로 따지면 부사장급인데, 두 기사분은 이제부터 사장님이니 잘 부탁드리겠습니다."

한바탕 웃음이 터졌다. 이렇게 해서 한 사람은 트럭으로 제품을 외부로 운송하는 일을 맡아 자기 사업을 하게 되었고, 또 한 사람은 내부에서 지게차를 운용하는 자기 사업체를 갖게 되었다.

그러니까 서 사장이 '운전기사 두 사람을 해고했다'는 얘기는 사장과 부사장의 승용차를 운전하던 기사 두 사람을 사장으로 만들어 줬다는 얘기다.

그런데 승용차 운전기사가 없어졌으니 어떻게 할 것인가? 서 사장은 그 편이 오히려 훨씬 편했다. 그는 늘 새벽에 출근을 하고 일요일이나 공휴일에도 시도 때도 없이 생산 현장에 나가야 했다. 운전기사도 가정을 가지고 있는 사람인데, 꼭두새벽이나 공휴일에 시도 때도 없이 호출을 하기는 어려운 일 아닌가. 또 그의 출근 시간은 워낙 이르기 때문에 러시아워가 아니어서 길이 막히는 일이 없을 뿐 아니라 회사에서 그리 먼 거리도 아니니 손수 운전하는 게 전혀 부담스럽지 않았다. 어쩌다 저녁에 회식 등으로 술을 한 잔 하는 경우 콜택시를 이용하였다. 예전엔 택시를 부르면 비싼 요금을 줘야 했지만 IMF 사태 때문에 택시들이 손님을 찾아다니는 세상이니 미터요금만 내면 되었다. 또 비상상황이 발생했다 해도 사장 직속의 총무팀 사원들이 모두 운전할 줄 아니까 걱정할 게 없었다.

그래서 예전에는 총무팀에 차량계가 따로 있어서 회사 내부의 차량을 4명의 인력이 별도로 관리해야 했지만, 서 사장 취임 이후 한 사람으로 줄었다.

이 차량 관련 인력의 구조조정은 회사 전체로 보면 지엽적인 사례에 불과한 것이다.

사람 아닌, 일 중심으로 혁신하라

운전기사의 분사 독립 조치만이 아니었다. 사장 부임 후 한 번도 들러본 적이 없는 서울 사무소의 구조조정도 매우 특별한 방법이 쓰였다. 그동안 한국전기초자는 한국유리계열이었던 관계로 여의도 한국유리그룹 사옥 중 상당히 넓은 평수를 점하고 있었다. 임원들이 주로 서울에 머물렀기 때문에 서울 사무소에는 회장에서 감사까지 모든 임원들의 방이 따로 있었다. 이들이 회사의 현황을 파악하고 의사 결정을 해야 했기 때문에 기획 인원도 상주해야 했다. 국내 영업과 해외 영업 담당, 구매 담당도 한 자리를 차지하고 있었다. 유리공장 자체가 설비업체이다 보니 리스에 관련된 업무도 그곳에서 수행하였고, 자금 차입 등을 담당할 자금팀도 없어서는 안 될 부서였다. 또 고위 임원들이 줄줄이 있으니 비서와 운전기사가 필요했다. 결국 서울 사무소 인원만 40명이 넘는 숫자였다.

서 사장은 경쟁력 확보 차원에서 서울 사무소의 규모를 줄여야겠다고 결심했다. 곧 총무팀장에게 인력 감축안을 만들어 오라는 지시가 떨어졌다. 총무팀장이 최초로 가져온 축소안은 40명의 직원 중 30명은 서울에 남고 나머지는 구미로 내려오도록 하는 방안이었다.

"이런 식은 안 돼요. 다시 대폭 줄여 가지고 오시오."

애써 만든 개편안을 거부당한 총무팀장은 머리를 싸매고 서울 직원들에 대한 정보 파일을 펼쳐 놓고 씨름한 끝에 다시 개편안을 만들었다. 절반인 20명이 서울에 잔류하고 나머지 절반은 구미로 내려오는 방안이었다. 총무팀장으로서도 더 어떻게 해 볼 방도가 없었다. 기획, 수출, 자금 등 서울에 꼭 필요한 부서를 존치시키는 상황에서는 더 이상의 인원 변동은 무리라고 생각했던 것이다.

서 사장은 이번에도 고개를 가로저었다.

"모든 부서를 그대로 두고 인원만 반으로 쪼개서 내려오게 하는 방식은 내가 추진하는 혁신과 방향이 맞지 않아요. 일 중심으로 혁신을 생각해야 하는데 사람 중심으로 보니까 이런 결과가 나오는 겁니다. 직원들의 개인 사정을 고려해서 누구는 어떠하니까 못 내려오고, 또 누구는 무슨 사정이 있으니까 서울에 남아야 한다는 식으로 사람을 가르다 보니까 이런 안밖에 못 나오는 거요. 업무에 임하는 자세는 어디까지나 냉정하고 투명해야 합니다. 자, 이제부터 접근 방식을 바꿔 봅시다. 제로베이스에서 생각해 봐요. 지금 우리 회사는 서울 사무소가 없다. 여기서 출발하는 겁니다. 그런데 이번에 서울 사무소를 만들려고 해요. 이러이러한 부서가 서울에 없으면 우리 회사 망한다, 그러니 최소한 이만큼의 인원은 있어야겠다, 이렇게 생각을 해 보시오."

서 사장의 얘기를 들은 총무팀장이 잠시 주저하다가 말했다.

"그렇게 본다면 자금팀만 서울에 있으면 되지 않겠습니까."

"좋아요. 남자 사원 3명, 여사원 2명만 남기는 겁니다. 이 5명이 당분간 수출입 업무, 행정 업무, 자금 업무를 모두 관장하도록 하고 나머지는 구미 본사로 내려오도록 조치하세요."

결국 40명이 빌딩 한 층을 차지했던 서울 사무소에는 8분의 1인 5명만 남게 되었다. 초기에 자금 업무를 총지휘하던 최영호 상무를 포함하면 6명이었다.

발상의 전환, 업무량을 줄여주마

서울 인원을 대폭 구미로 옮기자 이번에는 다른 불만이 새 나왔다. 40명이 하던 업무를 5명이 떠맡게 되자 도저히 일이 벅차서 감당하지 못하겠다는 아우성이 터져 나온 것이다. 그런 불평에 대한 서 사장의 대답은 명쾌했다.

"일이 많아서 힘들단 얘긴가? 그럼 방법이 있지. 일을 줄여 주면 될 것 아닌가?"

"이 상태에서 더 이상 어떻게 업무를 줄인다는 겁니까?"

"자금팀 업무 과중 원인 중 가장 큰 게 뭔가? 이 은행 저 은행으로 돈 빌리러 다니는 일 아닌가? 돈 빌리는 일을 안 하게 되면 여유가 생길 테지. 우리가 돈을 빨리빨리 벌어서 돈 빌리러 다니는 일을 안 하도록 만들어 줄 테니 조금만 참게."

업무량을 줄여 주겠다더니 고작 한다는 얘기가 빨리빨리 돈 벌어서 돈 빌리러 안 다니게 해 주겠다? 서울에 나온 직원들에게는 맥 빠지는 얘기였다. 그러나 서 사장은 이미 경영 혁신 작업이 성공을 거둬 자신의 장담을 뒷받침하게 될 것이라고 확신하고 있었다.

결과적으로 1년이 지나고 2년이 지나면서 자금팀이 이 은행 저 은행으로 뛰어다닐 일은 급격히 줄어들었다. 3년째 되던 해에는 돈 빌릴 일이 아예 사라져 버렸다. 이렇게 되자 자금 총괄 최영호 상무도 더 이상 서울에 있을 필요가 없어져 구미로 내려왔다.

3억 원을 팔아 수천억 원의 마음을 벌다

불용자산을 파는 것도 동시다발적인 구조조정을 위한 한 방법이었다. 당시 서두칠 사장은 시시각각 어음은 밀려들고 돈 나올 영업은 마비 상태인지라, 돈이 될 수만 있다면 마누라도 팔고 싶은 심정이었다. 그는 당장 처분해서 자금으로 만들 만한 불용자산이 있는지 샅샅이 살폈다.

"고정자산 리스트를 가져와 보라고 했어요. 그런데 고정자산이라야 공장 부지와 생산 설비 외에는 아무 것도 없었어요. 회사 살리려고 온 사람이 땅을 팔고 기계를 팔 수는 없는 일 아닙니까."

그런데 쓸모 있는 자산이 아주 없는 건 아니었다. 법인 소유로 된 골프 회원권 석 장이 그것이었다. 임원들이 가끔 나가 치거나 접대를 하기 위해 마련해 둔 거였다. 서 사장은 본래부터 골프를 안 하는 사람이다. 할 줄 안다 해도 회사가 비상상황이었으므로 그의 임기 동안 골프를 치겠다는 엄두를 내 볼 의향이 전혀 없었을 것이다. 그러나 골프에 관심이 없더라도 접대용으로는 회원권이 필요할지도 몰랐다.

"내다 팔아요."

서 사장은 망설임 없이 골프 회원권 석 장을 처분하도록 했다.

그래봤자 3억 원이었다. 수백억 원 단위의 어음이 밀려드는 판국에 1억 원짜리 골프 회원권 석 장을 팔아서 크게 보탬이 될 상황은 아니었다. 어쩌면 그건 '건전한 의미의 쇼맨십'일지 몰랐다. 혁신 운동에 스스로 솔선하자는 의미 외에도, '우리 회사가 접대용 골프 회원권까지 팔아치울 만큼 위기 상황이다'는 것을 전 사원에게 주지시켜 위기의식을 공유할 수 있다면 그것은 3억 원이 아니라 수천억 원의 가치를 발휘할 수 있는 것이었다. 회사의 경영 상태가 흑자로 돌아선 뒤에도 그는 골프 회원권을 내다 팔았던 일을 자랑스럽게 여길지언정 후회해 본 적이 없다.

그러나 갈 길은 멀었다. 가장 큰 난관 중 하나를 넘어야 했다. 그것은 노동조합의 구조조정이었다.

가부장적
노사관계는 가라

대척점에 맞서서 으르렁거리는 관계를 견원지간犬猿之間이라 한다. 일반적인 인식에서 노사관계는 어느 정도 그렇다. 노勞의 시각에서 보자면 사使는 지배하고, 군림하고, 착취하는 세력이다. 마땅히 타도해야 할 적이다. 사의 시각에서 보자면 노조는 이기적이고, 불온하며, 합리가 통하지 않는 선동 세력이다. 그들을 짓누르고 봉쇄하고 궁극적으로는 그 싹을 잘라 버리는 것이 회사를 살리는 길이다.

1998년 2월 16일, 한국전기초자 노사 간에 임금단체협상이 시작됐다. 경영권이 넘어간 후의 첫 대면이어서 마주 앉은 협상 테이블은 불을 뿜을 것으로 예상했다.

싱거운 노사 협상

예상은 빗나갔다. 한바탕 지루한 싸움으로 이어지리라던 예상을 깨고 양측은 싱거울 정도로 빨리 서로의 손을 맞잡았다. 주변에서는 단 하루 만에 타결돼 버린 협상에 놀라움을 금치 못했다. 당사자격인 노조와 회사 측도 그 결과에 놀랄 정도였다.

어떻게 이런 일이 가능했을까? 노사갈등이 원인이 되어 회사가 극심한 침체의 나락으로 떨어졌고 급기야 경영주가 바뀌었다면, 새 경영책임자는 의당 노조 대표들을 만나 관계 개선부터 시도하는 것이 상식일 것이다. 의식적으로라도 "앞으로 잘 해 봅시다"식의 화해 제스처를 취하는 것이다. 또 반대로 회사의 방침에 따라 "지난 시절에 당신들의 무리한 요구가 회사를 이 꼴로 만들었소" 따위의 책임 규명을 시도하며 전략적 공세를 펼 수도 있다.

그러나 서두칠 사장은 위의 어떤 시도도 하지 않았다. 그는 부임 초기 노조 대표들을 아예 만나지 않았다. 그가 처음 임지로 내려와 새벽 시간을 마다 않고 들른 곳은 노조 사무실이 아니라 생산 현장이었다. 그는 노조를 상대하기 전에 전 사원을 직접 대면하며 적극적인 노사관계를 열어 나갔다.

추운 겨울 강당에 모인 노조원들과 함께 떨면서 현재 회사의 형편을 가슴을 열어 보이듯이 다 털어놓았다. 매출 현황, 누적적자 내역, 낙후된 기술 수준, 열악한 경쟁력, 부채, 국내외 시장의 추세와 전망까지 세세히 설명했다.

사원들은 놀랐다. 회사가 생각보다 어렵다는 사실, 그리고 그 어려움이 자신들의 장기 파업으로 가중됐다는 사실을 새삼 깨달은 데서 오는 놀라움이었다. 그러나 그보다 더 놀랐던 것은 별세계에나 거처하는 것으로 인식했던 최고경영자가 낮과 밤, 새벽을 가리지 않고 달려 나와 회사의 정보를 미주알고주알 털어놓았다는 점이다.

그리고 서 사장은 단 한 명의 사원도 강제 해직하는 일은 없을 것이라고 거듭 못 박음으로써 고용 불안에 떠는 사원들을 안정시켰다. 그런 다음 모두의 일자리를 보장하고 회사를 살리기 위해선 노와 사를 망라한 전 사원이 어떤 노력을 해야 하는지 얘기했다. 혁신 운동에 뒤따를 고통도 정직하게 털어놓았다. 뿐만 아니라 단순한 위기 극복이 아닌 세계 제1의 제품을 만드는 회사로 탈바꿈하기 위한 장단기 비전도 제시했다. 비전은 사원과의 대화가 거듭되면서 더욱 구체화되어, 모두가 고통을 이겨내면서 달성해야 할 목표들이 연도별, 분기별로 제시되었다.

초기엔 반신반의하는 사람들이 대부분이었다. 그러나 진실은 통한다. 사장 스스로가 회전의자를 박차고 나와 현장 한가운데서 맨투맨식 직접 대화를 해 나가자 사원들은 혁신에의 동참이 선택이 아니라 살아남기 위한 필수 조건임을 인식하기 시작했다.

더욱이 전 간부들이 공휴일과 휴가를 모두 반납하고 연중무휴 근무 체제를 갖추는 등 모범을 보이고 있었다. 또 임단협을 벌이기 이전에 임원, 간부들의 각종복지 부문에 대한 허리띠 졸라매기는 이미 이뤄진 상태였다. 전 임원들은 모두 손수 운전을 하도록 했다. 그동안 부장급 이상의 간부들에게 무료로 제공했던 아파트 십여 채도 처분했다. 서두칠 사장은 간부들에게 회사 소유의 아파트를 내놓든지, 살고 있는 아파트를 각자 구입하든지 양자택일하도록 했다. 자신이 소형 아파트에서 손수 밥을 끓여 먹는 등 내핍생활을 했기 때문에 이런 요구는 완벽하게 당당했다. 과장급 이상의 간부들은 그때까지 지급 받지 못했던 연말 상여금 중 100%를 자진 반납했고, 임원들은 솔선해서 연간 상여금을 종전의 절반 이하인 380%로 낮추었다.

그러니까 서 사장은 자신이 먼저 행동으로 보이고, 간부사원들이 자기의 혁신에 참여하도록 끌어들인 다음, 그 사실을 사원과의 대화를 통해서 진실 되게 전달하는 수순을 밟았다. 그리고 나서 노조 대표들을 만난 것이다.

협상 시간보다 중요한 건 믿음의 질

1998년 2월 16일, 노사 대표가 협상 테이블에 마주앉았다. 대개 노사협상의 경우 노조는 요구사항을 일방적으로, 그리고 과도하게 들이미는 게 통례였다. 그러나 이 날의 노사협상에선 그런 상식을 뒤엎는 풍경이 벌어졌다. 회사에서 노조에게 이런 협상안을 내밀었던 것이다.

- 사측에서는 어떤 사원도 해고하지 않는다는 방침을 천명한 바 있다. 우리가 당신들의 고용을 책임진다는 얘기다. 그렇다면 노조에서도 생산성 향상을 약속해야 하지 않겠는가. 불 꺼진 용해로도 곧 불을 붙일 것이다. 그러나 사람을 새로 뽑지는 않을 방침이다. 그래야 경쟁력이 생긴다. 현재처럼 1시간 일하고 30분 쉬는 체제로는 고객의 요구를 만족시킬 경쟁력을 확보하기 어렵다. 고객의 요구가 무엇인가? 값을 깎으라는 것 아닌가? 다른 부문을 다 그대로 둔 상태에서 깎아 팔기만 한다면 적자를 면치 못한다. 적자가 나면 사원들을 해고해야 한다. 그

렇게 하지 않으려면 다소 고통이 뒤따르겠지만 2시간 일하고 10분 쉬는 체제로 가야 한다.

- 임금은 현 수준에서 동결한다. 현재와 같은 상황에서는 성과급을 줄 수 없다. 돈도 없고 성과도 없는데 어떻게 성과급을 별도로 주겠는가.

- 이미 간부들은 365일 전일근무체제로 들어가 있다. 생산직 사원들도 모든 휴가를 반납해야 한다. 그리고 장기근속 사원에 대한 해외 위로 여행도 중단하기로 한다.

- 지금까지 우리 회사에서는 퇴직금 누진제를 시행해 오고 있었다. 이 누진제 방식은 부득이 폐지하지 않을 수 없다.

- 모두가 혁신 운동에 발 벗고 나서는 상황임을 고려할 때 노조 전임자 수도 종전의 7명에서 3명으로 줄여야 한다.

사장은 노조 측에 "당신들이 나의 입장이라면 어떻게 할 것인지, 이보다 더 좋은 방안이 있으면 내놓아 보라"고 했다. 사측이 마련한 이 안은 큰 수정 없이 거의 그대로 타결되었다. 물론 각개 안案에 대해 노사 양측이 '충분한 대화'를 나눴다. 그 전 해의 경우 수십 차례의 노사협상이 있었고 거기에 보태서 77일 동안 파업을 하면서까지 실랑이를 했으나 거기엔 '충분한 대화'가 없었다. 그래서 결국 타결에 이르지 못하고 '선조업 후협상' 형식으로 무산돼 버렸던 것이다. 이로 볼 때 노사협상에서 서로에 대한 신뢰는, 협상 시간을 뛰어넘는 우선 조건인 셈이다.

그러나 이것이 얼마나 힘든 일인지는 임금협상에 임해 본 사람이라면 알 것이다. 어느 사업장이든 노사 간의 임단협이 단 한 번의 협상으로 타결된 경우는 거의 없다. 만일 어느 인심 좋은 경영주가 노조 측의 요구를 눈 딱 감고 단번에 수용해 버렸다고 해도 협상이 며칠은 걸리게 돼 있다. 노사협상 테이블에 앉은 노조 대표는 아무리 기분 좋아도 웃는 모습을 보여서는 안 된다. 회사가 내놓은 안이 아무리 합리적이라는 판단이 들어도 몇 번씩 실랑이를 벌여서 투쟁적인 면모를 보여야지 단번에 덜컥 수용해서도 안 된다. 또 노조 스스로가 마련한 '만족할 만한 선'은 뒤에 감춘 채, 일단 회사가 받아들일 수 없는 무리한 요구사항을 툭 던져 놓고 몇 차례 결렬을 선언하는 등의 절차를 거친 다음에야 마지못해 합의문에 서명을 한다. '대립-투쟁-쟁취'로 무장한 노조 대표가 사용자측에 내보이는 고전적인 협상 방식이다.

가부장적 노사관계의 틀을 깨라

서두칠 사장은 회사에 오기 전부터 기존의 협상 관행과 노사문화에 불만이 많았다. 그는 그것을 '가부장적 노사관계'라고 정의한다.

"노조 간부들은 대부분이 '회사에 대항해서 투쟁을 해야 한다'는 인식에 사로잡혀 있어요. 그래야 일반 조합원들에게 '일 좀 하는 노조'로 평가받는다고 생각하는 거지요. 일단 회사가 수용하기 어려운 건件 하나를 툭 던져 놓고 밀고 당겨서 소기의 성과를 쟁취해 내는 노동 전문가들입니다. 그 사람들은 목표가 확실하고 조직적으로 행동합니다. 자신들의 뒤에는 '수의 위력'이라는 배경이 있기 때문입니다. 그러면 회사는 어떻게 대처를 해 왔느냐? 노조 간부들과

친분이 있는 임원들을 동원해서 갖은 수단으로 그들을 회유하는 데 전력을 기울입니다. 그러니 협상 테이블에서는 항상 노조에 끌려다니지요. 그러다 '좋은 게 좋은 것이니 까짓 것 떡 하나 더 주자'는 식으로 대응합니다. 이것이 '가부장적 노사관계'입니다. 저는 이런 관행에서 과감하게 벗어나야 노사관계의 구조조정이 가능하다고 생각했습니다."

서 사장이 얘기하는 노사관계의 구조조정이란 어떤 것일까? 우선 "우리는 노동력이라는 상품을 팔고 대가만 받으면 그만이다. 경영? 그거야 당신들이 하는 것 아니냐"는 사고의 틀을 깨는 일이다. 회사라는 조직에 몸담고 있는 구성원 모두가 회사 경영의 주체임을 인식시키는 것이다. 그런데 투쟁의지로 철벽같이 무장한 노조 간부들의 인식을 바꾸기란 불가능에 가까운 일이었다.

그래서 택한 것이 전 사원과의 직접 대화였다. 제 아무리 강성을 띤 노조 집행부라도 현장의 눈치를 보지 않을 수 없다. 따라서 현장 사원들에게 회사 위기 상황을 제대로 이해시키고, 합리적인 판단에 의한 온당한 요구를 하도록 바꿔 놓을 수만 있다면 굳이 노조 집행부 몇 사람의 동태에 촉각을 곤두세우고 그들과 밀착하려고 할 필요가 없는 것이다.

이러한 시도는 사원과의 대화 시간이 늘어남에 따라, 가장 인간적인 방식인 동시에 가장 효율적인 방식임이 증명되었다. 심지어 서 사장은 제품의 원가 산출 공식도 일일이 수치를 적어 가며 공개했다. 이는 제조업체에서 사원들에겐 극비사항으로 감추고 있는 경우가 대부분이다.

대화 횟수가 거듭될수록 '노조 집행부에서 무리하게 나가서는 안된다'는 공감대가 은연 중 확산되기 시작했다.

물론 초기에 휴식 시간을 대폭 축소하고, 월급도 동결한다는 방침이 알려졌을 때 노조 측에서는 여기저기에 방(榜)을 붙여 철야농성을 주장하고 나섰다. 그러나 집행부의 주장은 현장의 지지를 얻는 데 실패했다. 이미 서 사장의 현장 대화로 노조원들은 자신들이 어떻게 행동해야 한다는 걸 깨달았던 것이다. 그러니까 임단협에서 '노조 측에 대단히 불리하게 만들어진' 협상안이 단 한 번의 노사대좌로 타결될 수 있었던 것은 서 사장이 현장을 직접 상대하여 '이해와 공감'의 분위기로 반전시켜 놓았기 때문이다.

만일 서두칠 사장이 초기에 직접 대화를 시도하지 않고 노조 간부들에 대한 구워삶기에 나섰다면 상황이 어떻게 됐을까? 노조 간부들은 서 사장의 혁신 동참 제의에 코웃음부터 쳤을 것이고, 설령 노조 집행부가 '1시간 일하고 30분 쉬던 것을 2시간 일하고 10분 쉬기로 한다'는 내용의 협상안에 서명을 했다 해도, 그들은 현장 조합원들에 의해 어용으로 몰려 맞아 죽을 각오를 해야 했을 것이다.

여기서 기억해야 할 점은 이러한 시도가 노조에 이기기 위한 전략적 차원으로 접근한 것이 아니었다는 점이다. 그것은 함께 이기기 위한 최선, 유일의 선택이었다.

무엇이 서 사장으로 하여금 노조를 향해 "이만큼 희생하라"고 당당히 요구할 수 있게 했을까? 이는 매우 명확하다. 투명 경영과 솔선수범에 근거한 도덕적 당당함이다. 이것은 매우 간단하지만 아주 어렵기도 하다. 무엇보다 한국의 기업들은 노조에 감추고 싶은 비밀이 너무 많다. 해소방안을 모르는 것도 아니다. 알면서도 실천에 옮길 만한 생각과 구조가 안 돼 있는 것이다.

임금협상이 순조롭게 끝났다고 다 끝난 것은 아니었다. 사원과의 대화는 열린 경영의 초보적인 실천 방식일 뿐이었다. 혁신 운동이 추진돼 가면서 사원과의 대화는 분기별 '경영 현황 설명회'로 정례화 되었다. 그리고 그 대상이 사원 부인들에게까지 확대되었다. 이외에도 매주 2회 발행하는 '열린 대화방'을 통해 회사의 경영 정보를 공유하고 사원들의 다양한 목소리를 담아내게 되었다.

모두가 이기는 협상

어쨌든 노사협상은 단 하루 만에 모두가 이기는 협상으로 끝났다. 물론 노조는 싸울 일이 있으면 싸운다는 입장이었다. 그러나 투명 경영에 대한 회사의 실천의지가 한눈에 보이고, 서 사장이 고용 안정을 확실하게 약속한 데다, 위에서부터 온몸을 던지는 모범을 보이는 데에는 따르지 않을 수 없었다. 결국 노조 집행부도 "목표 달성을 위해 2000년까지는 참고 고생하자"며 조합원들을 설득하는 '선무공작원'이 되었다.

노조의 자세는 다음 날부터 달라졌다. 사장을 비롯한 모든 간부들이 6시에 출근하는 마당에 노조 전임자들이 8시에 출근한다면 나중에 요구할 것이 있어도 입장이 당당하지 못하다. 이렇게 판단한 집행부 임원들은 서 사장의 출근 시각에 맞춰 새벽밥을 먹고 나오기 시작했다. 뿐만 아니라 노조 사무실 분위기도 바뀌었다. 얼마 안 가 노조 사무실 문도 바뀌었다. 투명한 유리문이었다.

열외는 없다

'열외'는 군대 용어다. 종으로 혹은 횡으로 줄을 맞춰 서 있는데 열중列中에서 벗어나 외따로 어슬렁거리는 사람을 일컫는 말이다. 열외는 줄 바깥으로 벗어나 있으므로 함께하지 않는 사람이 된다. 특혜를 받은 사람일 수도 있지만 대열에서 낙오한 사람을 의미하기도 한다. 열외자들이 많을 때 구성원들이 이루는 대오隊伍는 눈에 거슬리고 보기 흉한 모습이 된다. 뿐만 아니라 행진 중 열외자가 많으면 그 처리 또한 골칫거리다. 부상병이면 들것이나 앰뷸런스를 동원해서 의무대로 옮겨야 하고, 함께 행진할 정신자세가 안 돼 있으면 상급 지휘자 한 사람이 배정되어 별도의 정신 교육을 시켜야 하니 가외의 비용과 노력이 소요된다.

생산 현장 혁신은 크게 보면 이 열외들을 열중으로 편입시키거나 아니면 아예 제외시켜서, 다시는 그 자리에 같은 열외가 출몰하지 못하도록 하는 작업이라 할 수 있다. 인원을 적재적소에 재배치하는 것도 바로 이 열외 정리하기의 일환일 수 있다.

요즘 한국전기초자 미친 것 아냐?

1997년까지 작업장엔 열외가 너무 많았다. 창고를 가득 메우고도 모자라 외부의 빈터까지 점령하고 있는 재고품은 대표적인 열외였다.

그것들을 정상적인 제품 유통 루트로 인라인In Line화하라는 지시가 떨어졌다. 재고는 처리하고 다시는 같은 장소에 재고품이 쌓이지 않도록 거래선을 확실하게 확보하라는 지시였다.

"경비를 한 푼이라도 줄여야 하는 형편에서 재고를 떠안고 있으면 보존 유지하는 것도 큰 부담이 된다. 재고품을 당장 내다 팔아서 빚 갚는 데 쓴다면 차입금 이자와 보존 유지비를 절감하는 이중의 효과를 거둘 수 있다. 그러니 당장 내다 팔아라."

그렇지만 여태 팔고 싶지 않아서 안 팔았던 게 아니었다. 출하가격은 비싸고 품질이 수준에 이르지 못해서 못 판 것이었다. 그러자서 사장이 방법을 제시했다.

"가격을 내려서 처분하라."

안 팔리면 싸게 판다는 것은 노상에 앉아 물건을 파는 노파도 아는 판매 기법이다. 그런데 과거 경영자들은 값을 깎아 판다는 건 엄두도 내지 못했다. 품질이야 어떻든 제품값을 고수하거나 올리려고만 했다. 브라운관 유리 생산 비용이 뻔한데 출하가격을 내려 버리면 수지가 맞겠느냐는 생각에서였다.

그러나 가격 경쟁력을 높이기 위해서 제품값을 낮추더라도 혁신 운동을 통해 생산비를 낮춘다면 충분히 수지를 맞출 수 있다는 것이 서 사장의 계산이었다.

국내외 시장을 상대로 한 대대적인 재고 처리 작전이 시작되었다. 제품값을 깎아 판다는 소문이 퍼지자 국내 경쟁업체는 물론이고 국내외 수요처에서도 냉소적인 반응이 쏟아졌다.

"브라운관 유리 생산비가 뻔한데 값을 낮추다니 제 무덤 파는 것 아니냐."

"한국전기초자가 드디어 망하려고 빚잔치하는 모양이다."

외부 사람들뿐 아니라 내부의 일부 간부들까지도 "부채가 저렇게 많은 상태에서 가격을 낮춰 팔다니 과연 유지될 수 있을까?" 하는 의심을 떨치지 못했다. 그러나 값 낮춰 팔기는 회사에 도리어 활기를 불어넣었다. 값을 낮춰 출하하자 고객사로부터 주문량이 점차 늘어나기 시작한 것이다.

문제는 값을 깎아서 납품해 봤자 불량 판정을 받아서 회사의 신뢰만 떨어뜨릴 게 뻔한 불량품이었다. 과거에 이것들은 장부상으로는 양품으로 올라 있었다. 서 사장은 불량 제품은 과감하게 깨 버리도록 지시했다. 우선 사방에서 쌓여 있던 불량 재고품을 그런 방식으로라도 과감하게 처리함으로써 "재고품이 눈에 안 보이는 걸 보니 회사가 제대로 돌아가고 있구나" 하는 인식을 심어 줄 필요가 있었다. 이렇게 해서 약 200만 개에 달하는 제품이 깨져 나갔다. 열외 신세로 애물단지처럼 사방에 쌓여 있던 재고품이 말끔히 처리되니 일할 분위기가 조성되었다. 거래선도 활성화되고 수요량도 점차 늘었다. 자연 생산에 박차를 가할 수 있게 되었다.

이 무렵 꺼져 있던 용해로에도 불이 붙었다. 유리공장에서 용해로에 불이 붙고 꺼진다는 것이 어떤 의미를 지니고 있는지는 이미 설명한 바 있다. 자동차 한 대만 구입해도 고사를 지내는 우리 풍습에 비춰 볼 때, 죽었던 용해로를 살리는 행사는 회사 전체를 들썩거리게 만들 이벤트감이었다. 그러나 용해로 점화 행사는 해당 라인의 종사자들만이 참여한 가운데 조용히 열렸다. 그건 행사랄 것도 없었다. 불을 지피도록 지시한 서 사장도 참석하지 않았다.

"불이 꺼져 있는 것은 용해로가 아니지요. 용해로에 불을 붙이는 건 배고플 때 밥을 먹는 것만큼이나 당연한 일이에요. 그 당연한 일을 떠들썩하게 할 필요가 있습니까. 그래서 사장인 나도 의도적으로 참여하지 않았어요. 용해로에 점화하는 일이야말로 유리공장에서 당연히 해야 할 아주 기본적인 일 아닙니까."

후면유리 생산용 용해로가 추가로 가동되면서 제품 공급 시스템이 정상궤도를 잡아 갔다. 열외로 방치돼 있던 재고품을 유통라인으로 끌어들여 해소했고, 역시 열외로 고철덩이가 될 뻔한 죽은 용해로를 정상적인 생산라인 안으로 끌어들였으니 생산의 기초적인 인라인화가 이뤄진 셈이었다.

오래간만에 제대로 만들어진 제품이 출하되기 시작했다. 곧장 반응이 왔다. 고객사들은 깜짝 놀라 영업 담당자에게 "요즘 한국전기초자 미친 것 아니냐"고 물을 정도였다. 그들이 놀라는 건 당연했다. 그동안 형편없는 불량품을 제발 받아 달라고 애걸하는 것이 영업 담당자의 일이었는데, 갑자기 달라진 품질의 제품을 들고 나타났으니 말이다.

2백여 명의 사원들이 사표를 쓰고 나갔는데 거꾸로 용해로 하나가 살아나 추가로 가동되기 시작했고 일거리가 대폭 늘어났다. 그렇다면 거기 종사할 사원들은 어디서 끌어올 것인가. 그건 이미 계산이 나와 있었다. 종전의 '1시간 작업-30분 휴식'을 '2시간 작업-10분 휴식' 체제로 바꾸게 되자 거기서 남은 일력으로 퇴직자의 자리를 메우고 가동에 들어간 용해로를 감당할 수 있게 된 것이다.

그렇다면 또 하나의 과제가 남는다. 아무리 서두칠 사장 부임 이전의 생산체제가 느슨하고 허술했다고 해도, 2백 명의 인원이 빠져나간 터에 한 사람의 충원도 없이 생산 설비를 풀가동하는 건 무리였다. 혁신이라는 미명하에 정말로 살가죽을 벗겨낼 작정으로 혹사시킬 계산이 아니라면 뭔가 다른 조치가 있어야 했다.

기계 · 설비 · 라인의 구조조정

물론 특단의 조치가 뒤따랐다. 바로 기계 · 설비 · 라인의 구조조정이다. 서두칠 사장이 처음 공장 내부를 둘러봤을 때 첫 느낌은 '어둡고 복잡하고 지저분하다'는 것이었다. 기계설비공장이라 불가피한 측면이 있다고는 하지만 사방에 미로迷路가 얽혀 있고, 조명은 침침하고, 중간중간에 간이 사무실이 있어서 시야를 단절시켰다. 숨바꼭질하기에는 좋을지 몰라도 효율적인 생산 활동을 하기에는 낙제점이었다.

시설이나 환경이 그렇게 된 데에는 의식 문제가 제일 큰 원인이었다. 브라운관 유리 생산업체의 경우 생산 설비의 기종이 다양하다. 고객이 주문한 다양한 규격의 제품을 제때제때 생산해 맞추기 위해서다. 가령 20인치 브라운관 유리를 생산하고 있는 상황인데 고객이 21인치를 급히 납품해 달라고 하면 금형을 재빨리 21인치 생산체제로 바꿔서 새로운 제품 생산에 돌입해야 한다.

그런데 예전에는 그렇게 하지 않았다. '오늘은 토요일이니까 금형 교환이 곤란하고, 내일은 일요일이니까 번거롭다'는 식으로 대처했다. 브라운관 유리 자체가 독과점 제품이다 보니, 생산만 하면 팔 수 있다는 안이한 인식이 그런 의식을 심어 준 것이었다. 그것은 대우전자 등에서 고객관리를 매우 중시해온 서 사장에게는 충격적인 일이었다.

결국 고객을 제대로 섬길 수 있는 기반 마련을 위해서도 생산 설비의 인라인화 혁명이 필요했다. 사람과 설비와 제품의 열외 현상뿐 아니라 사고방식의 열외 의식도 타이트한 라인 속으로 끌어들이게 된 것이다. 작업에는 분명한 기준이 제시되었다. 바로 '불필요한 설비들은 과감하게 철거하고 정리정돈을 확실히 해서 이 분야에 가장 문외한인 사람이 방문하더라도 전 공정이 일목요연하게 이해될 수 있도록 하는 것'이었다.

지침에 따라 실질적으로 열외품, 열외 설비, 열외자들을 새로운 라인 속으로 편입시키는 작업은 차기원 상무에게 맡겨졌다. 우선 눈에 띄는 변화가 생산라인의 조직을 횡조직에서 수직조직으로 바꾼 점이다. 이 조직개편은 대우로 경영권이 이전되기 전부터 연구해 오던 작업이었다. 예전에는 성형 분야는 성형끼리, 연마조는 연마조끼리, 검사팀은 또 그들끼리 조직되어 작업했다. 따라서 성형에 종사하는 사람은 성형 이외의 다른 공정을 알 필요도 없었고 알려고도 하지 않았다. 그러던 것을 라인별 수직조직으로 개편했다. 조직의 관리자가 성형, 연마, 검사 등의 전 과정을 모두 책임져야 하는 시스템, 즉 책임생산체제를 갖추게 된 것이다.

그리고 생산라인 조직에 편입돼 있던 기술 인력은 별도의 연구소에 편입시키는 방향으로 조정했다. 일반 연구소와 달리 유리 연구소는 기초기술 연구를 목적으로 하는 곳이 아니라 생산 기술 분야를 관장하는 부서이다. 어떤 프로젝트를 설정해서 연구 목적이 달성되면 '연구 끝'을 선언하는 그런 체제가 아니라, 현장 설비에 문제가 발생하면 그 문제를 처리하기 위한 연구를 진행해야 한다. 따라서 공장의 인라인화 작업은 연구소의 기술 연구와 긴밀하게 맞물려야 효과를 낼 수 있었다.

서 사장은 최고의 품질을 보다 많이 생산해서 싸게 팔기 위해서는 생산 설비 보완을 위한 투자가 절실하다는 판단도 했다. 그래서 어려운 가운데서도 1998년 한 해 동안 이 분야에 600억 원 이상의 투자 예산을 책정했다.

이외에도 현장 분위기 일신을 위해 조명도 바꿨다. 전등을 추가로 다는 것은 물론이고 햇빛을 받아들일 수 있는 채양시설까지 갖추도록 했다. 그리고 모든 설비를 흰색으로 도색했다. 일반적인 장치산업의 경우 기계 설비의 색깔은 검정 혹은 진초록 등 어두운 색깔로 정한다. 따라서 먼지가 조금만 묻어도 흉하게 드러나는 흰색으로 바꾼다는 것은 일견 무모한 것처럼 보였다. 그러나 미세먼지만 묻어도 불량 판정을 받는 브라운관 유리를 생산하는 공장임을 감안하면 공장 내부의 청결 유지는 그대로 품질과 직결되기 때문에

서 사장은 결단을 내린 것이다.

기계 설비가 흰색으로 바뀌자 현장 사원들도 자신들이 맡은 기계 설비를 청결하게 유지하기 위해서 수시로 기계를 닦았다. 현장 소음을 차단하기 위한 방음벽을 설치하고, 작업대기를 위해 휴식을 취하는 휴게실 공간도 말끔하고 안락한 공간으로 바꿨다. 이외에 군데군데 있는 공장 안의 사무실은 철거했다.

인라인화가 진행되자 10년 이상 현장에 몸담아온 사람들도 그 변화에 스스로 놀라워했다. 인라인화로 불량이 줄자 가슴이 뭉클하다는 사람도 있었다. 또 생산체계가 잡히니까 포지션이 잘 잡힌 축구시합을 하는 기분이 든다는 반응도 있었다. 그리고 라인별로 책임생산체제가 되어서 건전한 경쟁심, 책임감도 싹트게 되었다. 현장 사원들도 '담당 업무의 폭은 넓어졌는데 노동 강도는 덜어졌다'는 인식을 하게 되었다.

생산 현장은 유리 제조 공정을 전혀 모르는 사람도 한눈에 그 과정을 알 수 있는 수준이 되었다. 그런데 단 하나의 열외가 있다. 바로 일부 현장 사원이 기계 한쪽에 붙인 가족사진이다. 그 밑에는 "아내처럼 사랑하고 자식처럼 아끼자"는 말이 적혀 있었다.

구름 위에서
한번 놀아보자

어느 날 성형라인에 서두칠 사장이 나타났다. 성형 공정은 용해로에서 용해된 유리반죽이 프레스기 위에 일정량씩 떨어지면, 프레스기가 그 불덩이 같은 유리물을 찍어 브라운관 모양으로 만드는 과정이다. 1,600℃의 용해로에서 유리물이 흘러나오는 현장이라 주변 공기가 후끈거릴 수밖에 없다. 성형 공정 사원들이 작업 중 휴게실에서 중간중간 휴식을 취하는 것도 현장이 아주 덥기 때문이다.

물론 예고 없는 방문이었다. 그런데 행동은 여느 때와 달랐다. 그는 후끈거리는 프레스기 옆에 서서 시뻘건 유리물이 브라운관 유리 하나를 만들 분량씩 똑똑 떨어지는 것을 뚫어져라 지켜보았다. 하나, 둘, 셋, 넷…, 그는 유리물 떨어지는 숫자를 수첩에 적는 일을 오랫동안 거듭했다.

탱크에서 유리물이 흘러나와서 1분에 형틀에 몇 개 떨어지느냐를 측정할 때 쓰는 용어가 DPMDrop Per Minute이다. DPM은 브라운 관 유리를 1분에 몇 개 생산할 수 있느냐를 가늠하는, 생산성의 중요한 척도이다. 서 사장은 최고경영자로서 생산 능력 한계가 어느 정도인지 직접 체크해 봐야겠다는 생각에 현장에 간 것이다.

물러설 수 없는 목표

당시 회사엔 3개 공장 통틀어 전면유리의 경우 11개의 프레스기가 있었다. 서 사장은 계산기를 꺼내 놓고 그중 한 개의 프레스에서 1분에 찍어내는 개수를 시간 단위로 곱하고, 24(하루)를 곱하고, 365(1년)를 곱한 다음, 다시 11(프레스기 숫자)을 곱했다.

사무실로 돌아온 서 사장이 관계자를 불렀다.

"그 전에 1, 2, 3 공장의 모든 설비를 풀가동했을 때 1년에 생산할 수 있는 한계량이 2천만 개라는 얘기를 들었는데, 내가 직접 계산하니까 연간 3천만 개가 훨씬 넘게 나옵니다. 왜 2천만 개라고 보고했나요?"

담당자는 2천만 개를 캐퍼(Capacity, 생산 능력)로 잡은 배경을 설명했다.

"설비 자체가 매우 뜨겁기 때문에 형틀을 바꾸는 데 족히 서너 시간이 걸립니다. 그리고 고장이 자주 나는 관계로 정비 시간도 감안해야 합니다. 그러면 2천만 개를 캐퍼로 잡는 게 합리적인 계산입니다."

담당자가 합리적인 계산이라고 한 것은 생산 가능한 분량이 아니라 한계 생산량을 의미했다. 1997년에는 파업 등으로 1,200만 개만 생산했지만, 정상 가동을 하면 최대 1,600만 개 내지 1,700만 개 정도 생산할 수 있을 거라는 얘기였다. 물론 여기서 '1개'는 앞유리와 뒷유리 한 쌍을 의미한다.

담당자의 말에도 불구하고 서두칠 사장은 고개를 가로저었다. 자신이 체크해서 잡은 누계에 의하면 연중 3천만 개가 훨씬 넘는 숫자가 나오는데, 그중에서 50%를 겨우 상회하는 양품만 건져낸다는 것은 말이 안 됐다. 그는 원인을 분석했다. 그러고는 우선 형틀을 바꾸는데 서너 시간이나 걸리는 관행을 깨뜨려야겠다고 생각했다. 손발을 잘 맞춰 작업하면 30분이면 형틀 교체 작업을 끝낼 수 있을 것 같았다. 기계 고장 문제도 인라인화의 일환으로 추진 중인 설비의 보수·교체 연구가 성과를 거두고 또 신속한 정비가 이뤄지면 그다지 긴 시간을 소비하지 않아도 된다는 판단이 들었다. 확신이 생기자 서두칠 사장은 "연중 3천만 개 생산을 물러설 수 없는 목표로 설정한다"고 스스로에게 다짐했다.

이 목표를 이루려면 가장 중요한 문제는 성형 단계에서 찍은 유리 중 몇 개가 양품 판정을 받느냐였다. 그는 다시 계산기를 두드렸다. 전체의 80%가 살아남는다면 한 달에 250만 개를 건질 수 있다는 계산이 나왔다. '250만 개×12달'을 하니 3천만 개가 나왔다. 그러려면 100개를 찍었을 때 80개가 살아남아야 했다. 문제는 전면유리였다. 전면유리는 미세한 기포 하나만 발생해도 불합격 판정을 받기 때문에 매우 정밀한 제작 과정을 요구했다. 따라서 전면유리와 후면유리의 합격 판정률을 같은 비율로 잡을 수는 없었다. 전면유리 80%, 후면유리 90%, 그가 설정한 목표였다.

목표는 도저히 실천하기 어렵다고 보이는 선으로 설정해야 한다! 이것은 서 사장의 경영 철학 중 하나였다. '도저히 실천하기 어렵다'고 보는 것은 타성에 젖은 기존 구성원들의 섣부른 판단일 뿐이었다. 그가 생각하기에 도저히 실천하기 어려워 보이는 목표도 마음만 먹으면 '충분히 이뤄낼 수 있는 합리적인 목표'가 될 수 있었다. 문제는 마음인 것이다.

당시 전면유리 수율(검사 과정에서 양품으로 판정되는 비율)이 50%를 밑돌았고, 후면유리 역시 불량이 다반사로 쏟아져 나오고 있었음을 감안할 때 '전면유리 수율 80%'는 다른 사람들에겐 뜬구름 잡는 얘기로 들렸다. 더구나 목표 달성에 급급한 나머지 '연간 생산량 3천만 개, 전면 유리 수율 80%'를 달성하더라도 고객사에 납품한 제품이 다량 반품된다면 그건 빛 좋은 개살구 격이었다. 즉 자체 검사 과정에서의 수율 달성 못지않게 고객사의 품질 인정도 동시에 달성되어야 했다. 그래서 또 하나의 목표가 설정되었다. '클레임Claim 제로'였다.

3890을 달성하라

서두칠 사장은 퇴근 후 자취방에 돌아가 백지를 앞에 두고 고민에 잠겼다. 생산성 향상에 대한 구체적인 목표가 설정됐으나 그것이 자기 혼자만의 목표가 되어서는 아무 의미가 없었다. 이를 이루려면 연구 기술 분야를 자극해서 생산 설비를 개선하게 하고, 현장 사원들의 실천의지도 북돋워 주어야 했다. 현장뿐만 아니라 전사적으로 "그래, 한번 해 보자"는 분위기가 조성되어야만 가능한 목표였다. 그러자면 사원들을 대상으로 대대적인 캠페인을 벌일 필요가 있었다. 캠페인을 벌이자면 간결하고 호소력 있는 슬로건이 필요했다. 그는 백지에 난수표 같은 숫자들을 썼다가는 지우고 또 쓰곤 했다.

연간 생산량 3천만 개
전면유리 수율 80%
후면유리 수율 90%
클레임 제로(0)
30,000,000-80-90-0

서 사장은 관련된 수치 자료를 조합해 나가다가 어느 순간 무릎을 쳤다.

"그래, 3890!"

이는 연간 생산량 3,000만 개의 머리글자 '3'과, 전면유리 수율 80%의 '8', 후면유리 수율 90%의 '9', 클레임 제로를 상징하는 '0'을 조합한 숫자 배열이었다. 그는 한밤중 자취방에서 정신 나간 사람처럼 3890을 몇 번이나 중얼거렸다. 훗날 전 사원은 물론 사원들의 부인까지 식탁에서 남편에게 수시로 달성 여부를 묻게 되는 목표가 이날 밤 탄생한 것이다.

'삼팔구공'은 어감도 경쾌했다. 슬로건으로 내걸기 딱 좋았다. 물론 슬로건이란 외부 사람들에게도 금방 이해가 가는 문구로 했을 때 파급 효과가 클 수 있지만, 어디까지나 내부 구성원들 사이에 혁신의지를 고취시키는 데 진정한 목적이 있어야 한다. '우리끼리 만 통하는 다짐과 약속'으로 이 네 개의 숫자들을 각인시킬 수만 있 다면 그보다 더 좋은 구호가 없을 것 같았다. 그러니까 '혁신 98'이 제1차 년도에 추구해 나아갈 포괄적 의미의 비전이라면 '3890'은 그 비전을 실천해 나가는 구체적인 방법론이었다.

회의 일변도에서 희미한 가능성으로

다음 날 서두칠 사장은 이 목표를 전 사원에게 공표했다. 그리고 '3890'이라는 연간 목표를 분기별, 월별, 그리고 주 단위로 세분하 여 체크해 나가도록 했다. 그리고 이런 약속을 했다.

"1, 2, 3 공장 중에 우리가 목표로 삼은 생산량과 수율을 단 한 번이라도 제일 먼저 달성하는 공장은, 그 책임자(공장장)의 이름으로 회사 본관 정원에 기념식수를 해서 이름을 영원히 남기겠습니다."

평소 내실을 중시하는 그의 스타일로 보아 기념식수 약속은 그답 지 않은 공약이었다. 그는 작은 성취를 가지고 요란하게 떠드는 등 이벤트를 연출하는 것을 달가워하지 않는 사람이었기 때문이다. 그 만큼 3890은 혁신과 도약과 성공으로 가기 위한 필수적인 실천 목 표였던 것이다.

이제 분명한 목표는 섰다. 그러나 문제는 현장 사원들에 앞서서 '유리밥'을 수십 년 동안 먹고 살아온 현장 간부들이 그 목표를 달성 가능한 것으로 인식하느냐였다. 당시 서 사장이 목표를 제시했을 때 간부들의 속마음은 겉으로 내놓고 얘기하진 못했지만 대부분 '가 능성이 희박하다' 쪽이었다. 잘 돌아간다는 경쟁사들의 수율도 거기에 못 미치는 상황이었다. 후면유리의 경우 선진 회사들이 90%에 육박하는 수율을 보이기도 했지만, 까다로운 전면유리의 경우 아사히글라스나 일본전기초자NEG조차 70%대에 머무르고 있었다.

상대적으로 한국전기초자는 수율이 매우 낮았다. 1996년에는 용해로가 워낙 노후해서 수율이 떨어졌고, 1997년 초에 설치한 용해로의 경우 간신히 생산 조건을 잡아가는 단계였기 때문에 수율이 더욱 낮았다. 그래서 전임 사장은 "한 번이라도 컴퓨터 모니터용 전면유리의 수율을 58%만 달성하면 원이 없겠다"고 입버릇처럼 말하곤 했다. 당시 회사의 지상 목표는 65%였다.

목표에 대한 회의는 간부들이 현장 사원들에게 설명하는 과정에서도 마찬가지였다. "어디까지나 목표는 목표다. 목표 설정이야 얼마든지 높게 할 수 있는 것 아니냐. 까짓 것 이왕에 높게 내걸 바엔 100%로 하지 왜 80%로 하느냐"는 냉소적인 반응이 주류였다.

이렇게 설정된 목표는 그 수치가 높은 만큼 큰 모험이었다. 만일 3890의 근접치에 다가가 보지도 못하고 좌절한다면, 서 사장은 사원들을 닦달하기 위해서 기괴한 발상으로 숫자놀음이나 하는 실없는 경영자로 몰릴 판이었다. 따라서 그가 내건 혁신과 비전도 통째로 신뢰를 얻지 못할 터였다.

그러나 서 사장은 3890이 멀리 있는 목표가 아니라고 믿었다. 기존의 설비와 체제를 하나도 변화시키지 않은 상태에서 우격다짐으로 요구한 목표가 아니었기 때문이다. 생산 현장의 인력 배치도 예전과 달라졌고, 기계 설비에 대한 개선 작업도 이뤄지고 있었다. 게다가 "해 봤자 별 수 없다"는 부정적이고 패배주의적인 의식이,

"우리의 목표는 분명하며, 충분히 이뤄낼 수 있다"는 적극적인 의식으로 돌아서기만 한다면 목표의 반은 이룬 것이나 다름없다고 믿었다.

박병준 노조수석부위원장은 당시 현장 분위기가 회의 일변도에서 조금씩 변화하기 시작한 상황을 이렇게 말한다.

"과거엔 전면유리 수율이 어쩌다 60%만 나오면 이건 경이적인 기록이다 해서 선물을 주고 난리가 났어요. 공정이 비교적 쉬운 텔레비전 유리였는데도 60%만 나오면 소를 잡겠다고 했을 정돕니다. 당연히 서 사장님 취임 직후 3890을 달성할 수 있다고 믿는 사람은 없었어요. 그래서 처음엔 간부들이 3890을 채근하니까 할 수 없이 따라간다는 식으로 했습니다. 그런데 수율이 조금씩 좋아지는 거예요. 그러자 조별로 경쟁의식이 싹터서 상대조가 10개 만들면 우리는 11개 만들어야 되겠다는 오기가 저절로 나타나기 시작했어요."

돌발상황에 대처하는 태도도 달라졌고 라인별로 생산성 향상을 위한 라인문화도 생겨났다. 가령 3라인의 라인문화는 "그까짓 것 어려움이야"였다. 원래 라인장이 만든 모토였는데 조금씩 수율이 높아지니까 라인의 모든 사원들이 어떤 상황이 닥치면 습관적으로 "그까짓 것 어려움이야" 하며 달려들게 되었던 것이다.

3890 달성을 위한 전사적全社的인 붐 조성 작업이 시작되었다. 이는 생산 현장의 임무가 아니라 전사적으로 매달려야 할 지상 과제였다. 그래서 간부들과 관리직 사원들도 생산 현장에서 직접 면장갑을 끼고 현장 사원들과 함께 땀을 흘려 보았다. '펜대 굴리는 사람'과 '기계 밥 먹는 사람'이라는 마음속의 벽을 허물고 팀워크를 다

진 것이다. 현장을 단순히 눈으로 둘러볼 때와는 달리 장갑을 끼고 뛰어들었을 때 발견할 수 있는 생산체계상의 불합리점도 발견되고 시정되었다.

회사 곳곳에 '3890'이라는 구호가 나붙었다. 구내식당 벽에는 3890으로 가기 위한 '금주의 목표'와 생산라인별 실적이 그래프로 나붙었다. 일선 현장의 누구를 붙잡고 물어 보아도 3890의 의미를 척척 설명할 수 있게 되었다. 아직까지는 제품의 생산 수율을 월별 혹은 주별로 구분하여 꺾은선 그래프로 이어놓으면, 그래프 용지의 허리춤에 해당하는 50~60%대에서 맴돌고 있었다. 그래서 3890 운동 전에는 80~90%가 표시되어 있는 위쪽은 구름 위의 선계(仙界) 나 마찬가지였다. 그곳을 영원한 처녀지로 남겨둘 것인지 아니면 구름 위에 올라선 성취감을 맛볼 것인지는 전적으로 '초짜맨(한국전기초자 사람들은 자신들을 이렇게 부른다)'들의 의지에 달린 일이었다. 시간이 지남에 따라 관리직, 생산직을 막론하고 하나둘 입버릇처럼 이런 말을 내뱉기 시작했다.

"그래, 우리도 구름 위에서 한번 놀아 보자!"

●● 기술 독립 선언

1998년 5월, 서두칠 사장은 전 사원을 대상으로 이러한 경영 정보를 공개했다.

… 우리 회사의 세계 시장 점유율은 회사 존속이 어려운 8%선에 머물고 있습니다. 이제 우리는 죽기 아니면 살기로 이 점유율을 끌어올려야 합니다.

우리 회사는 아직도 이자율 30%가 넘는 종금사의 차입금을 쓰고 있으며 매월 자재 구입비, 노무비, 제조 경비 등을 합해 410억 원 내지 440억 원의 운영 자금이 필요한 형편입니다. 이에 비해 월 매출액은 420억 원 정도에 지나지 않습니다. 소요경비에도 미치지 못하는 매출조차도 수개월짜리 어음으로 받고 있는 실정입니다. 그러다 보니 모자라는 자금을 은행과 종금사로부터 단기 차입금으로 빌려 쓰고 있는 형편이며, 빌려온 단기 차입금을 상환하기 위해서 또다시 단기 차입금을 갖다 쓰는 악순환이 계속되고 있습니다.

더구나 우리 경쟁사의 경우 17인치 상용 생산에서 탈피하여 19인치 제품 개발에 박차를 가하고 있습니다. 그러나 우리는 아직 14인치와 15인치 생산에 매달리고 있는 실정입니다.

우리가 살아남을 방법은 하나밖에 없습니다. 고객들이 "한국전기초자가 달라졌다. 품질에도 이상이 없고, 값은 세계에서 가장 싸다" 이렇게 얘기하도록 만들어야 합니다. 우리의 유일한 무기는 제품 경쟁력뿐이며….

이 말이 나오자 간부들이 더 곤혹스러워했다.

"경쟁 회사에 저런 부분까지 알려지면 안 되는데, 이건 우리 회사 기밀인데, 주가株價에도 좋지 못한 영향을 미칠 텐데…."

특히 자사의 기술 수준이 상대 회사들보다 현저히 뒤떨어진다고 실토해 버린 것은, 현장 사원들과 기술 개발팀의 분발을 촉구하기 위한 목적이었다손 치더라도, 회사의 대외신인도에 관련된 문제인 만큼 해서는 안 될 일이었다. 그러나 서 사장의 생각은 달랐다.

"이미 주가가 내려앉을 대로 내려앉아서 액면가 5천 원을 밑도는 상황이었습니다. 그러니 실상이 알려졌기로 더 곤두박질할 일도 없었어요. 경영 정보의 정직한 공개를 실천했을 따름입니다. 부임 초에 '사장이 가지고 있는 회사 경영에 관련된 정보와 동등한 품질의 정보를 현장의 일반 사원도 갖게 하자'고 작정했습니다. 사원들의 협조를 구하기 위해서 몇 가지 정보만 찔끔찔끔 흘린다면 그게 무슨 투명 경영입니까?"

생산 기술의 구조조정

제품 경쟁력을 높이기 위해서는 생산 기술의 대대적인 구조조정

을 해야 했다. 당시 회사는 미국의 테크네글라스(일본 NEG의 계열회사)
와 기술 제휴 계약을 맺고 텔레비전 브라운관 유리 기술을 도입해
온 상태였다. 매출의 1.5%를 로열티로 지급한다는 약정이었다. 특
기할 만한 것은 텔레비전의 전면유리 기술 제휴와 후면유리 기술
제휴를 별도로 계약했다는 점이다. 전면유리의 제휴 기간은 1998
년 2월까지였고, 후면 유리는 같은 해 8월까지였다. 테크네글라스
측에서는 한국전기초자가 2월, 8월에 계약 만료가 되면 재계약을
제의해 올 것으로 믿고 있었다.

그러나 서 사장은 2월로 끝나는 전면유리 기술 계약을 포기했다.
8월로 종료되는 후면유리 기술도 만기가 되면 연장하지 않겠다고
선언했다. 이제 더 이상의 기술 도입 없이 독자 기술로 살아남겠다
는 선언이었다. 어떤 근거로 그는 독자 기술로도 살아남을 수 있다
고 판단했을까?

"자체적인 기술 개발 없이 로열티를 계속 지급하는 구조로는 혁
신이고 도약이고 무망한 처지였기 때문입니다. 더구나 당시 한국전
기초자의 기술이 어느 정도 기반이 잡혔기 때문에 굳이 비싼 로열
티를 지급해 가면서 기술을 도입할 필요가 없다고 판단했어요. 즉
그들로부터 기술을 도입해서 만들었던 품목인 14인치 등 TV 유리
는 더 이상 외부 기술 도움 없이 만들 수 있게 됐거든요. 우리한테
필요한 것은 대형 텔레비전 유리와 컴퓨터 모니터용 유리 제조 기
술이었어요. 그런데 당시 상황에선 이 또한 자체 개발해야 회사가
살아남을 수 있겠다는 생각이 들었습니다."

서 사장은 이미 1998년 1월 1일에 연구소를 별도 조직으로 만들

어 둔 터였다. 당시 회사는 컴퓨터 모니터 유리 생산에 착수한 단계였다. 그러나 규격이 소형(14인치)인 데다 수율이 40%대를 맴돌고 있는 형편이었다. 이미 시장 상황은 14인치에서 15인치로 넘어가고 있었고, 17인치까지도 수요가 늘어가고 있었으니 가야 할 길은 멀고도 험했다.

생산 기술의 구조조정이 이렇게 절박한 상황에서 연구소에 두 개의 지상 과제가 동시에 내려졌다. 기존에 만들어 오던 품목의 생산성을 향상시키기 위해 기계 설비를 개선·보완할 것, 그리고 앞서가는 회사들이 가지고 있는 신제품 제조 기술을 '생(生)으로' 개발할 것 두 가지였다.

연구소 기술자들이 가장 먼저 착수한 부문은 생산성 증대를 위한 생산 공정 혁신 작업이었다. 회사에는 후면유리 용해로가 2개, 이 용해로에서 나온 유리물을 가지고 제품을 만들어내는 라인, 즉 숍 Shop이 6개 있었는데 주문이 밀려들기 시작하자 '기존 설비를 그대로 둔 상태에서 생산량을 늘릴 수 있는 방법'을 찾아내야 했다. 숍하나를 더 늘리는 안이한 접근은 공장 내부 여건상 도저히 불가능했다. 궁리 끝에 숍은 그대로 6개로 두되 7개의 숍이 생산할 수 있는 효과를 올릴 수 있도록 용량을 늘리는 방법을 선택했다.

그러나 막상 용량을 늘리다 보니 유리반죽이 완제품으로 만들어지기까지 거치는 모든 설비의 용량이 모자라는 사태가 발생했다. 연구팀은 밤을 새가면서 설비들의 용량을 늘리는 연구에 몰두했고 드디어 기존 설비를 개선하여 용량을 증가시키는 데 성공했다.

설비의 보수 작업도 동시에 진행되었다. 이 과정은 현장 직원 스스로도 놀랄 만큼 빠르게 진행되었다. 대표적인 것은 용해로에서부터 성형연마에 이르는 전 라인에 대한 냉간보수冷間補修 작업이었다. 이전까지만 해도 중장비 작업의 특성상 냉간보수는 주간에만 작업을 하는 게 관행이었다. 그런데 24시간 철야 작업 끝에 세계 최단 시간 보수 완료의 신기록을 만들어낸 것이다.

11개 숍이던 전면유리 성형 라인을 12개 숍으로 늘리는 연구 작업도 병행되었다. 원래 용해로의 설계상 용해할 수 있는 유리의 양이 한정돼 있었으므로 유리 생산량 자체를 늘리는 건 쉬운 일이 아니었다. 그러나 연구 기술팀이 머리를 짜내 1개 숍을 늘리는 데 성공했다. 그 결과 1일 유리 생산량이 180톤에서 250톤으로 증가했다.

'용해로의 유리 생산량을 1일 70톤 증가시킨다'는 것은 간단한 문제가 아니다. 1,600℃에 이르는 용해로 내부에서 일어나는 모든 현상을 파악하고, 분석하고, 컴퓨터 시뮬레이션을 실시하고, 그 부분에 대해 외국의 기술 자문도 받아야 하는 등 대단히 복잡하고 거대한 프로젝트이기 때문이다. 공교롭게 경쟁사에서도 숍 증설에 대한 프로젝트를 같은 시기에 진행하고 있었다. 그런데 한국전기초자는 턱없이 적은 투자를 하고(충분히 투자할 만한 돈도 없었다) 기존 설비를 활용해서 설비 개선에 성공한 것이다.

공정의 자동화 개선 작업도 실시되었다. 이전에 100여 개나 설치돼 있던 로봇을 대폭 들어내고 간단한 기계 장치로 보완했다. 거기서 빼낸 로봇은 다른 부분에 활용했다. 이 모든 작업은 지극히 적은 투자로 빠른 시간 내에 이루어졌다. 다른 선택이 없었기에 죽기살기로 매달린 결과였다.

보름 일을 4시간 만에

인라인화가 총체적으로 실시됨으로써 현장의 작업 환경도 완전히 바뀌었다. 작업을 방해하는 재공품이 사라지고 모든 게 자동화 과정으로 편입되자 작업 속도가 몰라보게 빨라졌다. 전에는 성형에서 포장까지 일주일에서 보름 정도 걸리던 제품이 4시간이면 충분하게 되었다.

예전에는 왜 그렇게 시간이 많이 걸렸을까? 바로 공정 중간중간에 쌓여 있는 재공품 때문이었다. 공정 중에 발생하는 재공품들을 여기저기 쌓아 두고 그걸 사람이 손으로 기계에 올리고 하다 보니 보름 후에야 기계에 올라가는 일도 발생하게 되었다. 말이 자동화지 반은 수작업이었던 셈이다. 이것은 공정을 늦출 뿐만 아니라 불량이 나더라도 누가 불량을 냈는지 모른다는 문제도 있었다. 그러니 불량을 낸 사람도 아무런 책임감을 느낄 필요가 없었다.

또 예전에는 연마나 검사 과정에서 제품의 이상이 발견되면 다른 공정 담당자에게 뛰어가 무엇이 문제인지 물어 보곤 했다. 당연히 작업 속도가 느려질 수밖에 없었다.

그런데 인라인화 작업이 완성되자 공정이 물 흐르듯 매끄러워지면서 현장 사원들도 훨씬 편안해졌다. 먼저 자주 발생하던 설비 사고나 안전사고가 자취를 감추었다. 또 노동 밀도는 더 집중화되었지만 노동 강도는 완화되었다. 기계가 이상 없이 잘 돌아갈 때면(제품 검사 작업 종사자들만 빼고는) 모두가 제 위치에서 '지켜보는 사람' 역할만 제대로 해내면 되었다. 그리고 전화 설치와 컴퓨터 시스템 구비로 공장 내 정보 교환이 빠르게 이루어질 수 있게 되었다. 문제 발생 빈도도 현저히 줄어들어서 설비 보수팀은 예전에는 고장이 생기면 부랴부랴 공정을 중단하고 수리 작업에 들어갔지만, 이제는 '예방보수'로 일의 초점이 바뀌게 되었다.

이렇게 되자 '2시간 일하고 10분 쉬는' 체제도 당연한 것으로 받아들여졌다.

이 모든 것은 외부 도움 없이 이루어졌다. 이것은 새 경영진이 뛰어나서만은 아니었다. 회사 기술진에게는 한국유리 시절의 잠재적인 기술 역량이 축적돼 있었다. 다만 서두칠 체제가 그 역량을 최대한 끄집어냈을 뿐이다.

그 내재 역량을 이끌어낸 도구 중 하나는 현장 중심의 신속한 의사결정이었다. 현장 자동화에 참여했던 이무근 상무는 이렇게 얘기한다.

"우리 회사만 한 덩치를 가진 다른 기업의 경우 어떤 일을 기획하고 결재받고 실행에 옮기기까지 두 달, 석 달, 길면 6개월 이상도 걸립니다. 그런데 우리 회사의 경우 서 사장님이 새벽부터 밤늦게까지 하루도 빠짐없이 현장에 있어요. 게다가 매일 아침 부서별로 간부회의를 하고 브리핑을 받습니다. 그날 일어날 문제의 해결방안이 즉석에서 도출되고, 즉시 실행에 들어갑니다."

그러나 이것으로 문제가 다 해결된 것은 아니었다. 연구소 기술자들에게는 보다 부가가치가 높은 신제품을 개발하라는 과제가 던져진 상태였다.

돌공장에 간
유리 기술자들

생산 현장에서 혁신의 성과는 결국 제품으로 나타난다. 출고되어서 고객에게 전달되는 제품의 모습이야말로 그 회사의 수준이요, 얼굴이다. 제아무리 대대적인 체질 개선을 선언했다 하더라도 밖으로 내비치는 '얼굴'에 병색이 가실 기미가 없다면 혁신을 위한 모든 노력들은 허사가 되고 만다. 이제 문제는 기술이었다.

야전침대에서 토막잠을 자면서…

한국전기초자에 '연구소'라는 간판이 내걸린 때는 1998년 1월 1일이었다. '혁신 98'의 첫 단계로 기존의 개발부 직원들과 여기저기 흩어져 있던 기술 부문 종사자들 80명을 한데 모아 연구소를 조직한 것이다. 개발 업무에 오랫동안 종사했던 차기원 전무가 연구소를 맡았다.

"17인치, 19인치 컴퓨터 모니터용 유리와, 25인치, 29인치 텔레비전 유리, 17인치 평면 모니터용 유리 등 고부가가치 제품 생산 기술을 개발하라."

서두칠 사장으로부터 이런 명령이 떨어졌다. 제품 한두 개를 개발하고 그 다음에 연차적으로 다른 신제품 개발에 착수하라는 것이 아니라, 동시다발로 제품 개발에 돌입하라는 주문이었다.

80명의 연구 인력이 제품, 성형, 연마가공, 검사, 금형, R&D(연구개발), QC(품질관리) 등 10여 개 파트로 나뉘어 기술 개발에 착수했는데 가장 큰 문제는 절대적으로 부족한 연구 인력이었다. 그러나 '절대적으로 부족하다'는 것은 개발업무 종사자들의 생각이었고 서 사장이나 차 전무의 생각은 '그 인원으로 능히 해낼 수 있다'는 쪽이었다. 인력뿐 아니라 개발 환경도 열악했다. IMF 한파로 에너지 절약 차원에서 냉난방 장치를 가동할 수 없었기 때문에 여름철에는 창문을 열어 놓고 연구해야 했다. 밤이면 제 세상을 만난 모기떼가 잔치를 벌였다. 겨울에는 손이 곱아 컴퓨터 키보드를 두드리기 어려울 정도로 너 나 할 것 없이 추위에 떨어야 했다.

"입사 이래 처음으로 98년 겨울에 내의를 입었다."

연구소 직원들이 이구동성으로 하는 얘기다. 그러나 혁신이 전 사원에게 가치 있는 것으로 내재화되어 있었기 때문에 그런 열악한 환경을 참아낼 수 있었다.

적은 인원으로 기한 내에 목표를 달성하려면 종전의 근무 방식부터 바꿔야 했다. 결국 야전침대에서 토막잠을 자면서 개발에 몰두하는 기약 없는 철야 작업이 계속되었다.

또 "이가 없으면 잇몸"이요, "필요는 발명의 어머니"라는 말은 들기 좋으라고 있는 격언은 아니었다. 어쨌든 그런 가운데 새로운 기술과 노하우가 쌓여 갔다. 드로잉(도면화 작업) 자동화 시스템이 대표적인 예이다.

제품 드로잉의 경우 종전 방식으로 하면 한 사람이 3일을 매달려야 했다. 그러잖아도 인력 부족으로 허덕이는 터에 그 일에 3일 동안 매달려서는 주어진 개발 과제를 도저히 수행할 수 없었다. 그래서 연구진들은 도면 그리는 작업 자체를 자동화해야겠다고 판단하고 씨름 끝에 자동화 시스템 개발에 성공했던 것이다. 그 덕에 한 사람이 꼬박 3일을 매달려야 했던 드로잉 작업을 30분 만에 완수할 수 있게 되었다. 이후 이 자동화 시스템은 연구소의 큰 자산이 되었다.

밤낮 없는 연구 성과는 곧 나타났다. 17인치와 19인치 모니터용 유리 제품 개발에 성공한 것이다. 이 성과들이 얼마나 값진 것인지를 이해하기 위해서는 그 이전에 개발에 착수했던 15인치 모니터용 유리 제품과 비교할 필요가 있다.

15인치 컴퓨터 모니터용 유리 제품을 개발하여 고객의 승인을 받기까지 10년 세월이 걸렸다. 더구나 시제품에 대한 품질 검사가 까다롭기로 소문난 S전자의 승인을 받아내기가 여간 어렵지 않았다.

그런데 1998년에 개발한 19인치의 경우 단 4개월 만에 S전자의 승인을 받아냈다. 개발에 참여했던 연구소 직원조차 "이 일을 정말 우리가 해냈나?" 하고 놀랐을 정도다.

플래트론 개발 프로젝트의 성공

나날이 쌓이는 기술력과 자신감이 빚어낸 가장 큰 성과로 세계에서 유일하게 개발에 성공한 17인치 모니터용 플래트론(평면유리)을 들 수 있다.

기존의 곡면유리에 비해 모니터 유리 자체를 완전 평면으로 만들어 낸다는 것은 여간 까다로운 기술이 아니었다. 미국의 한 회사에서 개발을 시도하여 상품화하려다 양산 기술이 뒷받침되지 못해 포기한 상태였고, 국내 경쟁사인 S사에서도 기술적인 난제에 부딪쳐 도중에 포기한 상태였다.

그런 어느 날, "연구소의 명예를 걸고 양산 기술을 개발하라"는 경영진의 지시가 떨어졌다. 고부가가치 제품으로의 전환, 즉 '제품의 구조조정' 없이는 회사가 살아날 가망이 없다고 판단했기 때문에 기술 개발 쪽에도 실현 불가능해 보이는 목표를 달성하라는 지시가 떨어진 것이다.

당시 플래트론 개발에 참여했던 연구원들은 죽기살기로 프로젝트에 매달렸다. 플래트론은 완전 평면이어서 가장 큰 문제가 평면을 어떻게 연마해내느냐 하는 점이었다. 그래서 개발진은 화강암을 연마하는 기술을 응용할 수 있지 않을까 해서 천안삼거리에서 순대로 끼니를 때워가며 석재상을 견학하기도 하고, 전라도 이리의 돌 가공 현장에 가 보기도 했다. 돌 가공하는 기술은 플래트론 개발에 바로 응용할 수 있는 것은 아니었지만 영감을 떠올리는 데 큰 도움이 되었다.

그런데 제품 구상이나 설계는 연구실에서 이루어지지만 그 설계

대로 물건이 나와 주느냐 하는 것은 생산 현장에서의 실험에 달려 있었다. 더구나 신개발 제품을 실험하기 위해서는 생산라인을 세워야 했다. 그런데 현장은 현장대로 3890 달성에 사력을 다하고 있는 시기였다. 라인을 한 번 세울 때마다 상당한 생산 감소를 각오하지 않으면 안 되었다. 그러나 더 큰 성과를 위한 일시적인 손실에 연연할 수는 없었다.

첫 테스트는 실패, 그 다음 테스트도 실패였다. 현장에서 테스트 과정을 지켜보던 차기원 전무는 개발 기술진에게 그저 이 한마디만을 남겼다.

"한 번에 성공할 수 있나, 힘내서 성공할 때까지 계속해 보자."

현장에서 왜 그렇게 했느냐고 질책하고 추궁을 하게 되면 연구의 지가 꺾일 것 같았고, 그래서 차 전무도 속이 상했지만 즉석에서 실패에 대한 평가를 내리지는 않았다. 개발에 참여했던 사원들은 연구소장으로부터 실패 요인을 지적받고 한바탕 꾸지람을 들으리라 생각했는데, 돌아오는 얘기는 다시 시도해 보라는 한마디뿐이었다.

수차례의 시행착오 끝에 드디어 플래트론 모니터 유리가 개발되었다. 하지만 초기에는 생산 수율이 극히 저조했다. 그러나 문제를 조금씩 보완한 끝에 초기에 하루 1천 개에 머물던 생산량이 1년여 만에 1만 1천개에 달하고 있었다. 영감을 얻기 위해 돌공장까지 둘러본 끝에 일반 모니터용 유리보다 20%나 부가가치가 높은 제품을 세계에서 유일하게 생산, 출하하게 된 것이다.

신제품 개발에 성공했을 경우 사장이 개발에 참여했던 사람들에게 격려의 말 한마디쯤 해 줄 만도 한데, 서 사장으로부터 그런 달

콤한 얘기를 들은 연구소 직원은 별로 없다. 모두가 수고하는 마당에 그런 성과는 혁신 운동의 과정에서 당연히 나올 수 있는 결과라고 여겼기 때문이다. 대신 서 사장은 신제품 개발에 소요되는 투자 비용을 요청할 때에는 언제나 웃으면서 결재했다. 장치산업인 만큼 금형 교체 등 신제품 개발에 들어가는 비용은 엄청났다. 기회 손실 비용도 고려해야 했다. 그러나 모든 결재는 매우 신속하게 이루어졌다.

한국전기초자가 자랑하는 기술 중에는 용해로에 대한 노하우도 포함돼 있었다. 외국에서 후면유리용으로 사들여온 성형기의 구조를 뜯어 고쳐 전면유리용으로 개조하여 높은 수율을 올리고 있는 것이 그 본보기였다. 이런 개조 작업은 실패로 돌아갈 경우 원상으로 돌리는 데에만 2개월 이상이 걸리는데 그 기간의 기회 손실이 엄청나기 때문에 모험에 가까운 결단 없이는 불가능한 시도라 할 수 있었다.

이 성형기 개조 작업 과정에서 축적된 기술을 바탕으로 기계를 들여올 때 완성품이 아닌 중요한 부품만 사오고 나머지는 국내 도급자를 불러서 완성하게 하고 있었다. 기계값이 40억 원이라면 주요 부품 20억 원어치만 들여오고 나머지는 국산화하고 있다는 얘기다.

과거 10년간의 개발실적과 맞먹는 1년간의 성과

결과적으로 '혁신 98'이 시작되기 이전과 이후의 개발 성과는 큰 차이가 나게 되었다. 새로운 모양이나 크기의 텔레비전 브라운관,

컴퓨터 모니터용 유리를 만들어내기 위해서는 그것들을 찍어낼 수 있는 금형 등의 기계 설비부터 개발해야 하는데 1997년 당시 한국전기초자가 생산할 수 있는 품목은 22종이었다. 컬러 텔레비전 브라운관용 유리를 생산할 수 있는 설비 기술을 일본과 미국으로부터 기술 제휴로 수입했던 때가 1987년이었으므로, 10년 동안 22개 품목을 개발하는 데 그쳤던 것이다. 1년에 한두 품목을 개발한 게 고작이었던 셈이다.

그런데 1998년에는 한 해에만 18개 품목을 개발해냈다. 과거 10년 동안의 개발 실적과 엇비슷한 성과를 단 1년 만에 달성한 것이다. 혁신 2년 차인 1999년에는 58개 품목, 2000년에는 90여 종의 상품군을 보유하게 되었다.

고객 요구에 대한 탄력성도 큰 개선이 있었다. 텔레비전 브라운관 유리의 예를 들면, 1997년 이전에는 14인치 유리 제품 하나를 생산라인에 걸어 놓으면 1년 동안 줄곧 14인치 유리만 생산해냈다. 고객이 19인치 등 다른 규격의 제품을 요구해 와도 그걸 생산할 기술이 수반되지 못했기 때문에 주문에 재빠르게 응할 수 없었다. 당연히 창고에는 재고가 누적되어 갔다. 그랬던 것이 다양한 품목의 생산 능력을 보유하게 되자 17인치를 보름동안 생산하다가 고객의 요구가 있을 경우 19인치로 형교환을 해서 또 보름 동안 생산하고, 또 다른 제품을 생산하는 이런 방식으로 탄력적인 대응을 할 수 있게 되었다.

이 과정에서 서 사장은 흐뭇한 결재의 추억을 가지게 된다. 바로 연구소에서 "야전침대를 사 달라"며 올린 물품 구매 결재였다. 자

진해서 밤샘을 하겠다는 연구원들의 열정에 서 사장은 그저 미소만
지었다.

위 아래 대신
옆과 옆이다

어느 회사나 부서 이기주의는 영원한 숙제다. 그것은 원활한 정보의 흐름을 막고, 불필요한 논쟁을 야기한다. 사원들을 자기중심적인 공적주의로 내몰고 결국은 생산 효율도 떨어뜨린다. 그런 점에서 1997년까지 회사는 또 하나의 치명적인 약점을 안고 있었다. 당시 회사는 부서 간에 정보가 제대로 흐르지 않았다. 총무는 총무만 하고 기술자는 기술 분야만 알고 있으면 된다는 식이었다. 심지어는 기술자가 연구 개발에 필요한 물품을 살 때 그 물품의 값을 알려고 하지 않는 경우도 허다했다. 설령 알려고 해도 "왜 남의 업무에 신경 쓰냐? 월권이다"는 면박을 구매 담당자로부터 듣기 십상이었다. 구매 전표에도 일체의 가격이 기재돼 있지 않았다. 부서 간의 정보 불통, 비협조적 관계는 현장직과 기술자, 관리직과 현장직, 간부와 말단사원 간에도 널리 퍼져 있었다. 그러나 전체가 전적으로 공유하는 목표가 설정되자 변화의 바람이 불기 시작했다.

열린 조직으로 변화한 것이다.

'혁신98'에의 동참 호소가 생산 현장의 분위기를 어떻게 바꾸어 놓았는지를 보여 줄 수 있는 사례는 무척 많다. 1일 3교대를 하는데 새로 일을 시작할 팀이 출근하여 기계의 금형을 바꿔서 생산에 임해야 하는 경우, 예전 같으면 전 근무팀은 "너희들이 알아서 하라"며 퇴근하기에 바빴다. 그런데 혁신이 시작되고부터는 작업을 마친 팀이 새로 출근한 팀과 힘을 합쳐 교체 작업을 해 주고 나서 퇴근하는 것이 불문율이 되었다. 시켜서가 아니라 공장별로 혹은 라인별로 생산 목표 달성을 위해서 당연히 그렇게 해야 된다는 쪽으로 생각이 변한 것이다.

기계 설비의 보수를 담당하는 설비보전 부서의 경우, 예전에는 기계 고장이 발견되거나 설비에 문제가 발생하면 부랴부랴 달려들어 보수했으나 혁신 운동이 시작되면서 평시에 점검하는 예방보수 체제로 바뀌었다.

이런 일도 있었다. 한번은 유리물에 이물이 섞여 나와서 라인이 멈춰 버렸다. 이물 발생 문제야 원료 투입이나 용해 과정의 문제니까 보수팀이 어떻게 할 사안은 아니었다. 그런데 설비보수 담당자는 기계가 멈춰서 있는 시간이 아깝다는 생각에 그때를 이용해서 설비를 점검하고 보수하기로 마음먹었다. 그러려면 설비팀을 총출동시켜야 했는데, 설비보전 부서의 주간 근무팀은 이미 근무를 마치고 집에 가 있는 시간이었다. 더구나 그날은 공휴일이었다. 회사로 불러낸다는 게 미안하기도 했지만 모처럼 주어진 설비 점검 기회를 놓칠 수 없어 15명의 사원들 집으로 일일이 전화를 걸어 사정

설명을 했다. 당장 문제가 발생해서 생산에 차질이 오는 상황이 아니라 사전 점검을 해보자는 것이니 비상상황도 아니었다. 그런데 15명의 사원들이 단 한 사람도 빠짐없이 달려 나왔다. 그리고 팔을 걷어붙이고 8시간 동안 보수·점검 작업을 하고 돌아갔다. 예전 같으면 어림도 없는 일이었다.

이외에도 3890에 관리직 사원들이 적극 참여한 것도 열린 조직이 되어가고 있다는 증거였다. 1998년 서 사장은 모든 간부사원들과 관리부서 근무자들로 하여금 '현장 체험'을 하도록 했다. 관리직 사원들이 직접 생산라인에 뛰어들어 제품 생산에 임해 봄으로써 현장의 애로사항을 파악하고, 또한 곳곳에 잠재한 혁신 대상 요소들을 체크할 기회를 제공하기 위해서였다.

이외에도 연구 개발팀이 단기간에 혁신적인 성과를 올릴 수 있었던 데에는 생산 현장 사원들의 헌신적인 협조가 큰 역할을 했다.

초짜맨들의 헌신적 동료애

혁신 운동을 벌이기 전, 기술자와 현장 사원은 사이가 좋지 않았다. 기술자의 경우 생산 설비 하나를 개발했을 때 현장에다 설치만 해 주고 나머지는 너희가 알아서 하라는 식이었다. 현장 사람들도 그 기계를 사용하다가 불편사항이 생기면 "이게 기계냐. 이런 괴물딱지를 가지고 어떻게 일을 하라는 거냐" 하며 욕을 하기 일쑤였다. 그런데 '혁신 98' 이후에는 개발 과정에서부터 실제로 그 기계를 사용할 사원들과 충분한 대화를 나누게 되었다. 이렇게 되니까 기술자들도 현장 사원들의 값진 현장 경험을 들을 수 있게 되었고,

현장 쪽도 새로 개발된 설비나 제품에 대해서 애착과 자부심을 갖게 되었다.

유일하게 한국전기초자가 생산하여 LG에 납품하고 있는 33인치 대형 텔레비전 브라운관 유리를 개발할 때의 일이다. 1998년 말경, 개발의뢰를 받은 연구소 직원들은 일주일 밤낮을 아예 생산 현장에서 지내다시피 하며 시제품 테스트를 반복하고 있었다. 시제품 제조 과정에 유리가 깨지는 일이 다반사로 일어났다. 워낙 대형 제품이기 때문에 한 번 깨졌다 하면 유리조각을 처리하는 일이 큰 골칫거리였다. 더구나 제품이 형성되어 바깥에서 깨진다면 그나마 처리가 용이한데, 유리반죽이 제품 형태의 몰드mold 안에서 깨지는 날에는 처리가 매우 힘들었다.

미국 회사에서 그런 일이 생기면 기계 작동을 멈추고 충분히 식힌 다음에 파편을 쓸어낸다. 그런데 때가 때인지라 채 식기도 전에 현장 사원들이 뜨거운 몰드 안의 유리조각을 정신없이 손으로 퍼내는 작업을 계속했다. 조금만 방심해도 치명적인 신체적 손상을 입을 수 있는 상황이었다. 그러나 '초짜맨'들은 뜨거운 몰드에 손을 집어넣으며 연구를 헌신적으로 도왔다.

이런 과정을 거쳐 형편없던 생산 수율이 어느 날 70%를 기록하더니 드디어 94%를 기록했다. 수율 94%를 기록하여 33인치 대형 제품의 양산체제가 확인되던 날, 축하 대자보가 나붙고 개발을 담당했던 기술자와 현장 사원들은 뜨거운 악수로 기쁨을 함께 나누었다.

악조건 속에서도 기술 개발을 돕는 데 헌신한 현장 사원들은 만족감 외에 또 다른 것을 얻었다. 그런 위험한 작업을 거치면서 현장 사원들의 안전장구가 획기적으로 개선된 것이다. 가죽 앞치마가 지급되고 팔 보호대와 각반도 대나무로 만들어진 것으로 바뀌었다.

드디어 나왔습니다,
나왔어요!

1998년 4월 5일 이른 아침, 제1공장의 박화진 공장장은 여느 때와 다름없이 새벽밥을 먹고 현장으로 출근했다. 그런데 노실爐室에 근무하는 이 대리가 흥분된 표정으로 달려와서는 일일 작업 통계 서류를 디밀었다. 목소리가 떨렸다.

"공장장님, 이것 보십시오. 나왔습니다. 나왔어요!"

"뭐가 나왔다는 얘기야? 유리물에 금덩어리라도 섞여 나왔나?"

"이것 보시라니까요. 수율 82%입니다. 80% 초과 달성입니다!"

그 어렵다던 전면유리 수율 80%를 처음 돌파한 것이다.

일일 생산 현황 통계는 새벽 2시를 기준으로 집계된다. 새벽 2시에 전일前日 작업이 끝나고 그때부터 다시 다음 날 새벽 2시까지 또 24시간 단위의 통계를 내는 방식이다. 그러니까 이날의 82%라는 수율은 그 전날 새벽 2시부터 24시간 동안의 생산 현황을 노爐 단위로 집계한 것인데, 전면유리 용해로인 'PT-1' 라인에서 처음으로 80%를 돌파한 것이다.

혁신운동으로 '책임 생산'이 강조되면서 생산 관리 책임자들은 수율에 신경을 곤두세우고 있었다. 퇴근할 때는 "기계 고장 없이 이런 식으로만 나와 준다면 내일은 목표 수율을 달성할 수 있지 않을까"라는 기대를 가졌다가 다음 날 통계를 보고는 아쉬워하곤 했다. 수율이란 의지만 가지고 되는 일이 아니었다. 용해로에서 흘러나온 유리가 좋은 날은 기계 고장이 나고, 기계가 잘 돌아가면 유리 상태가 안 좋고, 그 둘이 모두 양호할 때에는 누군가가 더 잘하기 위해서 손을 대는 바람에 문제가 생기는 식이었다.

'3890' 기간 중에 연간 3,000만 개의 생산을 뜻하는 '3'은 연말 통계가 나와 봐야 달성 여부가 판가름 나겠지만, 1998년 4월 당시 진행 상황으로 볼 때 충분히 달성할 수 있다는 자신감이 있었다. 후면유리 90% 달성을 의미하는 '9' 역시 이미 목표치를 달성한 상황이었다. 가장 어렵고 멀리 보이는 목표가 바로 극미한 흠만 있어도 불합격품으로 분류되는 전면유리 수율 80%였다. 아무리 설비를 개선하고 전 사원이 '할 수 있다'는 의지로 무장돼 있다지만 예전 50%를 밑돌던 수율을 80%로 끌어올린다는 것은 그야말로 꿈같은 얘기였다.

사실 80%를 상회하는 이날의 수율이 앞으로 계속되리라는 보장도 없었다. 어쩌다 한 번 우연히 나왔다고 보는 게 맞았다. 그렇지만 어쨌든 기쁜 일이었다. 사장부터 현장 사원들까지 '3890'을 입에 달고 다니는 상황에서, 가장 어려운 목표로 여겨오던 '전면유리 수율 80%'의 목표를 돌파했으니 이건 보통 사건이 아니었다.

박화진 공장장이 이른 아침의 간부회의에서 제1공장의 전일 현황을 보고하면서 PT-1로의 수율이 80%를 넘었다는 얘기를 했을 때 서 사장은 그저 빙긋 웃을 뿐 크게 놀라지 않았다. 박화진 공장장의 보고 이전에 이미 다른 경로를 통해 그 사실을 알고 있었던 것이다. 당시 모두의 구호가 되다시피 한, 그리고 '혁신 98'의 중심 목표인 것이 '3890'이었다. 당연히 모든 임원들이 전날의 수율에 촉각을 곤두세우고 있었으니, 간부회의 때까지 그 뉴스를 모르는 사람은 없었던 것이다.

이날 서 사장은 약속대로 본관 우측 정원에 나무 한 그루를 심었다. 그리고 다음과 같은 패찰을 달았다.

"1998년 4월 5일, PT-1로 수율 80% 초과 달성 기념. 제1공장장 박화진"

그렇다면 '3890'의 머리글자인 '3(연간 3천만 개 생산)'이라는 목표는 어떻게 되어 가고 있었을까? 연말에 통계를 잡아 봐야 알 수 있는 것이었지만, 이미 1998년 4월 당시 월별, 주별, 그리고 일일 통계상으로는 수차례 달성했다. 그리고 15인치 TV 유리 같은 소형 생산에 주력한다면 연간 3천만 개 초과 달성은 문제가 없는 상황이 되었다. 그렇지만 3천만 개 달성하자고 부가가치가 적은 소형 제품만 생산해서 개수 채우기만 하고 있을 수는 없었다.

당시 회사는 부가가치가 적은 소형 TV 브라운관 유리 생산을 줄이고 이익이 많이 나는 대형 TV 유리와 컴퓨터 모니터 유리 생산에 박차를 가하고 있었다. 신제품 개발 과정에서는 끊임없이 실험 생산을 해 봐야 하는데, 당시 회사는 모든 설비를 풀가동하여 생산

증대에 진력하고 있었기 때문에 연구 개발 과정에서 실험 제작을 해 볼 라인을 따로 갖고 있지 않았다. 부득이 제품 생산을 멈추고 실험 제작을 해야 했다. 그렇게 되면 전체 생산 개수가 줄어들 건 뻔했다.

시간을 건너뛰어서 2000년 말의 상황을 보면, 1998년 초보다 훨씬 대형화하고 고급화한 고부가가치 제품을 생산하고 있는데도 불구하고 연간 3천만 개 생산 목표를 문제없이 달성하고 있었다. 투여한 요소Input는 예전과 같은데 실적Output은 1997년 이전과 비교하면 하늘과 땅 차이였다. 수익성에서 보면 더욱 비교가 안 되었다.

전면유리 수율이 80%를 돌파했다는 것은 비록 어쩌다 우연히 나타난 현상이라고 해도 사원들에게는 특별한 의미로 받아들여졌다. 희미한 가능성으로 "구름 위에서 놀아 보자"고 중얼거리던 목표를 현실로 끌어당긴 것이다. 이후 전후면 유리를 막론하고 수율이 목표치를 넘나들게 되었고 수율 상승은 계속됐다.

첫 목표 달성을 기념하며 기념식수를 하던 날, 모두는 하나의 일치점에 다다르고 있었다. "이대로만 나간다면 연내에 흑자 전환은 문제없다"는 자신감이었다. 이 무렵 고객사에서도 새로운 체제에서 생산된 제품이 공급되자 한마디씩 거들기 시작했다.

"한국전기초자가 이상해졌어!"

이럴 수도
있는 거구나!

　　1998년에 실시된 혁신 작업이 얼마나 숨 가쁘게 진행되었는지 보여주는 대표적인 예는 1998년 3월에 실시되었던 용해로 보수 작업이다. 유리공장의 핵심인 용해로의 가동 수명은 5~6년이다. 용해로 보수는 말이 쉬워 보수지 거대한 용해로 자체를 모두 부수고 새로 짓는 작업이라고 보면 된다. 용해로를 점진적으로 냉각시키고, 그 속에 들어 있는 유리를 모두 뽑아낸 다음, 용해로를 구성하고 있는 벽채의 벽돌을 다 뜯어내자면 크레인 등 대형 장비들이 동원되고 그 안에 사람이 들어가 작업도 해야 한다. 대단히 위험하고 규모가 큰 공사이다.

　　용해로 보수 작업을 전담하고 있는 용해기술부 과장이 보수 계획서를 들고 사장실로 들어갔다. 보고를 듣고 난 사장이 입을 열었다.

　　"예전에 냉간보수 기간이 보통 110~120일가량 걸렸으니까 이번에도 그렇게 하겠다는 얘기지요? 보수 계획서가 이래서는 안 됩니다. 상세한 보수 공정을 다시 작성하고 보수 기간을 반으로 줄일 수 있도록 혁신적인 방안을 마련해 오시오."

서 사장이 설정한 보수 기간은 58일이었다. 종전에 12시간 일하고 12시가 쉬던 것을 24시간 작업체제로 바꾸라는 명령이 떨어졌다. 위험을 수반한 공사임에도 불구하고 야간작업까지 강행하라는 것이었다.

스케줄표가 다시 작성되었다. 외주 공사 업주들에게 24시간 작업 방침을 설득하기도 힘들었을 뿐더러 당시는 서 사장의 혁신 마인드가 아직 사원들에게 온전히 전파되지 않았던 시기라 내부 직원들의 입에서도 "58일 만에 보수 공사를 끝내겠다고? 잘 해 봐라"는 비아냥이 나오기도 했다.

서 사장은 스케줄표를 직접 챙기면서 어느 부분에서 어느 만큼 단축하고 또 어느 부분에서 얼마를 줄이자는 식의 제안을 끊임없이 내놓았다. 이렇게 해서 드디어 '58일 만에 보수 공사 완료'라는 스케줄표를 만들어냈다. 그러나 용해로 보수에 잔뼈가 굵은 직원들은 어느 누구도 그 기간에 보수 공사가 완료되리라고 믿지 않았다.

공사가 시작되었다. 벽채에서 돌이 굴러 내리고 중장비가 드나드는 등 공사현장은 위험하기 짝이 없었으나 사장의 지시대로 야간작업이 강행되었다. 분야별로 어느 부분에 몇 시간이 지체되고 어느 부분에 몇 시간이 빠른지 세부적인 작업 속도가 체크되었다. 심지어 드나드는 중장비나 화물차들이 어떤 방향으로 들어가고 나와야 효율적인지 미리 계획을 세우고 도상 연습까지 했다. 공장 밖 도로의 교통정리 계획까지 수립했을 정도였다. 보수 공사가 진행되는 중에도 비가 오기 시작했다. 우중에 공사를 한다는 것은 상식적으로 말이 안 되는 일이었다. 그러나 공사장에 대형 비닐이 씌워졌고, 공사는 계속되었다.

58일째 되던 날, 보수에 들어갔던 용해로에서는 어김없이 다시 유리물이 나오기 시작했다. 처음 보수 계획서를 작성했던 실무 과장은 58일 만에 유리물이 흘러나오는 모습을 보면서 이렇게 말했다.

"아, 이럴 수도 있는 거구나!"

이처럼 1998년의 혁신은 뜨거웠다. 그러나 구미시 공단동 150번지 일대의 한국전기초자 담장 너머에서는 아직도 한국전기초자는 '곧 망할 회사'로 보였다. 실제로 혁신의 바람에 제동을 걸 만한 또 다른 바람이 불어오고 있었다. 기업 퇴출로 요약되는 거대한 맞바람이었다.

가장 어려운 일을,
항상
즐거운 마음으로,
열심히 일하는
회사

퇴출 대상 1호

IMF 구제금융 후 IMF나 IBRD(세계은행)는 재벌의 부실계열사 퇴출과 인수합병을 차관 지원 조건으로 제시했다. 정부에선 5대 그룹 계열회사라 할지라도 그동안 내부 지원을 통해 간신히 유지돼 온 부실회사들은 과감하게 정리하도록 압력을 가하고 있었다. 재벌들로서도 살아남기 위해서는 정부의 구조조정 방침에 따르지 않을 수 없었다.

그런데 그룹별로 퇴출 대상 부실기업이 보도될 때마다 빠지지 않는 회사가 있었다. 바로 한국전기초자였다. 때로는 'D그룹의 H사'로, 더러는 '대우그룹의 한국전기초자'로 연일 매스컴에 오르내렸다.

대우그룹이 몇 차례 올린 자구안自救案이 정부로부터 재무 구조 개선 노력이 미흡하다는 지적을 받았다. 그러자 그룹 내에선 긴급 사장단 회의를 열어 강도 높은 구조조정만이 유일한 살길이라는 결론을 내리고 초강도 구조조정을 숙의하는 등 숨 가쁜 움직임을 보이고 있었다.

대우그룹의 수많은 계열사 중 매각(퇴출) 대상 회사가 거론될 때마다 한국전기초자가 한 번도 빠짐없이, 그것도 맨 첫머리에 오른 이유는 무엇일까?

용빼는 재주 있겠어?

"우리 그룹 계열사의 대표적인 부실회사가 어디지?"

"데이터를 보니까 한국전기초자야."

"어디 자료 좀 보자고. 야, 아무리 그룹 내에 벌브유리 생산업체가 필요했기로 이런 회사를 인수하다니 회장님의 일대 실수였군."

"작년도 총매출이 2,377억 원밖에 안 되는데 차입금이 3,500억 원이라니, 이거 순 도깨비회사 아냐?"

"그뿐이야? 자기자본이 400억 원인데 부채가 4,500억 원이라니, 부채 비율이 1000%가 넘잖아."

"이게 바로 천문학적인 부채 비율이군. 정부에서는 부채 비율을 200%로 낮추라고 성화인데 말야."

"문제는 매출액이 차입금보다는 많아야 하는데, 3,500억 원을 빌려서 1년 내내 공장 돌린 결과가 빌린 돈에 한참 못 미친다는 거야."

"서두칠 사장이 부임해서 의욕적으로 시작하고 있으니까 장래성에 기대를 걸어 볼 필요도 있지 않을까?"

"용빼는 재주 있겠어? 빚 투성이에 적자를 짊어졌으면 다른 문제라도 없어야 하는데 노사분규로 이미 시장에 그 악명이 자자한 판이니, 팔아 치워야 돼."

"그래 하루라도 빨리 정리하는 게 낫겠군."

대우그룹 기획조정실(후에 기조실은 구조조정본부로 바뀜)의 기업 구조조정에 관한 대책회의에서 오갔음직한 대화다. 사실 구조조정팀의 이런 판단은 상당 부분 근거가 있었다.

'대우'는 거대 그룹이다. 회장이 한국유리로부터 한국전기초자를 인수하고 나서도 상당수의 대우그룹 임원들에게 전기초자는 관심권 밖이었다. 그러니 제아무리 혁신이다 해서 희망과 비전을 키워나가고 있었더라도 그 내막을 제대로 알 리 없었던 것이다.

그런 터에 가장 신빙성 있는 판단 자료는 최신 경영 통계였다. 그 '최신'은 바로 전회계년, 즉 1997년 자료였다. 경영 수지가 최악일 수밖에 없었던 1997년 자료가 회사의 건강 상태를 설명해 줄 공식 지표였으니 상황은 불리하게 돌아갈 수밖에 없었다. 1997년 경영 자료만 들여다본다면 회사는 부실회사 중에서도 '왕부실회사'였다.

연일 부실기업 퇴출과 관련된 기사가 오르내리자 한국전기초자 사원들도 초조와 불안감을 떨칠 수 없었다.

"우리 회사 퇴출 대상이래."

"대우에서 또 어디로 넘어갈까?"

"혁신 98이니 뭐니 다 빛 좋은 개살구 되는 것 아냐?"

"회사가 넘어가면 우리도 결국 노숙자 신세로 전락하는 것 아닐까."

그러나 불안해하는 분위기에도 불구하고 서두칠 사장의 목소리는 일관되고 당당했다. 그는 '경영현황설명회'를 계속해 나가면서 IMF 체제에 돌입한 국가 경제의 현실을 세세히 설명하고 어쩌면 대우그룹으로부터 퇴출될 수도 있다는 사실을 실토했다. 그러면서 "나만 믿고 따르라"고 했다. 회사가 그런 상황에 처했으면(나중에 운명이 어떻게 되더라도) "우리 회사는 퇴출 대상이 아니니 안심하라"는 식으로 넘기는 게 상례일 테지만 그런 말은 일절 내뱉지 않았다.

"우리는 3개월이라는 짧은 시간에 대단한 일들을 이뤄가고 있다. 1998년 상반기를 결산할 때 보면 알겠지만 혁신 운동이 지금처럼 계속되는 한 우리는 반드시 흑자를 낼 수 있다. 경영권이 어디로 넘어 가느냐 하는 것은 중요하지 않다. 어떤 상황이 닥치더라도 지금처럼 열심히 일한다면 우리의 경쟁력은 오히려 더 커질 것이다."

또 그는 서울로 올라가 구조조정 작업을 담당하고 있는 그룹 관계자들에게 말했다.

"상황이 최악이었던 작년의 자료로 섣불리 퇴출 여부를 판단해서는 안 된다. 금년 1/4분기 매출 실적을 봐라. 3개월밖에 안 됐는데 우선 자재비와 인건비를 충당할 수 있는 수준으로 향상되지 않았느냐. 자금도 회사채를 발행하여 종금사의 단기 자금들을 장기 자금으로 전환, 안정성을 이뤄가고 있다. 또 3월부터는 월간 매출이 200억 원 이상씩 늘어나고 있다. 우리가 생산하는 제품은 독과점 품목이다. 이런 회사를 놓치면 나중에 크게 후회할 것이다."

그러나 1998년 봄, 공장 밖 공기는 냉랭했다. 당시 서울 사무소에서 자금 문제를 담당했던 최영호 상무는 "외부 금융기관에서 한국전기초자를 바라보는 시각이 1998년 내내 냉담했다"고 말한다.

이것은 어찌 보면 77일간의 장기 파업을 치른 한국전기초자 구성원 모두가 감내해야 하는 업보였는지 모른다.

자금난 해소를 위해 유상증자를 하는 방법이 있었으나, 1997년에 대규모 적자가 발생했기 때문에 증자 자격조차 되지 않았다. 다음 방법으로 시도한 것이 전환사채 발행이었다. 이미 회사가 1, 2, 3월에 정상적인 영업 실적을 올려 매출이 증가하고 있었기 때문에 어느 정도 자신감이 있었으나 시장 반응은 지극히 냉담했다.

금융시장에서 한 번 상실한 신용을 회복하기가 얼마나 어려운지를 설명해 줄 수 있는 사례가 바로 1998년 4월, 자금 조달을 위해 전환사채를 발행하면서 담당자들이 겪었던 체험담이다. 당시 회사 총자본금은 328억 원이었다. 서두칠 사장은 한국전기초자가 가지고 있는 시설 규모, 향후 매출 규모 등을 고려할 때 자본금을 더 늘려도 무리가 없다고 판단했다. 사채를 발행하되 나중에 주식으로 전환이 가능한 전환사채를 발행하자는 쪽으로 의견이 모아졌다. 그래서 400억 원 어치의 전환사채를 발행했다. 그런데 문제는 사 줄 사람이 없다는 것이었다.

한국전기초자 덕분에 100억으로 500억 번 회사

결국 전환사채는 150억 원밖에 팔지 못했다. 회사 측으로서는 답답하기 이를 데 없었다. 1997년의 극심한 적자는 장기 파업에 따른 결과였고, 1998년 상반기에 겪고 있는 어려움 역시 그 여파로 인한 단기 차입금 때문인데 금융권에서는 한국전기초자를 구조적으로 회복 불가능한 회사로 낙인찍고 있었던 것이다. 생산하는 품목 자체가 부가가치가 충분하며, 경영 혁신 노력 여하에 따라서는 이른 시일 내에 흑자로 전환할 수 있다는 사실을 믿게 하기가 너무나 어려웠다. 결국 전환사채 250억 원은 소각 처분했다.

팔려나간 150억 원도 곡절이 있었다. A라는 투신사에서 100억 원을 사갔고, B라는 투신사에서 50억 원을 사갔는데, 50억 원을 매입한 B투신사가 '흥미로운 조건'을 달았다.

"우리가 50억 원 어치를 사가긴 하겠는데, 3개월 동안 지켜보겠다. 그 결과 '한국전기초자는 싹수가 없다'고 판단되면 당신들이 팔았던 가격에 이자를 얹어서 도로 사가야 한다."

별난 조건이었지만 도리가 없었다. 결국 경영진에서는 "좋다. 3개월이 지났는데도 너희가 보기에 우리 회사가 위태위태해서 믿지 못하겠다면 이자 쳐서 돈으로 돌려 주겠다"고 그들의 조건을 수락했다. 당장에 돈이 궁한 판이니 이것저것 가릴 처지가 아니었다.

3개월이 지난 1998년 7월, 서두칠 사장을 비롯한 경영진에서는 B투신사가 50억 원 어치의 전환사채를 되사라고 요청해 올 줄은 꿈에도 상상하지 못했다. 그 무렵 한국전기초자는 기록적인 흑자가도를 달리고 있었기 때문이다. 그런데 그들은 여전히 못 믿겠다면서 차라리 원금에 15%의 이자나 챙기고 말겠다고 나선 것이다.

결국 100억 원 어치의 전환사채를 사갔던 A투신사는 한국전기초자의 장래를 신뢰하고 전환사채를 계속 가지고 있었던 덕분에 나중에 주당 11,700원에 주식으로 전환 받았고, 1년 6개월여 뒤 주당 52,000원을 받고 아사히글라스에 팔았다. 당시 A투신사는 1년간 벌어들이는 수익이 200~300억 원에 불과했다. 그런데 한국전기초자 전환사채를 사 두었던 대가로 1년 반 만에 100억 원을 500억 원으로 부풀려 가져간 것이다. 반면 B사는 그걸 믿지 못했다가 배 아픈 체험을 했다. 이후에도 B사는 자신들이 실패했던 경험 때문인지 다시는 한국전기초자 주식을 사지 않았다.

운명의 6월, 대우그룹에서 퇴출회사 명단을 발표했다. 사람들은 불안해했다. 그러나 서 사장은 크게 개의치 않았다. 대우 측에 충분히 회사의 발전가능성을 설명한 터라 퇴출 대상에서 제외될 거라는 믿음도 있었지만, 이미 그 무렵에는 상반기의 경영 혁신 성과가 집계되고 있었기 때문이다.

전년도 총매출액이 2,377억 원이었는데 반해, 1998년엔 상반기에 이미 전년도 1년 매출과 맞먹는 2,300억 원을 넘긴 상태였다. 게다가 순이익도 100억 원대가 넘어갔다. 그룹 내에 전기초자가 잘나가고 있다는 소문이 퍼지고 있었다. 결과는 경영진의 예상대로였다.

"우리는 됐다!"

우여곡절 끝에 회사는 퇴출 대상에서 제외되었던 것이다.

시장을
주도하다

1997년 이전만 해도 회사는 상대적으로 부가가치가 높은 컴퓨터 유리보다는 텔레비전의 소형 유리에 치중하고 있었고, 컴퓨터 모니터 유리를 얼마쯤 생산하고 있었지만 14인치에 머물러 있었다. 그런데 시장은 이미 15인치, 17인치, 19인치 모니터 유리를 요구하고 있었다. 그런데 시장 요구에 호응하기 위해 용해로 2개를 늘리고 3공장을 증설했다가 파업사태를 맞았다는 사실은 앞서 말한 바 있다. 그러던 것이 '기술 혁신'이 경영 혁신의 주요 목표로 설정된 1998년, 마침내 15인치와 17인치 개발에 성공하게 되었다.

그러나 예전에 워낙 신용을 잃었던 터라 신개발품에 대한 시장의 반응은 신통치 않았다. 예를 들어 S전관의 경우 계열사 중에 모니터용 유리를 만드는 S사가 있기 때문이기도 했지만, 한국전기초자 제품을 좀처럼 쓰려 하지 않았다. 한마디로 품질을 못 믿겠다는 것이었다. 다른 회사들의 반응도 마찬가지였다. 소형 텔레비전 유리만 만들던 회사가 까다로운 대형 모니터 유리를 만들었으니 제품 질이 오죽하겠느냐는 식이었다.

그러던 중 해당 규격 컴퓨터의 수요가 증가하게 되자 상대적으로 낮은 가격에 품질도 자신 있다고 하는 한국전기초자의 제품을 시험 사용하게 되었다. 결과는 예상 밖이었다. 제품의 품질이 우수하다는 게 확인되자 대우계열인 오리온전기는 물론이고 다른 고객사로부터도 주문이 밀려들기 시작했다.

뿐만 아니라 텔레비전 유리도 대형 제품(33인치)를 개발해 양산체제에 돌입함으로써 매출을 신장시켰음은 물론이고, 저부가가치 제품에서 고부가가치 품목으로 발 빠르게 전환해 감으로써 내용면에서도 혁신을 이뤄갔다.

수출도 활기를 띠게 되어 필립스를 비롯한 외국 회사들과 S전관의 해외 공장들(멕시코, 브라질, 독일, 중국 등)로부터 주문이 빗발쳐 전체 매출 신장에 한몫 했다. 매출량으로 보면 1997년에 1,200만 개에 불과하던 것이 1998년에는 2,000만 개에 이르렀다.

17인치 컴퓨터 모니터용 유리 생산수율이 80%에 이르는 등 안정권에 들어가자 회사 내부에서 "컴퓨터 모니터 유리 중에서 가장 대형이 19인치인데, 우리가 못 만들란 법이 있느냐"는 도전의식이 싹트기 시작했다. 결국 서 사장이 "좋다, 해 보자"고 결정을 내렸다.

박화진 공장장은 19인치에 도전했을 때의 주변 분위기를 이렇게 말했다.

"경쟁사인 S사에 근무하는 친구들이 그러더군요. 한국전기초자는 죽었다 깨어나도 19인치는 못 만든다고요. 그런 얘기를 공공연히 하고 다녔어요. 뿐만 아니라 S전관 수원 공장에서도 19인치의 경우 한국전기초자는 아직 멀었다고 했어요."

대형 CDT(컴퓨터 모니터용 유리)를 만들어 낸다는 것은 역시 쉬운 일이 아니었다. 더구나 시험용 용해로가 별도로 없는 상태였기 때문에 자주 시험 제작을 해 볼 수 없다는 것이 큰 애로점이었다.

그렇지만 마침내 19인치 CDT의 시험 생산에 성공했다. 그리고 샘플 40개를 고객사에 보내 성능 테스트를 의뢰했다. 결과는 "괜찮다"였다. 힘을 얻은 연구 개발팀은 미비한 점을 보완해서 1999년 하반기에 본격 출하를 시작했다.

왜 200개만 보냈느냐?

연구개발이 활성화되면서 33인치 초대형 TV 브라운관 유리같이 경쟁사에 앞서 개발에 성공하는 제품도 나타났다. 그런 가운데 한국전기초자의 기술 경쟁력은 세계 수준으로 발돋움하기 시작했다. 곡률이 전혀 없는 완전 평면 TV 브라운관 유리 '플래트론'의 개발 성공은 그 대표적인 예이다.

플래트론은 기존의 브라운관 유리에 비해 두께가 두 배나 되는 관계로, 열전도율이 굉장히 높은 유리의 특성상 고도의 냉각 기술이 필요했다. 성형 기술 역시 완전 평면 유리에 맞는 금형과 작업 조건 등을 맞춰 나간다는 것이 여간 까다로운 일이 아니었다. 그래서 외국 회사들의 경우도 4~5년 동안의 오랜 시험과 생산 단계에서의 시행착오 끝에 간신히 70% 정도의 수율을 올리고 있었다. 더구나 신제품을 개발하려면 보통 몇 달씩 시험을 해야 하는데 그러자면 기존 제품 생산을 중단해야 했다. 그러나 회사는 그럴 여유가 없었다.

2000년 4월, 21인치 TV 브라운관용 완전 평면 유리 제작을 처음으로 시도했다. 제3공장의 한 숍을 어렵게 할당받아 어떤 물건이

나오는지 일단 한번 만들어 보기나 하자고 덤벼들었던 것이다. 단 한 번의 시험 끝에 나온 시제품의 수율이 70%에 이르렀다. 남들은 몇 년씩 걸려 무수한 실험을 되풀이하여 기록한 수율을 단 한 번의 시험 생산으로 기록해 버린 것이다. 문제는 고객인 TV 제조업체에서 합격품으로 인정해 주느냐였다. 어차피 내다 팔기 위해 만든 게 아니고 시험 삼아 샘플로 제작해 본 것이었기 때문에, 주 거래처인 LG전자의 창원공장으로 보냈다. 품질 테스트를 받아보기 위해서였다.

LG에서 건너온 반응은 의외였다. 제품(LG 플래트론 완전 평면 TV) 생산에 필요한 물건이 모자라는데 왜 고작 200개만 보냈느냐는 거였다. 시험용으로, 그것도 맨 처음 시제품으로 만들어 보내 봤던 것인데 그걸 아예 정상 납품으로 여긴 것이다.

그런 성공이 어떻게 가능했느냐는 질문에 개발에 참여했던 사람들의 대답은 의외로 간단하다.

"모두가 합심해서 열심히 노력한 결과지요."

사전에나 나올 법한 답변이다. 그러나 이것은 가장 정확한 대답이기도 하다.

고객 섬기기

혁신 운동이 벌어지면서 제품뿐 아니라 고객에게 다가서는 태도에도 일대 변화가 있었다. 전 사원들이 고객을 자신의 고용을 창출하는 고마운 존재, 그리고 고마운 만큼 늘 최대 만족을 시켜야 하는 존재로 인식하기 시작한 것이다.

서두칠 사장이 대우전자에 근무할 당시 도입했던 고객 만족 시스템 중에 '해피콜 시스템'이라는 게 있다. 고객으로부터 제품 고장 신고 전화가 걸려오면 8시간 이내에 찾아가서 만족할 만한 수리를 해주고 다음 날 만족 여부를 전화로 확인하는 캠페인이었다. 어쩌면 서 사장의 '해피콜'은 한국전기초자에 와서 꽃을 피웠다고 할 수 있다. 제품의 출하와 영업 과정에서 고객 만족을 위한 노력이야 당연하다 할 수 있겠으나, 기업체의 연구소가 '해피콜'을 실천하겠다고 선언한 곳은 드물다.

현재 회사 연구소에는 고객 만족을 위해 정해 놓은 몇 가지 원칙이 있다. 첫째, 관련업계로부터 설계 지원을 요구받았을 때에는 8시간 내에 만족할 만한 응답을 준다. 둘째, 시료試料 측정을 의뢰받았을 때에는 3일 이내에 모든 결과를 답해 준다. 셋째, 새로운 제품의 납품을 의뢰 받았을 때에는 최소한 3개월 이내에 개발해서 만족할 만한 상품으로 납품한다.

이외에도 고객만족을 위한 중요한 방침이 또 하나 있다. 그것은 "우리가 고객사에 건네 준 데이터가 고객 회사 담당자의 결재판에 고스란히 끼워져서 그 회사 상사의 책상에 올라가게 한다"는 방침이다. 무슨 얘길까?

거래하는 고객사의 간부들도 중요하지만, 해당 실무자의 마음을 사로잡는 것도 못지않게 중요한 일이다. 만일 어떤 고객사의 실무자가 데이터 요청을 했을 때 이쪽에서 산만 한 자료를 건네주면 그 실무자는 한바탕 편집 작업을 한 다음에 상사에게 가져간다. 그런데 지금은 그럴 필요 없이 보내 준 자료를 실무자가 그대로 상사에게 가져갈 수 있도록 데이터 서비스를 하고 있다는 것이다.

고객에 대한 달라진 서비스는 이런 반응이 되어서 돌아왔다.

"한국전기초자와 일하니까 아주 편하더라."

아줌마
지원부대

1998년, 추석이 돌아왔다. 이 때 한국전기초자 사원들 중에는 1997년의 '그 추석'을 떠올리지 않는 사람이 없었다. 명절을 맞아 손에손에 선물꾸러미를 들고 귀향하는 다른 사업장의 친구들을 부러운 눈으로 바라보면서 암담한 처지를 비관하던 추석이었으니까.

1998년 추석날 아침, 서두칠 사장을 비롯한 간부들은 여느 때와 마찬가지로 새벽밥을 먹고 출근했다. 일반 사원들도 평상시와 마찬가지로 제품 생산에 임했다. 관리직이든 생산직이든 '혁신 98'을 위해 모든 휴일을 반납하기로 한 약속을 지켰던 것이다.

구미공단에서 유일하게 한국전기초자만 정상 근무를 한다는 소문을 듣고, 사람들은 설마했다. 김관용 당시 구미시장도 마찬가지였다. 아닐 거라고 생각하며 공장을 방문했던 김 시장은 훗날 그 방문 소감을 "감격스러웠다"고 표현했다.

시정 책임자로서 전 시민을 불안하게 만들었던 파업 사태를 누구보다 안타깝게 지켜보았고, 그래서 조정자로 나서기도 했던 김 시장이었다 그는 명절 휴무까지 반납하고 일터를 지키고 있는 그 사람들이, 1년 전에 회사 안팎을 휩쓸고 다니던 '전사戰士'들과 같은 사람들이라는 사실이 기이하게 여겨졌다고 회고했다. 그는 서두칠 사장에게 "참 감사하다"고 했다.

다음 날 새벽 2시, 전날의 작업 결과 통계를 들여다보던 사원들은 깜짝 놀랐다. 제품의 수율이 98년 들어 최고치를 기록한 것이었다. 여기저기서 이구동성으로 이런 얘기가 쏟아져 나왔다.

"조상님 산소에 성묘도 못 가고 차례도 올리지 못했지만, 조상님들께서 다 이해하시고 도와주신 결과다."

사원 가족들을 위한 경영현황설명회

추석 등 공휴일이 따로 없을 경우 가정사는 상대적으로 소홀할 수밖에 없다. 가장으로서는 공백도 생겨났다. 더구나 사원들은 대부분 기혼자였다. 그러나 1998년에 한국전기초자 사원들은 부인들의 전폭적인 이해와 지지 속에 공휴일 출근을 할 수 있었다. 그 시발점은 '임직원 부인 초청 경영현황설명회'였다.

사원 대상으로 '사원과의 대화' 혹은 '경영현황설명회'를 정례적으로 개최해 온 사장은 자신의 '열린 경영'의 대상을 사원에만 한정해서는 안 되겠다는 판단을 하게 되었다. 남편이 한국전기초자에 다닌다, 텔레비전 브라운관 유리 만드는 회사라더라 정도밖에 아는 것이 없는 부인들에게도 남편 회사가 어떤 곳이고 남편이 맡은 일은 무엇인지 설명해 줄 필요가 있었다.

더구나 당시엔 하루아침에 직장을 잃은 사람들이 거리를 헤매고 있었고, 전년도에 극심한 파업 사태까지 겪은 바 있었으니 실직에 대한 불안감도 클 터였다. 물론 회사 소식지 '열린 대화방'을 통해 가정에서도 어느 정도 회사에 대한 정보를 접할 수는 있었지만, 경영책임자로부터 직접 듣는 것과는 비교가 안 될 것이었다. 또 경영권이 대우로 넘어간 상황에서 벌어진 경영 혁신 운동에 대해 모두가 자기 부인에게 긍정적으로 전한 것만은 아닐 게 분명했다.

　"깐깐한 사장이 새로 왔는데 새벽이든 밤중이든 시도 때도 없이 현장에 나타나 시어머니처럼 감시하고 혹사시키면서 일자리 잃고 싶지 않으면 우리 살 껍데기 다 벗겨야 된다고 엄포를 놓고 있다."

　이렇게 얘기한 사람들도 있었을 것이다. 실제로 부인들을 초청해서 경영현황설명회를 가진다는 소식이 처음 알려졌을 때 일부는 냉소적인 반응을 보이기도 했다.

　"마누라들까지 불러서 노조 무력화를 위한 의식화 공작을 하겠다는 것 아냐?"

　"맞아. 회사에서는 제까짓 놈들이 파업이다 뭐다 해서 큰소리치지만 집에 들어가면 마누라들한테 꼼짝 못한다는 점을 이용해서, 마누라들을 세뇌시켜 노조의 저항을 원천봉쇄하겠다는 고도의 술책이라고."

　이런 점에서라도 사원 부인들에게 "회사의 실정이 이러이러하여 혁신 운동을 펼치고 있으니 출근하는 남편의 어깨에 힘을 실어 그 대열에 동참해 달라"고 인간적으로 부탁하는 대화는 매우 절실했다. 사장 명의로 경영현황설명회에 참석해 달라는 초대 엽서가 배달되었다. 그리고 참석 희망자들이 난생 처음으로 남편의 회사로 왔다. 사원 부인들과의 첫 만남에서 서 사장은 회사를 가장 먼저 그만둘 사람은 자신이라는 말로 부인들에게 다가섰다.

"여러분의 남편 중에는 10년 동안 이 회사를 지켜 온 분도 있고, 20년이 넘게 봉직해 온 분도 있습니다. 저는 1,600명 초자 식구들 중에서 가장 늦게 이 회사에 들어왔고, 또 3년 임기만을 보장받고 부임했으니 가장 먼저 이 회사를 그만둘 사람입니다. 그렇다면 한 국전기초자의 주인 행세를 오랫동안 해 왔고 앞으로도 해 나갈 사 람이 사장인 이 사람입니까, 여러분의 남편과 여러분입니까?"

회사에 대한 주인의식을 강조하는 말로 시작된 사장의 강연은, 부임했을 당시의 회사 상황과 현재의 경영 현황, 그리고 3년 동안 에 성취해야 할 비전과 그것들이 성취됐을 때의 변화에 대한 설명 으로 이어졌다. 자산이 얼마고 부채가 얼마고, 전년도의 파업으로 인한 손실 내역이 어떻고, 현재 혁신 운동의 성과가 어떻게 나타나 고 있는가 등 회사의 모든 경영 정보를 낱낱이 설명했다.

'술책'이 아닌 긍정적인 측면에서, 서 사장이 사원 가족 회사 편 만들기를 의도했던 건 사실이다. 여기서 '회사'란 노조의 상대 개념 으로서의 회사가 아니라 노와 사 모두를 아우른 회사를 일컫는다. 3년 동안의 비전을 내걸어 놓은 마당에, 사원 개개인에게 가장 가 깝고도 막강한 영향력을 가진 부인들을 목표 달성의 협조자로 끌어 들일 수만 있다면 그보다 더한 원군은 없을 것이었다.

사원 부인 초청 경영현황설명회는 큰 반응을 불러일으켰다. 1,600명 사원 외에 그들의 부인을 '회사 가족'으로 끌어들이는 계기가 되었다. 그리고 이것은 열린 경영의 상징적인 프로그램이 되었다.

이 설명회는 사정상 수차례 나뉘어 실시됐는데, 맞벌이 부인들을 위해서 일요일에 열리기도 했다. 애당초 예상했던 것보다 부인들의 열기가 '심상찮음'을 감지한 서 사장은 이 행사를 단발성으로 끝낼 수 없다고 판단했다. 그래서 보다 장소가 넓은 구미의 상공회의소 강당을 빌려 '교양 강연' 형식으로 이어갔다. 경영 현황을 설명한다는 목적성에서 벗어나 주제도 '어떻게 살아야 할 것인가'로 내걸었다. 사원 부인들을 두 번째로 만난 자리에서 서 사장은 '부지런하고, 주도적이며, 협동적 사고로 영위해 나가는 삶이야말로 훌륭한 인생'임을 말했다. 상공회의소에서의 교양 강연 역시 성공적이었다. "강연을 듣고 나서 사장님으로부터 사인을 받고 싶었다"는 부인도 있었다.

그러는 사이 회사의 장래를 두고 아무도 절망을 말하지 않게 되었다. 더러는 힘들어하고 투덜거리면서도 처음에는 불가능하리라 여겼던 목표에 조금씩 다가서고 있었던 것이다.

집에서, 직장에서 희망이 얘기되기 시작했다.

드디어 남편을 이해할 수 있게 되었습니다

남편의 일터를 돌아본 부인들은 '남편이 저렇게 힘든 일을 하는구나' 하는 생각에 눈물을 흘리기도 했고, 모래를 녹여 유리를 만드는 거대한 설비들을 보고 놀라기도 했다. 77일간의 파업을 겪었던 후여서 잘 돌아가는 회사를 둘러보고 새 사장의 생각을 직접 듣지 않았더라면 회사에 대한 불신감과 불안감을 완전히 지우지 못했을 것이다.

그들은 파업 기간 동안 남편이 적(회사)을 향해 돌을 던질 때 같이 돌을 던지던 지원군이었고, 남편의 투쟁을 돕기 위해 라면을 끓여 나르던 사람들이었다. 그러나 경영현황설명회와 교양강좌를 들은 후 부인들의 모습에서 회사에 대한 의구심이 기대감과 이해심으로 바뀌는 것을 서 사장은 느낄 수 있었다.

"부탁이 하나 있습니다. 여자들한테는 처음으로 하는 부탁입니다. 오늘 저의 이야기를 어떻게 들었는지 저에게 편지형식으로 소감문을 제출해 주십시오. 사진도 함께 보내주십시오. 그러면 사진과 소감문을 엮어서 책을 만들겠습니다."

서 사장의 이러한 부탁에 100여 편이 넘는 소감문이 도착했다.

1999년 4월, 서 사장은 1998년 한국전기초자의 한 해 혁신 기록을 모아 400페이지 분량의 『좌절과 혁신 그리고 도약』이라는 책을 펴냈는데, 여기에 150여 페이지를 할애해 임직원 부인들의 소감문 80여 편을 실었다. 혁신을 함께 했던 한국전기초자 직원들과 가족들은 이 책을 읽으면서 눈물도 많이 흘렸다. 살가죽을 벗겨내는 듯한 아픔을 함께 견뎌낸 자신들의 이야기였기에 이 책은 한국전기초자 식구들에게는 큰 위로와 감동을 주었다.

여기에 그때 경영현황설명회와 교양강좌를 듣고 보내온 사원 가족들의 진솔한 글들 중 몇 편을 소개한다.

<내 인생은 내 것이다>

– P–Project팀 김경섭 수석연구원 부인 **유왕자**

'사는 것이 무엇일까?'

이것은 불혹의 나이를 훌쩍 넘기고 지천명의 나이를 바라보는 이날까지도 영원한 난제이다. 때로 눈을 뜰 때마다 알지 못할 희망, 막연한 즐거움을 느끼는가 하면 또 어느 날 이유 없이, 아주 이유 없이 인생이 공허하고 서글프다고 느끼면서 그렇게 세월을 보내고 있을 즈음에 서두칠 대표이사님의 교양강좌는 내 가슴에 잔잔한 파문으로 밀려왔다.

"모든 것이 마음먹기에 달려있다一切唯心造"는 지극히 평범한 진리를 망각한 채 살아온 세월이 안타깝다.

때로 사는 것이 고달프고 시리게 느껴질 때, 그런 내 삶의 아픔이 누구의 탓인 양 원망하고 분노하고…. 이만큼 세월을 살고서야 새삼 깨닫는다.

"내 삶의 주인은 나다. 아무도 내 인생을 대신해 주지는 않는다. 내가 변해야 세상이 변한다."

소모적인 삶을 살지는 않으리라.

'살인범 김용제'의 이야기를 들으며 생각한다. 세상을 미워하는 그의 분노의 에너지를 그는 왜 진작에 삶을 긍정적, 적극적으로 바꾸는 생산적인 일에 쓰지 못했을까?

형장의 이슬로 사라진 그의 일생이 새삼 안타까움으로 다가온다.

"생각이 바뀌면 사람이 바뀐다. 올바른 인생관을 갖는 것이 성공하는 길이다."

누군가 인생은 하루하루 죽어가는 것이라 했던가? 그러나 그냥 죽어간다면 인생이 너무 허무하지 않은가? 지금의 소원이 '젊음'이라시던 대표이사님의 말씀은 얼마나 치열하게, 그리고 열심히 살아오셨는지를 가늠할 수 있는 말씀이셨다.

"인생은 일회적이다. 유일하다."

절대로 되는대로 살아서는 안 된다. 지금부터 다시 시작이라 생각하자. 이 세상을 떠나는 날 허무함이 아닌 뿌듯함으로 갈 수 있도록 내가 할 수 있는 일을 만들고 찾아서 내 인생의 꽃밭을 아름답게 가꾸리라. 모든 것을 내 안에서 찾을 수 있도록 말이다.

어려웠던 어린 시절에 사천에서 진주까지 '부모님 은혜를 갚아야지, 공부를 열심히 해야지.'라는 생각을 하시며 새벽공기를 가르고 걷던 것이 지금까지 빨리 걷는 습관이 되어버렸다는 말씀은 또 다른 감동으로 전해져왔다. 부모로서의 나를 되돌아본다.

잘해주는 것만이 최선이라고 생각했던 큰 오류를 나는 지금도 범하고 있는지도 모른다.

어린날 어려웠던 시절의 그 부모는 고목이었다. 묵묵히 말보다는 행동으로 깨달음을 주시지 않으셨던가? 그 속에서 사랑을 배우고 효를 배울 수 있도록 말이다.

"성격은 운명을 지배한다. 살아가는 자체이다. 자신이 퇴보하는 것을 막고 싶거든 일하라."

긍정적이고 맑고 밝은 생각을 가진 사람은 눈이 맑고 얼굴이 화사하다고 하였다. 어쩌면 너무나 평범한 이 진리를 나는 싸늘한 가을날 인생의 길목에서 새삼 깨닫는다. 무슨 일이든 나에게 주어진 일을 긍정적이고 주도적으로 하며 일을 찾고 즐기는 지혜로움으로 살리라.

강의를 들으며 대표이사님의 회사와 임직원을 향한 애정 어린 마음을 느낄 수 있었다.

체험을 통한 삶의 강의는 그 어느 유명한 철학자의 강의보다 뜻깊었다.

깃털처럼 가벼워진 마음으로 강연장을 나오며 나는 어떻게 이 깊어버린 가을을 아름답고 보람있는 색깔로 채색할까를 생각한다.

다시 시작하리라. 하루하루 성실하게 즐겁게 살아가리라. 내 인생의 주인은 나니까.

늦가을 단풍을 안은 금오산 자락이 시리도록 곱다.

〈앞으로 내조에 더욱더 신경 쓰리라〉

– 7라인 이구복 과장 부인 **박갑순**

임직원 부인 초청 경영현황설명회에 참석한 후 마음에 와 닿고 느낀 바가 많았다. 그러나 막상 글로 표현하려니까 마음을 어떻게 나타내야 할지 모르겠다. 먼저 어려우신 가운데도 불구하시고 사원가족들을 초청, 강연을 해주신 데 대해 깊은 감사를 드린다.

서두칠 대표이사님의 강연을 듣고 느낀 점도 많고 반성한 점도 많았다. 먼 이국땅에서 일어난 형님의 불의의 사고는 너무나 가슴 아픈 일이지만 훌륭하신 부모님이 계시기에 대표이사님 같은 훌륭하신 분이 나셨다고 생각하면 많은 교훈을 낳는다.

나라 안팎이 참으로 어려운 상황임에도 우리 회사가 그 고비를 잘 넘기고 비전 있는 회사, 안정된 회사가 되게 만든 훌륭한 지도자 한 사람의 힘이 얼마나 위대한가를 실감하는 자리였다. 이것은 나만의 느낌이 아닌 듯 강연이 끝나자 이구동성으로 대단하신 분이라는 칭찬이 터져 나왔다.

'하면 된다'는 의지와 반드시 위기극복을 해내고야 만다는 믿음으로 앞장서서 솔선수범하시니 그 길이 힘들고 어렵지만 사원들이 따르지 않을 수 있겠는가. 매달 많은 부채를 조금씩 갚아나가고 라인을 증설할 계획까지 세우고 계시다니 얼마나 감사한지 모르겠다.

고용안정에 대한 말씀은 정말 의미 깊었다.

"고용안정을 지키는 것도 못 지키는 것도 모두 사원들의 손에 달렸다"는 말씀에는 나도 공감을 했다.

"좋은 제품 많이 만들어 잘 팔리고, 회사 잘 돌아가면 저절로 고용안정이 되고도 남는다"는 말씀에는 전적으로 동감이 간다.

내 남편은 20년이란 세월을 전기초자에 몸담고 자기가 주인이라는 정신으로 어쩌면 사장님보다도 회사를 아껴온 사람이라고 감히 말씀드릴 수 있다. 어쩌면 회사를 위해서라기보다 사랑하는 가족과 자신을 위해 열심히 하고 있겠지만 때론 일 욕심이 많은 남편이 미울 때도 있었다.

그런데도 회사에 초청받은 것은 처음이었고, 회사 현장 구석구석을 방문한 것도 처음이었기에 더욱 감회가 깊었다. 현장의 그 웅장한 장치산업을 보고 나니 집안 일로 마음 쓰게 해서는 안 되겠다 싶은 생각도 들고, 잠시라도 엉뚱한 신경을 쓰다가는 순간에 사고를 부를 수 있겠다 싶어 반성도 했다.

앞으로 내조를 잘 해서 회사 일에 더욱더 전념할 수 있도록 하겠다. 모래를 녹여서 유리를 만들고 그것이 TV브라운관이 되어 나오는 것을 눈으로 보고 들으니 참으로 대단하고, 전기초자 사원들이 존경스럽게 느껴졌다.

이같이 어려운 시기에 대표이사님께서 그렇게 과감하게 밀어붙이지 않으면 초자라는 회사가 존재할지 의문이란 말을 집에서 자주 들었지만, 대표이사님의 설명회를 듣고 나니까 남편의 말이 쉽게 이해가 됐다.

젊은 사람 못지않은 패기를 가지고 계시기는 하지만 환갑의 연세를 넘기셨으면서도 사랑하는 가족과 떨어져서 손수 식생활을 해결하신다니, 너무나 안쓰럽고 연민이 느껴지기도 한다. 누구를 위해서 종을 울리시는지, 아무쪼록 건강하시길 바라며 전기초자를 잘 이끌어 주시길 바란다.

〈드디어 남편을 이해하다〉
– 금형팀 최성율 과장 부인 **김진숙**

결혼 초부터 남편이 근무하는 회사에 무척이나 가보고 싶었다. 회사원도 교육공무원처럼 아침에 출근해서 저녁시간이면 모든 문을 닫고 전 사원이 가정으로 돌아오는 줄 알았을 만큼 사회에 대해서 너무나 몰랐던 나로서는 거의 매일 회사에서 늦게 귀가하는 남편을 이해하기가 쉽지 않았다.

그래서 무슨 일을 어떻게 하는지 직접 보게 되면 이해가 되어 늦게 온다는 투정도 덜 부리고, 마음을 편하게 해 줄 정신적 수양을 쌓을 수 있을 것 같았기 때문이었다

회사에 한 번 가볼 기회를 기다리던 차에 대표이사님께서 마치 제 마음을 알고 계신 듯 경영현황설명회에 초대해 주셔서 얼마나 감사하고 기뻤는지 모른다.

초청 첫날인 10월 15일, 나는 IMF 베이비인 아들 원형이를 이모에게 맡기고, 남편이 근무하는 한국전기초자(주)에 들어가 볼 수 있다는 설렘과 평소 회사에 관해서 일언반구도 없는 남편에게서 "우리 대표이사님 정말 대단한 분이야!"라는 한마디를 듣게 만드신 대표이사님을 뵐 수 있다는 기대감을 안고 차에 올랐다.

회사에 도착하자 청결한 3층 강당은 사원 부인들로 가득 메워져 있었다. 곧 서두칠 대표이사님의 경영현황설명회가 시작되었다.

설명회를 통해 나는 TV브라운관뿐만 아니라 모니터용 유리Bulb 생산으로 '3890 목표'를 달성하기 위해 대표이사님 이하 전 사원들이 얼마나 노력하고 있는지를 알게 되었다.

점심식사 후 사원들의 노고를 직접 느낄 수 있는 현장으로 안내되었다. 현장은 복잡 미묘한 기계들로 가득 차 있었으며, 평소 알고 지내던 분도 몇 분 계셨는데 그분들의 이마엔 구슬땀이 맺혀 있었다.

윙윙거리는 기계소리와 뜨거운 열기를 참으며 일하는 현장을 보고 있으니 내 남편도 이런 곳에서 일하고 있다는 생각에 눈시울이 적셔졌다.

현장체험을 통해 나는 형교환하는 날이면 왜 밤을 새워야 하는지도 알게 되었으며, 이젠 기름때 묻은 옷도 자랑스럽게 웃으면서 세탁할 수 있게 되었다.

대표이사님께서는 바쁜 업무 중에서도 경영현황설명회 때 언급하신 바와 같이 상공회의소에서 교양강좌까지 열어주셨다. 주제는 '어떻게 살아야 하는가?'였다.

대표이사님은 "인생은 유일하기에 어떻게 살아야 하는가는 매우 중요하다"고 하셨다.

불교를 공부하려고 당나라로 가는 도중에 갈증을 해소하기 위해서 행한 자신의 모습을 보고 일체유심조一切唯心造 즉, 세상만사 모든 일은 마음먹기에 달려 있다는 것을 깨닫고 다시 되돌아왔다는 원효대사의 예도 들려주셨다.

"생각은 행동을 낳고 부지런한 행동은 부지런한 습관을 낳는다"고도 하셨다.

어떻게 생각하느냐에 따라 행동, 목표, 자세가 달라지기에 미래에 책임질 수 있는 외모를 위해서도 긍정적, 능동적, 낙관적, 모범적, 주도적이고 훌륭한 성격을 가져야 하겠다.

한 개인의 성격이 화목한 가정을 만들고, 화목한 가정이 건전한 사회를 만들고, 건전한 사회가 최고의 국가를 만든다고 한다.

지금이야말로 모든 사원과 부인들이 힘을 합쳐 한 마음이 되어 '忠'으로 열심히 일할 때이다. 그래서 우리 한국전기초재(주)가 '가장 어려운 일을 항상 즐거운 마음으로 열심히 일하는 회사'라는 슬로건 아래 가장 우수한 경쟁력을 가진 회사로 나아갈 수 있도록 해야겠다.

번영하는 회사에서 일을 함으로써 경제적으로 자립할 수 있고, 존재 가치의 보람을 느끼며 건강한 생활을 할 수 있는 한국전기초자(주) 사원과 가족들은 축복받은 사람들이라는 생각이 든다.

사원 한 사람 한 사람이 일을 잘하는 능력과 의욕을 가지고 기술과 인격향상에 노력을 기울여 서로 협력하고 이해하여 '혁신98', '도약99', 그리고 '성공 2000'의 비전을 실현할 수 있도록 내조를 잘 해야겠다.

너무하다 싶을 정도로 회사 얘기를 하지 않고 열심히 일만 해서 "자기, 회사 사장님이지? 사장님, 안녕히 다녀오세요"라는 농담인사를 건네게 할 정도로 회사를 아끼고 사랑하는 남편, 17인치, 19인치 플래트론과 33인치 초대형 제품을 개발하느라 둘째 아들 원형이가 태어났어도 산후조리 한 번 해 줄 여유도 없던 남편, 몇 날 며칠 밤을 새워서 피곤함이 역력한데도 피곤하다는 말 한마디 없는 남편이 때로는 야속하기도 때로는 고맙기도 했다.

강좌를 듣고 나자 그토록 말이 없는 남편의 입에서 어떻게 "우리 대표이사님 정말 대단한 분이야!"라는 말이 튀어나왔는지를 이해할 수 있었다. 그만큼 대표이사님께서는 이 시대 최고 전문경영인이며 정말 존경받을 만한 분이었다.

회사를 사랑하고 아끼는 대표이사님과 사원들이 있음으로 한국전기초자(주)가 더욱 번창할 것으로 믿는다. 앞으로 출근하는 남편의 뒷모습을 더욱 자랑스럽게 여기면서 회사의 무궁한 번영을 기원하는 내 마음까지 실어 보내야겠다고 다짐해본다.

우리 사원 부인들을 위해서 교양강좌의 기회까지 마련해 주신 대표이사님과 총무팀 여러분, 그리고 전 사원분들께 깊은 감사를 드린다.

〈전기초자, 정말 많이 변했다〉

– 총무팀 정재광 사원 부인 **김진형**

퇴사한 지 10개월 만에 임직원 부인의 자격으로 회사를 방문하게 되었다. 설레는 마음으로 집을 나서서 회사에 다다르자 주변 환경이 많이 바뀌어 있었다. 하지만 회사의 달라진 모습에 비하면 그것은 아무것도 아니었다.

정문에 크게 쓰여진 '가장 어려운 일을 항상 즐거운 마음으로 열심히 일하는 회사'라는 문구 하나만으로도 변화된 모든 것을 느낄 수 있었다. 작년의 상처가 온데간데없이 깔끔하게 정돈된 회사는 어느새 위세 당당히 우뚝 서 있었다. 쟁의기간은 나뿐만 아니라 모든 사원에게 힘이 들고 후회가 많았던 잊히지 않는 여름이었을 것이다. 조합원과 비조합원이라는 이름 아래 같은 동료였음에도 불구하고 서로를 불신하고 적대시했었던 적도 있었다.

그뿐이었던가? 한국유리에서 대우로 귀속되어 그룹이 바뀌던 날 온 회사가 술렁거렸고, 동료사원들은 불안감을 떨쳐버리지 못했으며, 노동조합은 원망과 비난의 눈총을 받을 수밖에 없었다.

이런 날을 보내고 다시 찾아와서 본 회사는 많은 것이 달라져 있었다. 한눈에 봐도 알 수 있을 정도로 공장은 깨끗했다. TPM을 할 때보다 더 깔끔하다고 느껴졌다. 가장 놀란 것은 내가 퇴사하기 전까지는 근무 중에 여기저기 무리를 지어 흡연을 하는 모습을 흔히 볼 수 있었는데 그런 모습은 찾으려야 찾을 수 없었고, 근무지를 이탈해 다니는 사람도 눈에 띄지 않았다. 전에는 항상 사원들이 북적였던 구판장도 썰렁하기는 마찬가지였다. 모두들 자신의 일에 훨씬 바빠졌고 충실해졌음을 알 수 있었다. 그리고 이런 느낌은 오래지 않아 눈으로 확인할 수 있었다. 바로 경영현황설명회에서였다.

자그마한 체구에 육십이 넘은 나이라고 하시며 설명회를 시작하신 대표이사님은 청년과 같은 열정으로 설득력 깊은 연설을 하셨다. 처음 설명회를 들었을 때도 그랬지만 그 모습을 보고 어느 사원인들 동요되지 않겠는가 하고 느껴졌다.

난 여기에서 회사의 변화된 원인을 알 수 있었다. 대표이사님의 적극적인 경영철학에 사원들이 이렇게 변화된 것이라고 생각되었다. 또한 남편의 늦은 귀가, 일요일 및 연휴출근 등 이 모든 것을 이해할 수 있는 계기가 되었다.

대표이사님은 우리 사원 가족들에게도 회사 발전을 위한 역할을 가르쳐 주셨다. 단 한 번의 만남에도 큰 의미가 있다고 했는데 이런 것을 두고 한 말인 듯하다.

대표이사님의 말씀대로 내일부터는 아침인사를 바꿔야겠다.

"잘 다녀오세요"가 아니라 "열심히 일하세요"라고.

그 밖에도 다양한 소감이 있었다.

- 정말 뜻깊은 행사였다. "고용 안정이 아니라 자칫했으면 남편들이 영원히 가정을 지킬 뻔했다"는 서 사장님의 말씀을 듣고, 작년 파업 때 투쟁만이 살 길이라면서 농성장으로 밥을 해 날랐던 나 자신이 부끄러웠다.
- 회사 여기저기에 '3890'이라는 글자가 붙어 있어서 그게 무슨 회사에서 생산하는 제품 이름인 줄 알았는데, 오늘 사장님의 말씀을 듣고 궁금증이 풀렸다. 작년 파업할 때는 주변에 얼굴을 들고 다닐 수 없었는데, 오늘 사장님으로부터 '혁신 98', '도약 99', '성공 2000'이라는 분명한 비전을 설명 듣고 나니 남편이 한국전기초자에 다닌다는 사실이 자랑스럽다. '3890'의 달성을 위해서 남편을 힘껏 보필해야겠다고 다짐했다.
- 내 남편은 이미 어떻게 해야 회사를 위하는 건지 잘 알고 있는 것 같았다. 내가 힘든 일을 두려워하고 거부할 때면 언제부턴가 이렇게 말했다. "가장

어려운 일을 항상 즐거운 마음으로 열심히 하자"라고. 나는 어느 잡지에서 습득했냐고 따지곤 했는데 사우가족설명회에 참석하여 보니 회사 정문 옆과 강당 벽면에 남편이 항상 말하던 글귀가 큼지막하게 적혀 있었다. 나는 그때 '아, 내 남편이 이제야 정말 훌륭한 선생님을 만났구나'라고 생각했다.

직장에서 회사 사정을 설명하며 가족들에게 도움을 청한다는 것은 고정관념을 완전히 깨부수지 않고는 이루어질 수 없는 일이었다. 임직원 부인들을 대상으로 한 이 두 설명회는 큰 호응을 얻으며 또 하나의 한국전기초자만의 혁신사례가 되었다.

창사 이래
최대 흑자

· 매출액: 2,377억 원에서 4,842억 원으로 104% 증가

· 당기순이익: 598억 원 적자에서 305억 원 흑자로 전환

· 부채비율: 1,114%에서 174%로 개선

· 주가: 4,000원에서 4만 원대로 폭등

· 차입금 상환: 1,500억 원

수치로 따져본 '혁신 98'의 성과이다.

무려 자본금의 1,114%에 달하는 3,500억 원의 차입금을 안고 있어서 '대우그룹 내 퇴출 대상 1호 기업' 등 절망적인 꼬리표를 달고 다니던 회사가 1년 만에 흑자로 돌아선 것이다.

그런데 겉으로 나타난 수치만으로는 설명하기 힘든 사항들이 있다. 차입금의 경우 일체의 자산 매각 없이, 더구나 1997년보다 대對 달러 환율이 대단히 불리한 가운데서 순수 영업 활동을 통해 상환했다는 사실을 간과해서는 안 된다. 더구나 1998년은 멀쩡하던 기업들이 간판을 내리고 그 여파로 백만이 넘는 실업자가 거리로 내몰리는 '단군 이래 최대의 경제 위기'라 일컬어지던 시기였다. 이런 상황에서 스스로 퇴사한 사람을 빼고는 단 한 명의 해고도 없이 이 같은 실적을 거두었다는 점, 오히려 직원이 줄어든 상황에서 기

존의 생산 요소만을 가지고 이루어냈다는 점도 특기할 만하다.

서두칠 사장이 부임 초기 '1년 내 흑자 전환'과 '부채 비율 200% 이하로 개선' 등의 목표를 내걸었을 때 뜬구름 잡는 얘기로만 여겼던 사람들은, 1/4분기를 넘기고 2/4분기가 지나면서 "어, 되네?"라는 반응을 보였다. 그리고 1998년 결산 내역이 공개되자 "드디어 해냈다!"라는 환호성을 올렸다.

그러나 1998년을 넘길 무렵 서두칠 사장이 수치로 나타난 어떠한 실적보다 더 값지게 생각하는 것이 있었다. 노勞와 사使 간에 이해와 공감의 든든한 신뢰관계가 구축되었다는 사실이었다. 신노사 문화 정착이야말로 앞으로 어떤 어려운 일도 극복할 수 있는 최대의 자산이었기 때문이다.

언론에 비친 한국전기초자의 도전과 혁신

이러한 극적 반전은 지켜보던 이들의 관심과 놀라움의 대상이 되었다. 언론에서는 앞다투어 한국전기초자의 극적 턴어라운드 이야기를 보도했다.

다음은 당시 언론에 보도된 한국전기초자의 모습이다.

한국전기초자, 아픔 딛고 '바로서기'

과다투자와 노사갈등으로 경영권이 바뀌는 아픔을 겪어야 했던 한국전기초자가 최근 노사화합 등으로 분위기를 쇄신하면서 빠르게 안정을 되찾아가고 있다.

한국전기초자는 연간 3천3백만 개의 생산능력을 가지고 있는 세계 4위의 벌브유리 전문업체로 지난해 여름부터 발생한 노사분규로 77일간이나 조업을 중단하는 사태까지 겹치면서 한국전기초자는 결국 경영난에서 헤어나지 못한 채 경영권이 바뀌는 운명을 맞았다. 지난 해 12월 대우그룹은 주식 공개매수를 통해 한국전기초자의 경영권을 확보하고 임시주총을 열어 경영진을 전면 교체했다.

대우전자의 서두칠 부사장이 한국전기초자의 총괄부사장으로 취임해 경영을 총괄하면서 경영관리부문 전반에 대혁신을 추진, 새로운 기운을 불러일으키고 있는 것, 우선 무엇보다도 오랫동안 갈등관계를 보여 온 노사관계를 새롭게 정립하는 것이 중요하다고 판단, 임직원과의 공감대 형성에 주력했다.

과장급 이상의 임직원 95명을 대상으로 4차례에 걸쳐 경영현황설명과 경영혁신추진에 대한 설명회를 가졌으며 현장주임 반장 계장 등 4백63명을 대상으로 7차례에 걸쳐 경영설명회를 겸한 교육프로그램을 시행했다. 특히 일반 기능직 사원 1천3백26명을 대상으로도 교육을 진행 새로운 분위기 확산에 주력했다.

이와 함께 수차례의 노사협의회를 거쳐 회사경영위기 극복을 위한 '노사공동실천결의문'을 채택하는 등 짧은 기간에 성공적인 노사안정의 토대를 구축했다.

– 〈전자신문〉 98. 1. 19

한국전기초자 '화려한 재기'

한국전기초자는 올 들어 서두칠 사장체제로 들어가면서 공격적인 경영으로 단숨에 적자 기업에서 흑자 기업으로 탈바꿈했다. 매출 4천8백억 원에 경상이익 3백80억 원. 이 회사가 올 한 해 동안 추수할 경영성적의 기대치다.

지난해와 비교하면 천양지차다. 지난해에는 2천3백77억의 매출에 5백97억 원이라는 적자를 기록한 것이다. 이러한 실적 때문에 한때 5대 그룹의 퇴출기업 선정과정에서 그 대상으로 자주 오르내리는 불명예도 감수해야 했다.

그러나 지난해와 비교할 수 없을 정도의 대폭적인 수지개선에 힘입어 빠른 속도로 회사부채를 정리해 나가면서 대외적인 신뢰도를 높여 나가고 있다. 올해 이 회사는 매출의 급성장과 수지개선에 힘입어 악성 부채 상환과 단기부채의 장기부채전환 등을 통해 유동성의 안정과 부채비율을 크게 떨어뜨렸다. 지난해 말에 1100%까지 올라갔던 부채비율은 지난 9월 말 현재 249%로 낮추었으며 올해 말쯤 가면 163%대로 정부의 지침을 앞당겨 지킬 수 있을 것으로 기대하고 있다.

이처럼 회사가 긴 터널을 빠져나올 수 있었던 데는 전문경영인인 서 사장의 관리능력이 발휘됐기 때문에 가능했다. 서 사장은 취임과 동시에 공장에 상주하면서 대대적인 내부혁신을 단행했다. 기획담당 최영호 이사는 "비상경영 계획을 수립, 의식개혁운동과 함께 저부가가치 제품의 생산에 머물러 있던 생산구조를 고부가가치 제품의 생산으로 전환했다"면서 "CPT보다 고부가가치 제품인 CDT의 생산비중도 크게 늘어나고 있는데 CPT와 CDT의 매출비중은 지난 해 말 90 대 10에서 올해 50대 50으로 전환할 것으로 기대하고 있다."고 밝혔다. 또한 그는 "소형제품의 생산에 치우친 생산기종도 다양화하면서 소형비중을 줄이는 대신 중대형의 비중을 크게 늘리고 있다"고 덧붙였다.

이러한 제품 생산구조의 고도화와 함께 원가절감, 생산성 향상을 통해 생겨난 가격경쟁력을 무기로 공격적인 마케팅전략을 구사했다.

서 사장은 직접 경쟁업체인 S사 측의 독무대였던 J사의 S사장을 만나 제품공급을 성사시키는 열정으로 시장점유율을 무려 지난해에 비해 20% 이상 높였다. 노사분규로 인해 지난해 17%까지 떨어졌던 점유율을 40%까지 높인 것이다. 국내 시장점유율의 증가와 함께 지난해까지 전무했던 해외시장에 대한 직수출도 크게 늘어나고 있다. 올 들어 10개국 13개 회사에 유리벌브를 공급해 560억 원의 매출을 올릴 수 있을 것으로 예상하고 있다.

－〈전자신문〉 98. 10. 19

IMF를 이긴 기업들⑧ 한국전기초자

투명경영, 노사분규 잠재워

98년 상반기 매출 2,291억 원, 전년 동기에 비해 55.84% 증가, 순이익은 198억 원으로 전년동기 29억 원 적자에 흑자전환.

TV브라운관과 컴퓨터 모니터의 유리벌브를 생산하는 한국전기초자의 경영성적이다. IMF 체제 이후 대부분의 업체들이 적자를 내고 있는 것에 비하면 아주 우수한 실적이다.

회사가 이처럼 양호한 실적을 거둔 것은 사실 환율상승이라는 외부 환경에 힘입은 바 크다. 그러나 회사의 사정을 좀 더 자세히 살펴보면 노사가 합심해서 펼친 경영혁신운동을 결코 과소평가할 수 없다.

이 회사는 한글라스그룹 계열사로 있었던 지난해 극심한 노사분규를 겪었다. 노무관리 미숙, 노조의 무리한 요구 등으로 분규가 발생해 지난해 7~9월 77일간 문을 닫았다. 적자는 눈덩이처럼 불어났고 해외시장에서 회사 신뢰도는 말이 아니었다. 여기에 외환위기까지 겹쳐 결국 경영권이 한글라스그룹에서 대우그룹으로 넘어가고 말았다.

"처음 부임했을 때 회사는 절망과 좌절 그리고 경영진에 대한 불신감으로 가득 차 있었습니다."

지난해 12월 경영권을 넘겨받은 서두칠 대표이사 부사장은 회사분위기를 일신하는 게 급선무였다고 당시 상황을 설명한다. 이에 따라 그는 '열린 경영'을 내세우며 전 직원을 대상으로 새벽부터 저녁 늦게까지 하루 3번씩 경영설명회를 가졌다.

회사 재무상황은 물론 경쟁업체의 기술수준과 나라경제의 어려움 등을 설명하며 위기를 극복하자고 호소했다.

결국 노사는 올해 초 시무식장에서 '고용은 회사가 보장하고 생산성과 품질은 노조가 책임진다'는 공동실천 결의문을 채택했다. 공동결의문은 이후 경쟁력 향상의 밑바탕이 됐다. 회사는 98년 「혁신」, 99년 「도약」, 2000년 「성공」이라는 3개년 발전계획을 세웠다. 98년의 혁신 프로그램은 생산성 향상, 원가절감, 품질 개선에 초점을 맞췄다.

우선 당시 1시간 근무하고 30분 휴식하던 근무 형태를 2시간 근무하고 10분 쉬는 방식으로 변경했다.

이로 인해 남은 인력은 가동중단하고 있던 제2공장에 배치했다. 하루 1,500시간 발생하던 잔업이 자연히 없어졌다.

원가 절감을 위해 '일 더하기 운동'을 벌여 과장 이상 관리자들은 1년간 휴무를 반납했다. 설은 물론 추석에도 일손을 놓지 않았다. 현장 사원들도 여름휴가를 내놓았다. 장기근속자에 대한 위로휴가를 중단하고 과장급 이상 간부들이 상여금을 100% 반납하는 등 복리후생도 크게 축소했다.

이러한 노력은 점차 성과로 나타나기 시작했다. 투입원료대비 완성품 비율인 수율이 지난해 70%선에서 90%로 올라 세계 최고수준에 육박했다. 회사에 대한 신뢰도가 회복되자 해외 직거래처도 늘어났다. 지난해 3개국 4개사에서 최근 10개국 13개사로 증가했다. 이에 따라 직수출 비중은 6%에서 27%로 높아졌다. 고부가가치제품에 대한 판매도 늘어 CDT(컴퓨터 모니터용 유리벌브)의 생산비중은 지난해 25%에서 56%로 올라갔다. 물론 아직까지 더 노력해야 할 분야도 있다. 불량품 비율인 1백만 개 중 1,314개, 지난 해 3,028개보다는 많이 줄었다. 그러나 목표치 100개 이내로 줄이기 위해서는 더욱 허리띠를 졸라매야 한다.

서 부사장은 요즘 임직원 부인들에게도 남편이 회사에서 열심히 일할 수 있도록 내조를 부탁하고 있다.

지난 8일 임직원 부인 초청 강연에서 아침인사를 '안녕히 다녀오세요'대신 '열심히 일하세요'로 바꾸라고 주문해 직장 내외에 화제가 되고 있다. 노사분규로 경영권이 바뀐 한국전기초자가 IMF경제위기를 전화위복의 기회로 활용, 일류기업으로 거듭날지 주목된다.

「인터뷰」

"노사화합 위해 경영자부터 고통 분담 나서야" 서두칠 대표이사 부사장

"회사의 경쟁력은 경영자와 종업원이 얼마나 합심하느냐에 달려있다고 봅니다." 부임 6개월 만에 한국전기초자를 흑자 전환시킨 서두칠 대표이사 부사장은 흑자전환 원동력은 '노사가 함께하는 마음'에서 나왔다고 말했다.

"처음에는 희망이 보이지 않았습니다. 지난 해 경영진단을 맡았던 세계적 경영 컨설팅사는 공급과잉과 차세대제품에 대한 회사의 기술력 등을 들어 살아남을 수 없다는 극히 비관적인 보고서를 내놓았더군요."

당시 종업원들이 퇴직금 걱정만 하는 것 같았다는 그는 그러나 종업원들을 설득하고 투명한 경영을 한 결과 지금 분위기는 완전히 달라졌다고 강조했다.

"노사가 화합을 하기 위해서는 경영자가 솔선수범해야 합니다. 그래야 종업원들이 감동을 하고 따라오게 되지요." 서 부사장은 가족들을 서울에 두고 구미로 내려와 회사 인근 아파트에서 자취 생활을 하고 있다.

불편하지 않느냐는 질문에 그는 가정부를 둘 수도 있지만 이 또한 고통분담을 강조하는 경영자로서 당연하지 않느냐고 반문했다.

- 〈한국경제〉 98. 11. 20

제대로 대화하라

서두칠 사장은 새로운 노사문화 조성에서 사원과의 직접 대화 외에도 관리자들의 역할을 매우 중요한 요소로 파악했다.

생산 현장에는 요소요소마다 팀의 책임을 맡은 관리자가 있다. 라인장, 팀장, 과장, 부장으로 불리는 사람들이 그들이다. 일반적으로 노사 문제는 근본적으로 사원과 최고경영자 사이에서 일어나는 것으로 본다. 그러나 서 사장 생각은 달랐다. 그는 관리자들이 노사갈등을 "그것은 내 상관할 바 아니다"고 생각하기 때문에 건전한 노사문화가 형성되지 않는 것으로 보았다.

"예를 들어서 10명의 인원을 관리하고 있는 사람은 그 10명의 조합원과 회사와의 관계 역시 책임을 져야 합니다. 인간관계, 작업조건, 인격적인 대우, 능력에 따른 급여의 수준 등 제반 문제에 대해서 '그것은 노조위원장과 사장이 알아서 할 문제'라거나, '총무팀이나 노무 담당자의 할 일'이라고 생각하는 풍조야말로 노사관계를 악화시키는 근본 원인이라고 볼 수 있어요."

서 사장은 사장만 사용자인 것이 아니라 단위 조직의 책임자로서 평소에 지휘·통솔·감독의 권한과 의무가 있는 사람은 모두 사용자 범주에 포함된다고 주장한다. 이들이 노사문제와 자신과는 상관없다고 발뺌하는 것은 일상 업무 이행 과정에서 자기가 맡은 파트만 열심히 하면 된다는 생각과 다르지 않다.

결론적으로 말해서 "모는 노사문제는 그 조직을 관장하는 관리자와 소속 인원과의 문제이기 때문에, 각자 독립적이고 독자적으로 문제섬을 파악하고 해결책을 찾아야 한다"는 것이다.

서 사장은 관리자들이 인식을 바꾸기 위해서 부임 초기에 관리책임자에 대한 교육에 들어갔다. 그의 첫 질문은 "노동 3법과 노동 3권이 무엇인지 한번 얘기해 보라"였다. 그런데 여섯 손가락은커녕 손가락 세 개를 제대로 꼽는 관리자도 별로 없었다. 노사문제는 자기 영역이 아니라고 생각하고 관심조차 두지 않았으니 어찌 보면 당연한 일이었다. 그런 기초적인 법률 상식마저 모르고 있었으니 강력한 조직으로 뭉쳐 있는 상대와 대화가 될 리 없었다.

뿐만 아니라 관리자들에게 근로자와 많은 대화를 나누라고 주문했더니 대답은 '대화를 시도해 봤는데 잘 안 된다'였다. 서 사장은 관리자의 대화하는 태도를 새로 주문했다. 그는 아래 직원들과의 대화는 이러해야 한다고 정의한다.

"우선 대화에 임하는 기본자세부터 갖춰야 합니다. 자기는 큰 의자에 버티고 앉아 있고, 상대는 분식집 보조의자만 한 데에 앉혀 놓은 채 내려다보고 하는 건 지시요 훈화지 대화가 아닙니다. 양쪽의 화자와 같은 눈높이로 마주 앉아야 대화가 되는 겁니다. 또한 화제나 화술話術 역시 상대방이 흥미를 느낄 수 있는 것으로 선택해야 합니다. 같은 얘기를 같은 화법으로 두 번 세 번 반복하면 귀가 닫히게 돼 있어요. '이야기'라는 게 뭡니까? 그건 '처음 듣는 말'이어야 합니다."

그리고 또 하나, 중간관리자들이 사원들과의 대화에 자신 있게 나서지 못하는 이유 중 하나가 경영에 관한 정보가 없다는 것이었다. 회사의 경영 상황을 알고 있지 못한 상황에서 사원들의 질문에 제대로 된 답을 해 줄 수 없는 것은 당연한 일이었다.

서 사장은 경영에 관한 정보를 공유하는 장치를 마련해야겠다고 판단하고 매주 수요일 전 간부들이 모여 경영회의를 개최하는 것을 정례화했다. 사장이 아는 수준의 정보를 모든 간부들이 공유하고, 그 간부들에 의해서 현장의 사원들이 24시간 안에 모두 알도록 하자는 것이었다.

총무팀은 학비 내고 회사 다녀라

서두칠 사장은 신노사문화 창조를 위해서, 근로자에 관한 제반업무(노무)를 관장하는 총무팀은 매우 강해져야 한다고 생각했고, 그렇게 훈련시켰다.

노사가 갈등상황에 있을 때 총무부서의 직원들은 '적정敵情'을 탐지하고 노조의 움직임에 대한 기밀을 염탐하는 사使측의 '스파이' 역할을 하거나, 노조 와해 작전을 수행하는 첨병 역할을 하는 사람들로 치부돼 온 게 일반적인 인식이었다.

"총무가 제 기능을 다해야 회사의 각 부서에 있는 인원들이 불편함을 느끼지 않는다. 총무는 회사의 기준이요, 알림판 기능을 수행해야 한다. 또한 총무는 최고경영자의 분신과 같은 역할을 수행하지 않으면 안 된다."

서 사장은 총무의 역할을 이렇게 정의했다. 총무가 회사의 알림판 역할을 하고 사장의 분신 구실을 하려면 사장의 경영 철학을 확실하게 꿰뚫고 있지 않으면 안 된다. 그래서 서 사장은 총무의 자질을 함양하기 위해 매일 아침 6시 30분에 총무회의를 정례화 했다.

총무팀장 주재로 열리는 이 회의는 회의라기보다는 학습 시간에 가깝다. 특이하다면 휴일 아침이든 명절날 아침이든 거르는 법 없이 사장이 참석한다는 점이다. 물론 노무문제나 회사의 경영 정보 등이 논의되기도 하지만 그것만으로 회의 시간이 채워지지는 않는다.

총무회의는 특이하다. 신문의 경제 칼럼이나 사설을 부서원들이 순번을 정해 낭독한다든가, 사장이 서점에서 골라온 책을 매일 몇 페이지씩 함께 읽고 토론하는 학습이 진행된다. 그 일을 매일 어김 없이 하는 것이다. 업계 동향이나 주요 경제 이슈, 국내외 경영 정 보 등에 관한 서 사장의 강의도 곁들인다.

아침 6시 30분 총무회의를 1년 동안 주재해 오면서 사장의 경영 철학을 배워 온 전임 총무팀장은 "나는 당장 회사를 그만두더라도 먹고사는 문제가 두렵지 않습니다. 하다못해 겨울철 호떡장사를 하 더라도, 주말이나 휴일 없이 남보다 일찍 나와서 지금처럼 노력한 다면 다른 사람보다 더 많이 팔 수 있지 않겠습니까"라고 말한다.

심지어 다른 부서에서는 이런 말도 생겨났다.

"총무팀 사람들은 회사에 월급을 받아갈 것이 아니라 학비를 내 고 다녀야 한다."

총무팀은 본연의 업무 외에도 몇 가지 일을 더 하고 있다. 먼저 매주 2회씩 소식지 '열린 대화방'을 발간한다. 여기엔 경영자 강조 사항, 회사의 각종 행사 안내, 월별 혹은 분기별 영업 실적 및 생산 실적 현황, 업계 동향, 공지사항, 현장의 목소리 등이 담긴다.

노사문제와 관련하여 1998년 이래 총무팀이 가장 중점적으로 실 천해 오고 있는 것으로는 '프로젝트 365'라는 게 있다. 이는 '매일 한 가지씩 회사가 달라지는 모습 보이기' 프로그램으로 풀이할 수 있는데, 총무팀 부원들이 사내 현장을 돌아다니면서 작업 환경 개선과 사원 복지를 위해 하루 한 가지씩을 찾아내어 실천해 나가자는 의도로 마련되었다. 현장에서 올라온 건의사항이나 불편사항들은 우선순위를 정해서 실천된다.

처음엔 총무팀의 이런 활동에 오해도 있었다. 노조 측에서 "왜 해달라지도 않은 일을 나서서 해 주느냐?"는 항의를 제기해 오기도 했다. 회사 측이 뭔가 불순한 의도를 가지고 선심 쓰는 것 아닌가 하는 의심 때문이었다. 그러나 이제는 생산 현장의 회의에 총무팀장을 초대하여 적극적으로 건의사항을 내놓기도 한다.

화장실은 호텔급, 식당은 레스토랑 수준으로

급여 외에도 함께 가는 노사를 만들기 위해서는 그 무엇도 쉽게 지나쳐선 안 됐다. 서두칠 사장이 처음 부임하여 정신없는 와중에도 가장 먼저 개선을 지시한 것이 화장실이었다. 지저분한 화장실을 둘러본 서 사장은 모든 화장실을 "호텔급으로 바꾸라"고 했다.

또 대우전자 근무 시절 사내 기숙사의 열악한 시설은 노조가 단골로 거론하던 불만사항이었다. '기숙사 문제가 스트라이크의 온상'이라는 사실을 뼈저리게 체험했던지라 사내 기숙사에 대한 대대적인 시설 개선 명령이 떨어졌다.

그래서 암모니아 냄새가 물씬 풍기던 기숙사 화장실은 흰 타일로 치장한 말끔한 모습으로 변했다. 실내 조명도 바꾸고 에어컨도 장치했다. 빨래 건조실도 별도로 마련하고, 옥상에 탁구장도 만들었다. 도서관을 만들어 아예 개인이 지정 좌석을 차지할 수 있게 함으로써 공부할 수 있는 분위기를 조성했다. 공사판의 함바집처럼 어수선하던 기숙사 식당 역시 '고급 레스토랑 수준으로 바꾸라'는 지시에 따라 말끔하게 달라졌다. 술병이 사방에 나뒹굴던 식당은 시내의 레스토랑 못지않은 말끔한 분위기로 변했다. 한때는 식당이 지저분해서 놀러오겠다는 여자 친구들을 애써 말렸었는데, 개선된 후로는 총무팀의 주선으로 인근 회사의 여사원들과 단체 미팅을 가질 만큼 달라졌다.

구내식당 분위기도 예전과는 딴판으로 달라졌다. 사장과 전 임원은 점심을 사원들과 똑같이 구내식당에서 했다. 생산직 사원과 똑같은 유니폼이어서 식기를 들고 줄을 서 있으면 누가 사장이고 누가 사원인지 구별할 수 없게 되었다.

전체 분위기가 이처럼 달라지자 사람들의 행동과 자세도 크게 변했다. 구내식당에서 김치 조각 하나 남기는 사람이 없어졌고, 사장이든 누구든 식사를 마치고 일어서면 반드시 앉았던 의자를 밀어 넣고 식탁을 떠났다.

농협연수원에서 했던 연수도 달라진 변화를 보여주는 일이었다. 회사 임원과 라인장, 그리고 노조 대의원들이 조를 편성하여 토론을 벌였다. 회사의 단체 연수라고 하면 의례적인 행사를 간단하게 해치우고 저녁이면 술판을 벌이는 게 통례다. 그런데 사원들은 빈틈없이 짜인 스케줄에 따라 새벽 3시까지 분임토의를 진행하고 아침에 발표회를 가졌다. 몸에 밴 습관대로 연수원 기물들을 가지런히 정리했고, 식사 때 잔반 하나 내지 않았다. 연수원 측에서는 연수 과정을 비디오로 촬영해 다른 회사 입소 때 교육 자료로 썼다고 한다.

업무 외 시간을 보내는 모습도 달라지기 시작했다. 통근버스 내부 풍경도 예전 같으면 한결같이 스포츠 신문만 들여다보던 것이 책도 읽고 경제지도 읽게 되었다. 경영 혁신 운동이 개개인의 사고에도 영향을 미친 것이다.

이러한 모든 변화들이 신노사문화를 만드는 또 다른 밑거름이 되고 있었다. 그 지향점은 노조도 경쟁력이 있어야 한다는 것이었다.

뒤바뀐
취임사와 축사

1998년 12월 28일, 제8대 노조가 새 위원장 체제로 출발했다. 1년 동안 그들은 서두칠 사장의 '고용 보장' 약속을 믿고 고통을 감수하며 죽을 힘을 다해 일했다. 따라서 1998년 끝자락에 열린 새 노조 집행부의 출범식은, 지난 한 해가 서 사장의 말대로 신노사문화의 발판을 마련했던 뜻깊은 해였는지, 아니면 경영자 측의 압박에 마지못해 끌려온 억울한 시간이었는지를 결산하는 자리였다. 또한 서 사장이 제시한 '도약 99', '성공 2000'이라는 비전의 성취를 위해 변함없이 경영책임자와 한목소리를 낼 것인지, 아니면 1년 동안 유예했던 '투쟁 전선'을 재정비하여 진군 나팔을 불며 나올 것인지 가늠할 수 있는 자리였다.

열린 노조, 일하는 노조, 대화하는 노조

서두칠 사장 등 회사 임원들이 지켜보는 가운데, 제8대 노조위원장에 선출된 김철수 위원장이 취임사를 위해 대의원들 앞에 섰다. 이 자리에는 노사 못지않게 회사 새 노조 집행부의 출범을 조마조마하게 지켜보고 있는 사람들이 있었다. 지역 노동부 소장과 구미시 노동복지과장 등 지역의 노동 정책 관계자들이었다. 이윽고 신임 노조위원장이 입을 열었다.

··· 우선 제8대 노동조합의 운영 방침을 다음과 같이 밝혀 둡니다.

첫째, 노동조합의 운영은 자주적이어야 합니다. 과거 외부단체에 지나치게 의존한 나머지 1천4백여 조합원의 권익을 제대로 보호하지 못한 경우가 있었습니다. 그러나 이제는 책임지지 못하는 외부단체의 간섭은 과감하게 배척할 것입니다.

둘째, 열린 노조를 운영할 것입니다. 앞으로 노동조합의 활동과 운용은 모든 것이 투명하게 공개되도록 할 것입니다. 선거 공약에서도 밝혔듯이 회계 관련 자료를 포함한 모든 것을 투명하게 공개하겠습니다. 이미 우리 노조는 노조 사무실의 두꺼운 철문을 뜯어내고 밖에서도 환하게 내부가 들여다보일 수 있도록 유리문으로 교체했습니다. 이제 노동조합도 과거의 권위주의적인 운영에서 탈피하여야 합니다. 노조위원장실을 고충처리실로, 수석 부위원장실은 상담실로 명칭을 바꾸겠습니다. 모든 정책을 추진하는 데 있어서 조합원 한 사람 한 사람의 의견을 최대한 반영해 나가겠습니다.

셋째, 일하는 노조의 건설입니다. 이제는 노동조합의 임원도 직접 현장에서 일하는 모습을 보여 주어야 합니다. 직접 일 속에 참여해서 진정으로 노조의 발전을 위한 일, 조합원이 요구하는 일이 무엇인지를 알아내어 정책에 반영하겠습니다. 발로 뛰는 노조 간부상을 정립해 나가겠습니다.

넷째, 대화하는 노조상을 만들어 나가겠습니다. 투쟁으로 모든 것을 해결할 수 있다고 믿던 시대는 지났습니다. 작년의 혼란했던 회사 사정을 저는 누구보다 안타깝게 생각하고 있습니다. 그러나 지금 우리는 현명한 최고경영자의 판단을 믿고 노사가 합심하여 그 어느 때보다 단단한 고용안정을 찾아가고 있습니다. 이제는 노동조합도 협조할 것은 협조해야 합니다. 회사가 있어야 노조가 있습니다. 양보할 것은 양보하되 받아낼 것은 분명히 받아내야겠습니다. 우리는 회사의 방침이 옳은지 그른지를 분명하게 따져 봐야 합니다. 그리고 그 방향이 맞다면 열심히 동참해야 합니다. 그런 가운데에서 우리가 나누어 가질 열매가 커지는 것입니다.

다섯째, 제8대 노동조합의 최대 목표는 고용 안정입니다. 고용안정은 우리 노동자의 최대 요망사항입니다. 그러나 그것은 더 이상 누구에게 요구해서 얻어지는 게 아닙니다. 오늘날 우리의 몇십 배에 이르는 대기업들이 소위 빅딜이라는 이름으로 사라질 위기에 놓여 있습니다. 따라서 고용 안정을 보장 받기 위해서는 우리 스스로 회사의 경쟁력을 키워야 합니다.…

일반적인 노조 출범식에 비춰 보면, 투쟁의 열기를 고양하기 위한 꽹과리 소리가 요란하고 구호가 진동해야 할 터인데 이날의 행사는 의외였다. 차분히 과거를 돌아보고, 조합원들에게 '고용 안정을 위해 열심히 일하자'고 진지하게 당부하고 있는 것이다. 그럼에도 불구하고 그 자리에 모인 대의원 중 누구도 '어용'이라 비난하지 않았으며, 과거 같으면 '적대적인' 관계에 있는 사측의 총책임자를 '현명한 최고경영자'라고 말했음에도 대의원들의 큰 박수를 받았다.

또 가장 특이한 점은 '열린 노조의 운영'을 천명함으로써 노조가 서두칠 사장의 열린 경영을 벤치마킹하겠다고 선언했다는 점이다.

1997년 노사분규 기억을 떨치지 못하고 있던 외빈들은 달라진 노사문화를 경이로운 눈으로 바라보고 있었다. 그것은 과거 관행에 비춰보면 노조위원장의 취임사라기보다는 경영자의 훈시에 가까웠다. 노조위원장 취임을 축하하기 위해 이어서 등단한 서두칠 사장의 축사가 어찌 보면 더 공격적(?)이었다.

회사가 어려움에 처하면 노조가 앞장서야

서두칠 사장의 '제8대 노조위원장 취임식 축사' 속에는 전문경영인으로서의 그의 경영 철학과 노사관이 잘 나타나 있다. 뿐만 아니라 이것은 지나온 1년간의 혁신 운동에 대한 종합 보고라 할 만하다.

…이제는 노동운동도 과거의 단결·투쟁·쟁취의 방식에서 벗어나 이해·협력·타협하는 생산적인 노사관계로 이어가야 합니다. 지난 1997년, 우리 회사는 77일이라는 국내 최장기 노사분규를 겪었습니다. 그러나 우리는 곧바로 잘못을 깨닫고 다시 전열을 가다듬어 지난 한 해 동안 '3890'의 목표를 달성하기 위해 휴일과 휴가를 반납하고 휴식 시간을 줄이며 땀을 흘렸습니다.

그 결과 외부와의 기술 제휴 없이 우리의 독자적인 기술로 15인치 및 17인치 컴퓨터 모니터용 유리의 양산에 성공했고, 17인치 플래트론과 33인치 대형 유리를 개발해 냈습니다. 드디어 우리의 제품을 국내 3대 전관 회사는 물론 세계 11개국 18개 업체에 공급하게 됨으로써 우리의 일터를 확실히 확보하였고, 누구보다도 자신에 찬 모습으로 1999년을 맞을 수 있게 되었습니다. 기업의 구조 조정이라는 엄청난 회오리 속에서도 당당히 대우그룹의 주력 기업으로 성장할 수 있게 되었으며, 다가오는 2000년에는 철도차량 및 승용차 안전유리 사업까지 펼치는 종합 유리 메이커로 나아갈 것입니다.

저는 부임 초기에 여러분과의 대화에서 "나는 사람을 내쫓으려고 온 게 아니라 일을 만들러 왔다"고 얘기한 바 있습니다. 그리고 그 약속을 지켰습니다. 지금의 우리 앞에는 할 일이 산더미처럼 쌓여 있습니다. 잘 아시다시피 회사는 열린 경영을 선언하고 매일매일의 생산, 품질, 판매 현황과 분기별 경영 현황을 모든 사원들에게 낱낱이 공개하고 있습니다. 전 사원이 우리가 나아갈 방향을 바로 알고 스스로 해야 할 일을 찾아서 해내는 성숙된 구성원으로 변모해야 하며, 노동조합 또한 가장 부지런한 조직, 앞을 내다보는 조직으로 바뀌어야 합니다.

이제는 노동조합도 열린 노조를 지향해야 합니다. 회사 내의 모든 사원들이 회사와 노조의 나아갈 바를 분명하게 알 수 있게 해야 합니다. 노조도 경영을 공부해야 하며, 회사의 운영 상태를 자세히 들여다볼 줄 알아야 합니다. 회사가 어려움에 처하면 노조가 먼저 앞장서서 팔을 걷어붙이고 일터 살리기에 앞장서야 합니다.

우리 회사는 이제 몇몇 오너에 의해 운영되는 기업이 아닙니다. 전문경영인, 전문기술인, 전문기능인, 전문관리인인 우리 모두가 힘을 합쳐 이 회사를 이끌고 나가야 합니다. 더 이상 뺏길 것도 빼앗을 것도 없습니다. 우리의 고용을 지켜내느냐 그렇지 못하느냐 하는 것은 우리 모두의 노력 여하에 달려 있기 때문입니다. 회사는 경영을 책임지고, 노동조합은 생산성과 품질에 책임져야 합니다.

회사 내에서 가장 강력한 조직이 바로 노동조합입니다. 노동조합은 지금보다 더 강력해져야 합니다. 그 강력한 힘으로 이 어려운 시기에 생산성 향상과 품질 향상을 위해 더 큰 헌신을 해야 합니다. 고용 안정을 보장하라고 요구하기 이전에, 각 개인이나 회사 전체의 경쟁력을 얼마나 강하게 할 수 있느냐를 생각해야 합니다. 생산을 위해서는 철저히 협력해야 합니다. 분배를 위해서는 대립이 불가피할 수도 있지만 바로 타협에 이르는 순환의 고리를 잘 형성해 나가야 합니다.

우리의 노사관계가 지나친 온정주의적 성향으로 흘러왔던 것도 반성해야 합니다. 회사 내에서는 엄연히 경영자가 해야 할 일과 노동자가 해야 할 일이 구분되어 있으며, 발전하는 회사일수록 위계질서가 한층 돋보이는 법입니다. 지금까지는 경영자가 노동자를 향해서 "한솥밥 먹는 가족이니 좀 참아라", "형제간의 일이라 생각하고 이해하자"는 식으로 얼버무려 왔던 사례가 많습니다. 이제는 각자의 역할을 분명하게 해야 합니다. 노와 사 상호 간에도 해야 할 일에 대한 내용을 분명하게 하고, 그 구분을 확실하게 해야 사후 분쟁과 갈등의 요소들을 미리 막을 수 있습니다. 막연하게 서로에게 무엇을 기대하거나 의지하려는 태도는 결국 갈등만 낳게 됩니다.

우리 회사는 일이 산더미처럼 쌓여 있습니다. 죽은 송장이라도 데려와 일을 시켜야 할 상황입니다. 따라서 우리는 '도약 99'의 출발이 될 시무식을 예년과 달리 1월 1일에 하기로 하였습니다. 공휴일이라도 앉아서 쉴 수만은 없습니다.

돌이켜보면 지난 연말 저는 가방 하나 달랑 들고 전기초자에 부임해 왔습니다. 그때 많은 사람들이 인원 감축을 포함한 구조조정을 하라고 충고했습니다.

그러나 새벽 3시에 3층 강당에서 사원들의 얼굴을 대하고 난 뒤로는 '어떻게 하면 이 어려운 시기에 단 한 명의 인원 감축도 없이 살아남을 수 있을까' 하는 고뇌로 밤을 지샌 적이 한두 번이 아니었습니다. 당시 저는 인원 조정 없이 다 같이 살아남을 수 있는 방법을 선택했습니다. 그 선택의 성공은 더 많은 일을 해 낸다는 전제에서만 가능한 것이었습니다. 즉 전 사원이 가장 값싸고 품질 좋은 제품을 생산하자는 것이었습니다.

그리고 우리는 우리 회사를 어느 곳보다 고용이 든든하게 보장된 안정된 일터로 만들어냈습니다. '혁신 98'을 통해 지난 한 해 동안 우리는 97년의 2배가 넘는 매출 실적을 달성하였으며, 직수출만도 5천만 달러를 초과하였고, 흑자 회사로 전환하게 되었습니다. 이 모든 것은 휴식시간을 줄이고, 하계휴가를 반납하고, 추석에는 조상님 성묘도 뒤로한 채 새벽부터 밤까지 일하며 '혁신 98' 운동에 동참해 준 임직원들의 열의와 정성의 결과입니다.

저 자신 오늘까지 1년이 넘도록 단 한 순간도 여러분의 고용 안정을 위해 고민하지 않은 날이 없습니다. 지금도 서울 출장을 가면 회의를 마치자마자 내 가족이 사는 집에도 들르지 않고 바로 구미로 내려오는 등 오로지 우리 회사를 살려 보겠다는 일념으로 생활하고 있습니다. 여러분 모두가 알다시피 저를 비롯한 전 임원과 일부 간부들은 1년 365일을 단 하루도 빠지는 날 없이 회사에 출근하여 부지런히 일해 왔습니다.

지난 11월에는 800여 명의 사원 가족들이 회사에 나와서 회사 경영 현황을 설명 듣고, 우리의 일터를 더욱 공고히 하고 세계적인 회사로 만들어 나가는 데 각 가정에서도 적극 앞장설 것을 약속했습니다. …

어느 것이 노조위원장 취임사이고 어느 것이 사장의 축사인지 헷갈리는 취임식이었다.

단 하루 만의 임금 협상 타결

1999년 1월 1일, 모두가 쉬는 공휴일에 한국전기초자 사원들은 여느 때와 다름없이 출근했다. 그리고 경영책임자와 노동조합 대표가 공동으로 다음과 같은 내용의 '노사 협력 실천 결의문'을 발표했다.

한국전기초자 노사는 1998년에도 '3890' 목표 달성을 위해 그 어느 해보다 열심히 생산에 전념하였다고 자부한다. 이제 '99년도의 도약'과 '성공 2000'의 비전 달성을 위해 노사 협력만이 고용 안정을 지키고, 세계적인 초일류 기업으로 성장할 수 있는 길임을 깊이 인식하고 다음과 같이 노사 협력 실천사항을 결의한다.

하나, 노동조합은 생산성 향상과 품질 향상을 책임진다.

하나, 회사는 고용 안정을 경영의 최우선 과제로 삼는다.

하나, 노사는 고객 지향 경영을 적극 추진하여 '도약 99'를 성공적으로 이루어
        낸다.

하나, 노사는 '가장 어려운 일을 항상 즐거운 마음으로 열심히 일하는 회사'로
만들어 '성공 2000'의 2000년에는 초일류 기업으로 도약할 것을 결의한다.

1999. 1. 1.

(주)한국전기초자 노사·대표자 일동

그리고 이어 열린 1999년도 임금단체협상도 노사 대표가 협상
테이블에 앉아 단 하루 만에 타결지었다. 임금은 동결하고, 휴가를
반납하고, 노조 전임자 수를 줄이자는 등의 회사 측 요구를 노조에
서 수용함으로써 의견 일치를 본 것이다.

서두칠 사장 부임 초기 그가 이끄는 혁신 운동에 고개를 흔들며
사표를 내던졌던 옛 '초짜맨'들은 IMF 파동으로 실업자 신세가 된
자신들의 모습과 놀랄 만큼 달라진 전기초자의 위상을 지켜보며 뒤
늦은 후회를 하기도 했다.

외부적으로도 1년 사이에 한국전기초자는 그룹 내 퇴출 대상 기
업에서 알짜기업으로 변해 있었다. 그러나 이 무렵 그룹의 심각한
자금난은 모두 앞에 또 하나의 시험대를 준비하고 있었다.

영속하는
우량기업의 조건

다시 다가온
해고의 불안감

1998년 결산 결과가 나왔을 때 경제신문들은 한국전기초자의 경영성과에 주목했다. 결산 법인 515개사 중 한국전기초자는 매출액 증가 부문에서 8위, 그리고 기업이 영업 활동을 통해 실질적인 이익을 얼마나 냈는지를 나타내는 EVA(경제적 부가가치, Economic Value Added) 부문에서 15위를 차지했다.

시장 상황도 유리하게 돌아갔다. 브라운관의 핵심 부품인 유리벌브의 국제 시장 공급 부족 상황으로 "만들기만 하면 팔 수 있다"는 여건이 조성되고 있었다. 독자적인 기술 개발 노력도 본궤도에 올라 TV 브라운관 유리 위주에서 컴퓨터 모니터용 유리로, 소형에서 대형으로 생산 체제를 바꿔 나갔다. 고부가가치 제품으로 빠른 속도의 기술 구조조정이 이뤄져간 것이다.

그러나 회사를 둘러싼 외부 환경이 순탄한 것만은 아니었다.

짝짓기 돌풍

한국전기초자는 이미 1998년에 정부의 구조조정 프로그램에 따라, 대우그룹의 퇴출계열사로 지목됐다가 간신히 빠져 나온 바 있다. 그런데 이번에는 계열사 간 짝짓기 돌풍에 휩싸인 것이다. 대우그룹 내에 각 회사의 경쟁력을 높이고 그룹의 효율을 높이기 위해서 회사 수를 줄여 슬림화해야 할 필요성이 대두된 것이다. 그러자면 그룹 내 동종업체 혹은 연관 사업체들을 분야별로 묶어야 했다. 한국전기초자도 예외일 수 없었다.

대우그룹 구조조정본부에서 처음 내놓은 안案은 4개 업체를 통합하는 것이었다. 대우정밀, 한국전기초자, 코람프라스틱, 경남금속을 한데 묶는다는 안이었다. 대우정밀은 대우자동차의 부품을 생산하고, 코람프라스틱은 대우자동차의 범퍼를, 경남금속은 알루미늄 새시 종류를 생산하고 있었으니 자동차 관련 제품을 생산하는 유사 업종으로 분류할 만했다. 한국전기초자는 자동차와는 관련 없는 생산 업체였지만 '유리'를 생산한다는 측면에서 보면 관련성이 없는 것도 아니었다. 통합될 회사의 간판도 '대우정밀'로 내정됐다.

그룹 차원의 이러한 통합안이 언론을 통해 보도되자 사람들이 술렁거리기 시작했다. 부도 직전의 회사를 1년 동안 온갖 고통을 감내하면서 궤도에 올려놨는데 다른 회사들과 통합하면 '도약 99'도 '성공 2000'도 공염불이 되고 마는 것은 아닌지, 그리고 어차피 통합 작업이 '몸뚱이를 줄이자'는 목적으로 진행되는 마당에 줄줄이 해고 사태를 맞는 것은 아닌지에 대한 불안감 때문이었다.

그러나 서두칠 사장은 합병은 한다 해도 큰 문제없이 잘 해낼 수 있다는 자신감을 가지고 있었다. 그는 1999년 1월 초에 열린 사원 대상 경영설명회에서 통합 작업의 진행 상황을 상세히 설명한 다음 이렇게 말했다.

"우리 모두의 노력으로 1998년 1년 동안 상당한 흑자를 냈습니다. 앞으로 우리 회사는 얼마든지 독자 생존할 수 있는 터전을 마련했다고 봅니다. 그러나 이왕이면 4개 회사와 모여서 경쟁을 해나가는 체제로 되는 것이 오히려 회사의 장래를 위해서 더 잘된 일이라고 봅니다. 어차피 텔레비전과 컴퓨터 모니터용 유리만 가지고는 성장에 한계가 있습니다. 만일 우리가 자동차의 안전유리를 생산해서 납품할 수 있다면 오히려 활로가 더 넓게 열려서 한국전기초자의 살 길을 확실히 찾을 수가 있습니다. 뿐만 아니라 우리 뒤는 그룹이 뒷받침하고 있습니다. 다른 회사들과 짝짓기를 하더라도 회사 차원에서 발전적인 통합으로 갈 것이 분명한 만큼 여러분은 회사 대표인 나를 믿고 따라주기 바랍니다."

사장의 설명으로 사원들 사이에는 '4개 회사 통합으로 가도 좋다'는 공감대가 형성되었다. 통합이 크게 불리하지 않다는 근거로 나머지 3개 회사의 재무구조가 비교적 건실하다는 측면도 고려됐다. 대우정밀, 코람프라스틱, 경남금속 공히 흑자를 기록하고 있었던 것이다(자기자본은 그들 3사에 비해 적었지만, 98년도의 결산을 기준으로 하면 한국전기초자가 4개 회사 중 가장 큰 흑자를 기록했다). 또한 한국전기초자는 옛 한국유리 시설부터 쌓아온 판유리 생산 기술이 있었기 때문에, 자동차 유리를 함께 생산하는 체제로 전환하는 데 별 문제가 없었다.

그러니까 1998년 말에 열린 '제8대 노조위원장 취임식 축사'에서

서 사장이 "2000년도에는 철도차량 및 승용차용 안전유리 사업까지 펼치는 종합 유리 메이커로 나아갈 것이다"라고 언급했던 것은 바로 이 4개 회사 통합 방침이 기정사실로 받아들여졌기 때문이다. 그런데 1999년 3월 무렵 그룹 내에는 이상한 기류가 흐르기 시작했다.

김우중 회장과의 담판

대우그룹이 제출한 재무 구조 개선안은 정부로부터 미흡하다는 판정을 받았다. 금융 제재 압박은 더욱 세졌고 급기야 대통령까지 나서서 개혁의 미진함을 문제 삼게 되었다. 그룹은 구조조정의 강도를 보다 높였다. 힐튼 호텔도 매각 대상에 포함됐고, 대우중공업의 조선 부문과 대우자동차의 엔진 부문도 팔기로 했다는 뉴스가 보도되었다.

유사 업종 통합 방안도 '한국전기초자−대우정밀−코람프라스틱−경남금속'으로 묶겠다던 초안이 변경되어 여기에 대우통신이 추가된 것으로 보도 되었다. 이 사실이 알려지자 서두칠 사장은 구조조정 본부의 변경된 통합 방안에 반대하기로 결심을 굳혔다.

당시 대우통신은 엄청난 적자를 낸 것으로 알려진 회사였다. 그래서 혼자 지탱하기 힘드니까 나머지 4개 회사와 합병해서 적자를 보전하고 유지해 보자, 이런 계산을 했던 것이다. 서두칠 사장은 구조조정 본부에 올라가 부당함을 지적했다.

"처음 거론했던 4개사 통합 방안은 대우자동차 부품 관련 회사라는 공통점이 있었다. 물론 대우통신의 경우도 고급 승용차의 통신

부품 등 연관성이 아주 없는 건 아니다. 하지만 대우통신을 포함시킨 의도는 그게 아니잖는가? 우리 회사는 앞으로 흑자 행진을 계속할 자신이 있다. 그런데 적자폭이 큰 대우통신을 합해 버리면 우리가 애써 벌어서 그 회사 적자 메우는 노릇이나 해야 할 것 아닌가? 이런 물타기식 통합에는 찬성할 수 없다."

1997년 말이나 1998년 초까지만 해도 그룹 차원의 이러한 합병 움직임이 있었다면 한국전기초자 사람들은 쌍수를 들어 환영했을 것이다. 엄청난 부채로 앞길이 막막했으니까 다른 회사들과 그 어려움을 나눌 수 있는 길을 마다할 리 없었을 것이다.

그러나 1년 사이 상황이 역전되었다. 앞으로도 흑자 행진을 해나갈 수 있는 가능성을 객관적으로 검증받고 있었다. 또한 합병을 하면 플러스 요인도 있겠지만 마이너스 요소가 훨씬 많다는 것이 서 사장을 비롯한 전기초자 임원들의 판단이었다. 그 중 하나가 합병 대상 4개 회사가 각각 별도로 노조를 가지고 있다는 점이었다. 서두칠 사장이 부임한 이래 천신만고의 노력 끝에 전 사원에게 위기의식을 공유하게 하고, 연차적인 비전을 제시하여 모든 조합원을 혁신의 대열로 엮어내는 데 성공했는데, 과연 합병이 돼 버린다면 노사문제를 전기초자 단독으로 구심력있게 끌고 갈 수 있겠는가 하는 점도 우려사항이었다. "뼈 빠지게 일해서 벌어 봤자 적자 난 회사들 빚 갚아 주기 급급한 마당에, 왜 우리만 힘들게 일해야 하느냐"는 노조의 항변에 뭐라고 답할 것인가.

서 사장은 독자 생존의 방식으로 홀로서기를 해야겠다고 생각을 바꾸었다. 그렇다고 50% 이상의 지분을 대우 측에서 가지고 있는 터에, 그룹 차원의 자금난을 나 몰라라 한 채 "우리는 흑자 낼 자신 있으니 건드리지 말라"고 얘기하기도 어려운 실정이었다. 서 사장은 구조조정 본부와의 담판에 한계가 있다고 판단하고 김우중 회장을 직접 만났다.

"저도 그룹의 어려운 실정을 잘 알고 있습니다. 하지만 한국전기초자는 합병을 반대합니다. 대우그룹에서 돈이 필요하다면 방법이 있습니다. 한국전기초자의 지분을 팔면 됩니다. 그렇게 되면 우리는 대우그룹에서 벗어나 독자 경영의 길을 갈 것이고, 그룹으로서는 이 회사를 매각함으로써 우선 급한 돈이 들어올 것입니다. 오히려 이 기회에 한국전기초자를 독자 경영하도록 해 주는 게 대우그룹으로서도 이익이 됩니다. 1997년 말에 대우에서 주당 가격 10,300원에 인수했는데 현재 매각한다면 그 몇 배의 값을 받을 수 있을 겁니다."

"한국전기초자를 매각한다면 살 사람이 나서겠는가?"

"동종업체 중에서 우리가 오랫동안 기술 제휴도 해 왔고, 또 우리 회사의 지분도 가지고 있는 일본전기초자NEG와 교섭을 하면 가능성이 있다고 생각합니다. 대우가 가지고 있는 주식 지분을 일본전기초자가 사준다면 대우그룹의 재무 구조를 개선하는 데 큰 도움이 될 것입니다."

"그게 좋겠소. 그렇다면 서 사장이 직접 컨택(교섭)에 나서 주시오."

이렇게 해서 회사는 그룹의 유사 업종 통합 작업에서 제외되었다. 본사로 내려온 서두칠 사장은 이러한 내용을 즉각 회사 소식지

'열린 대화방'의 '경영자 강조사항' 코너에 띄웠다.

우리 회사는 당초의 그룹 구조조정 계획과는 달리 '계열 5개사 합병'에서 일단 제외됐습니다. 이는 우리 회사의 보다 큰 성장과 발전을 위해서 다각적인 검토를 하기 위한 방안의 일환임을 알려드립니다.

우리는 지난 1년 동안 전 사원이 하나가 되어 추진했던 '혁신 운동'을 통하여 이제는 당당하게 홀로서기를 시도할 수 있을 만큼 경영 기반이 튼튼해졌기 때문에 가능한 선택이었습니다. 특히 노사 협력 경영으로 누구도 예상치 못했던 생산성, 품질, 그리고 영업 실적의 향상을 기록했습니다.

힘이 약한 조직은 더 큰 조직의 흡인에 별 수 없이 끌려가게 마련입니다. 우리는 기업 합병 대상에서 제외된 것이 아니라 우리 스스로 합병 대상인 4개 회사를 제외시켰습니다. 다소 조심스럽기는 하지만, 차제에 그룹으로부터 분리하여 독자적 경영을 할 수 있는 기회를 마련할 수도 있을 것으로 판단하고 있습니다.

오늘날 기업 현실은 대주주가 누구이며, 어느 그룹 무슨 계열이냐 하는 것을 신용의 전제로 삼지 않는 '전문경영인 시대'로 가고 있습니다. 선진국이나 앞서 가는 기업에서는 이미 소유와 경영이 분리되고 있으며 모든 것이 전문경영인에 의해 경영되고 있습니다.

그러나 결국 유능한 전문경영인은 조직의 구성원들이 만듭니다. 경영진과 전 사원이 얼마나 서로 믿고 호흡을 맞춰 세계적인 경쟁력을 확보하느냐에 우리의 미래가 달려 있습니다. 한국전기초자의 모든 가족이 '도약 99'를 향한 행진을 힘차게 해 나간다면, 우리는 다른 기업과의 어깨동무를 풀고도 얼마든지 앞서 나아갈 수 있을 것입니다. 지난 1998년에 우리는 이미 그 기반을 다졌습니다.

이제부터는 독자 생존입니다!

열린 경영의 효율은 이런 경우에 극대화된다. 가령 이승만이 겉으로는 요란한 승전보로 국민을 달래면서 실제 자신은 한강 이남으로 도주했던 한국전쟁의 사례를 기업 경영에 대입한다면, 그것은 '닫힌 정보'가 가져온 폐해의 전형이다.

대개 어느 회사의 경영권이 흔들릴 때 그 정보는 지극히 소수의 상층부에만 독점된다. 따라서 여타 구성원들 사이에 "우리 회사가 어디로 넘어간다더라"는 유언비어가 유포되기 시작하면 장래에 대한 불안감이 확산되어 사기 저하는 물론 생산성 저하로 나타나게 된다. 이미 한국전기초자는 고위 임원마저 모르는 사이에 한국유리에서 대우로 넘어가는 충격을 경험했다.

따라서 경영권을 둘러싼 소소한 움직임마저 생산직 사원에게까지 배포되는 '열린 대화방'을 통해 '고해 바친' 서 사장의 방식은 위기가 닥쳤을 때 모두의 힘을 결집하는 바탕이 되었다.

1999년 5월, 서울 대우그룹 구조조정 본부에서 서두칠 사장과 김태구 본부장, 김영남 오리온전기 사장, 그리고 일본전기초자의 모리모또 이사 등 네 사람이 마주앉았다. 한국전기초자에 대한 협상이 시작된 것이다.

2만 원 대 8만 원

"우리는 팔 의향이 있다. 사겠느냐?"

"그렇다. 우리 일본전기초자로서는 한국전기초자에 상당한 흥미를 가지고 있다."

"그러면 조건을 얘기해 보자."

"원칙적으로는 호감을 가지고 있다. 당신들이 오퍼offer를 내면 일본에 돌아가서 회사 방침을 가지고 오겠다."

경리 담당 이사인 모리모토는 일단 대우 측의 오퍼를 가지고 일본으로 갔다. 일본전기초자NEG 측도 "흥미가 있다"는 반응을 보였다. 이번에는 모리모토보다 더 윗선의 실세가 왔다. 그런데 몇 차례의 협상에도 불구하고 이 흥정은 가격 차이로 무산되고 말았다.

1997년 말에 대우(대우 계열의 오리온전기)가 한국전기초자를 인수할 때에는 주당 가격이 10,300원이었다. 일본전기초자 측에서는 20,000원을 불렀다 그런데 서두칠 사장은 80,000원을 불렀다. 결국 협상은 결렬되었다. 80,000원과 20,000원은 너무 격차가 컸던 것이다. 서두칠 사장은 당시 일본전기초자로서는 당연한 반응이었다고 회고한다.

"내가 수차례 얘기를 한 결과 재무 구조가 좋아졌다든지, 노사관계가 안정됐다든지, 흑자를 내고 있다는 점은 어느 정도 인정했어요. 그러나 일본전기초자는 한국전기초자에 일정 부분 주식지분도 갖고 있었고 기술 제휴도 해 와서 그동안의 사정을 훤히 지켜봐 왔어요. 따라서 1년 반이라는 짧은 기간 동안 기술 수준이나 재무 구조가 좋아졌으면 얼마나 좋아졌겠느냐, 1998년도의 경영 실적이 좋게 나타났다고 해도 그건 일시적인 것 아니냐, 이런 의심을 떨치지 못하고 있었어요. 특히 한국의 노사분규에 대한 일본 기업인들의 두려움은 상상을 초월합니다. 내가 아무리 노사관계가 문제없다고 해도 믿지 않아요. 언제 폭발할지 모른다는 거지요. 일본전기초자뿐만 아니라 한국의 어느 누구도 우리가 제 살을 깎는 치열한 혁신으로 이뤄낸 기적 같은 성과를 믿으려 하지 않는 게 문제였어요."

협상은 실패로 돌아갔지만, 한 가지 분명해진 것은 한국전기초자가 독자 경영을 해도 얼마든지 생존이 가능하다는 사실을 대우그룹 상층부에서 인정했다는 사실이다. 독자 경영으로 나간다는 것은 곧 대우그룹에서 회사를 매각하기로 방침을 세웠다는 얘기나 다름없었다.

이후 신문에서는 한국전기초자를 둘러싼 여러 보도들이 수시로 불거져 나와 사원들의 마음을 흔들었다. 일본전기초자로 넘어간다, 아사히글라스로 넘어갈 것이다, 한국의 LG에서 인수한다더라식의 풍문이 난무했다.

서두칠 사장은 독자 경영은 오히려 자신이 그룹 측에 주장했으며, 그 길로 나아가는 것이 한국전기초자 가족들의 앞날을 보장해 줄 것이라고 자신 있게 역설했다. 그러나 회사의 경영권이 바뀌게 된다는 것은 그동안 서 사장만 믿고 허리띠를 졸라매 온 사원들에게는 불안한 상황 전개였다. 즉 회사의 경영권이 바뀌어 서 사장이 물러나면 그동안 희생의 대가를 어디에 청구하느냐는 것이었다.

다원의 풀잎

1999년 7월, 서두칠 사장은 전 사원을 대상으로 한 경영현황설명회에서 이렇게 말했다.

"기업이 경쟁력을 갖추고 있을 때, 그 기업을 인수할 사람들도 경쟁력 있는 상태를 유지하고 싶어 합니다. 그러나 조직이 흐트러지고 이완돼서 그 효율성이 떨어진 상태라면 인수자가 누가 됐든 사람을 바꿔서 재편성을 시도하게 됩니다. 여러분과 나는 1년 반 남짓의 짧은 기간 동안 함께 해 왔지만, 그 기간에 우리가 이룩해 낸 성과를 어느 누구도 가볍게 보지 못할 것입니다. 우리가 이룩한 기술 혁신과 생산성 향상, 신노사문화 정착과 부채 상환 등의 실적은 어느 누구도 따라올 수 없습니다. 일본전기초자든 아사히든 그들의 할아버지든 누구든 이 회사를 인수하게 될 사람은 지금의 이 체제, 이 사람들, 이 조직, 이 관리 형태를 조금도 변하게 하고 싶어 하지 않을 것입니다. 오히려 변할까 봐 두려워할 것입니다. 이럴 때일수록 똘똘 뭉쳐서 하나가 되는 일이 중요합니다. 나만 믿으십시오. 자신 있습니다."

이것은 괜한 말이 아니었다. 이때는 이미 1999년 상반기 경영 실적이 발표된 뒤였는데, 그 실적이 서 사장이 큰소리를 친 밑천이었다. 이 무렵 한 경제신문에 이런 기사가 실렸다.

대우그룹이 전반적인 위기 상황에 봉착한 가운데, 계열사인 한국전기초자가 사상 최고 실적을 내서 주목받고 있다. 한국전기초자 관계자에 따르면, 상반기 결산 결과 이 회사는 2,235억 원의 매출에, 경상이익이 410억 원으로 잠정 집계된 것으로 알려졌다. 이는 지난해 같은 기간보다 매출은 10%, 경상이익은 무려 106% 증가한 수준이다. 또한 순이익은 지난해보다 45% 증가한 288억 원이며, 이러한 실적은 한국전기초자 사상 초유의 기록인 것으로 알려졌다.

이를 근거로 대우증권은 한국전기초자의 올해 전체 경상이익은 754억 원, 순이익은 565억 원에 달할 것으로 관측했다. 2000년에는 한국전기초자의 경상이익이 1천억 원을 웃돌 것이며, 순이익이 760억 원에 이를 것으로 대우증권은 예측했다. 이러한 실적에 기초해 적정 주가가 7만 5천~9만 원 선인 것으로 추산됐다고 이 관계자는 밝혔다.

ㅡ 〈한국경제신문〉 1999. 8. 2

이만한 성적표를 손에 쥐고 있었기 때문에 그룹 전체가 위기 상황을 맞아 휘청거리고 있었지만 "경영권의 향방이 어떻게 되든 나만 믿고 따르라"고 자신 있게 얘기할 수 있었던 것이다.

왜 사장은 저토록 느긋한가?

1999년 하반기에 접어들자 그룹 전체가 흔들리기 시작했다. 정부에서는 돈 되는 것은 뭐든 팔아서 재무 구조를 건실하게 하라고 채근했다. 그리고 매각하겠다고 내놓은 회사들이 생각처럼 척척 팔려 나가는 것도 아니었고, 기업 간 빅딜도 마음먹은 대로 진행되지 않았다. '세계 경영'을 내걸었던 막강한 기업 집단이 그처럼 맥없이 휘청거릴 거라고는 아무도 생각하지 못했다.

대우그룹 외에도 기업들 간 인수합병 대상 회사들이 속속 발표되고, 고용 불안을 느낀 인수 대상 회사 노조의 격렬한 반대로 나라 안이 몸살을 앓고 있었다. 상황이 이러했음에도 서두칠 사장은 이상하리만치 느긋했다. 서두칠 사장과 김우중 회장 간의 담판 결과에 따라 그룹 구조조정 본부에서는 이미 한국전기초자를 매각 대상으로 분류해 놓은 상태였다. '대우'라는 백그라운드가 없어질 판이고 또 어디로 팔려갈지도 모르는 상황인데, 서 사장은 사원들에게 "우리는 걱정 없으니 일만 열심히 하면 된다"는 얘기로 안심시켰다. 김지선 상무는 당시 상황을 이렇게 회상했다.

"사장님 얘기는 이랬어요. '우리가 언제 대우그룹 도움 받아서 밥 먹고 살았느냐. 그 어려운 가운데서도 우리가 벌어서 월급 주고, 우리가 벌어서 원료 사오고, 그 많던 빚도 갚아 왔지 않느냐. 우리는 얼마든지 독자 경영 체제로 나가도 성공할 수 있다.' 리더가 이렇게 확신을 주니까 사원들이 흔들림 없이 단결해서 일을 해 나갈 수 있었습니다. 더구나 한국전기초자 사원들이 누굽니까. 파업 사태로 막다른 골목까지도 가 봤고, 그 여파로 경영권이 바뀌는 상황도 겪어 봤기 때문에 어지간한 일은 충격으로 받아들이지 않았다는 점도 회사 분위기를 안정시키는 데 한몫 했습니다."

찰스 다윈이 대서양을 지날 때 심한 파도가 일어났다고 한다. 그 파도에 덩치 큰 배들이 몹시 흔들거렸으나 풀잎 하나만은 그 무서운 파도에도 밀려가지 않고 제자리를 지키고 떠 있었다. 다윈의 연구 결과 그 풀잎이 바다 속 깊이 뿌리를 박고 있었음이 알려졌다. 말하자면 한국전기초자는 IMF의 파고가 높았지만 독자적으로 지탱해 나갈 만큼 깊은 뿌리를 2년도 안 돼서 내리고 있었던 것이다.

7월을 넘어서면서 대우그룹 내 오리온전기, 대우전자 등이 워크아웃 대상이 되었다. 대우그룹은 바로 워크아웃 대상이 된 오리온전기를 통해서 한국전기초자 주식의 50% 지분을 가지고 있었다. 다급해진 쪽은 그룹(오리온전기)이었다. 이미 한국전기초자에 대한 매각 방침이 결정된 마당에, 하루라도 빨리 팔아 자금을 끌어들여야 오리온전기의 부채 문제를 해결할 수 있었던 것이다.

오리온전기의 주 채권은행은 외환은행이었는데, 은행 측에서는 왜 한국전기초자를 서둘러 팔지 않느냐고 성화였다. 가장 큰 돈이 나올 구멍이 한국전기초자였던 것이다. 당시 오리온전기의 경영 수지는 괜찮은 편이었으나 과다한 차입금으로 인한 이자 부담 때문에 어려움을 겪고 있었다. 사정이 다급해지자 한국전기초자의 매각을 위해 오리온전기 측이 원매자를 찾아 나섰다. 팔려 나갈 회사의 경영책임자인 서두칠 사장은 뒤로 물러났다.

어차피 유리사업을 아는 동종업계에서 원매자를 찾아봐야 했다. 그중 삼성그룹 쪽은 삼성코닝이라는 벌브유리 업체를 가지고 있었고, 일본전기초자는 이미 '인수 의사 없음'을 표명한 바 있었다. 신문에서는 한국전기초자를 벌브유리 업체를 갖고 있지 못한 LG 측에서 인수할 것이라는 소문을 띄우기도 했으나, 오리온전기의 김영남 사장이 인수 문제를 본격 타진한 쪽은 일본의 아사히글라스였다.

1999년 기준으로, TV 브라운관과 컴퓨터 모니터용 유리(벌브유리)의 세계 시장 판도는 일본의 일본전기초자 30%, 아사히글라스 27%, 삼성코닝 17%, 한국전기초자가 10% 정도였다. 따라서 아사히글라스가 한국전기초자를 인수하게 된다면 일본전기초자를 누르고 세계 1위 업체로 올라설 수 있었다.

아사히에서 관심을 보여 실사가 시작됐다. 실사팀은 아사히글라스 관계자 외에도 대우증권 관계자, 시티뱅크 M&A팀, 국내 주재 외국 증권사 관계자, 투자회사 관계자들로 구성되었다. 그러나 1차 실사를 나왔을 때 아사히글라스 관계자의 반응이 호의적인 것만은 아니었다.

이 자료가 정말 사실인가?

아사히측은 한국전기초자에 대한 관심은 가지고 있었지만, 어디까지나 위험부담이 도사리고 있는 모험이라고 판단하고 있었다. 그들이 가장 크게 우려하는 대목은 노사문제였다. 앞서 일본전기초자가 인수를 포기한 원인도 바로 노사문제 때문이었다. 더구나 일본전기초자의 경우는 한국전기초자의 주식지분을 가지고 있었고 기술 제휴를 해 온 관계로 오랫동안 관심 있게 지켜봐 왔는데, 1997년의 파업 사태에 정나미가 떨어져 버린 것이었다.

이제는 대한민국의 어떤 사업장보다 노사 간의 협력이 공고하다고 아무리 얘기해 봤자 2년여 전에 그 난리를 겪었던 전과前科를 쉽게 불식시키기는 어려웠다. 아사히 쪽은 일본전기초자와는 달리 한국전기초자의 내부 사정을 들여다볼 기회가 없었기 때문에 그런 선입견이 덜했다고는 하지만, 적극적인 매입 의사를 가지고 달려들었다기보다 실사라도 한번 해 보자고 접근했던 것이다.

1999년 8월에 시작된 아사히 측의 실사 작업은 3개월간 계속됐다. 재무제표, 영업, 품질, 기술, 생산 등 모든 분야를 살펴본 그들은 어떤 부분에서는 놀라움을 금치 못했고, 또 어떤 부분에서는 어이없어 하기도 했다.

우선 그들은 생산 현장을 둘러보고 공장 내부의 청결상태에 놀라움을 금치 못했다. 그들의 첫 반응은 "유리공장이 이렇게 청결할 수 있다니!"였다. 그들에게 감탄을 안겨 준 것은 그뿐이었고, 다른 부분에 대해서는 어이가 없다는 반응이었다. 평소 한국기업은 경영에 대한 투명성이 모자라고, 무엇보다 재무제표를 엉터리로 작성하기로 정평이 나있는데 아니나 다를까 실사팀에게 제출된 재무제표는 그들이 보기에 '가공된 엉터리'였다.

불과 1년 반 전에 600억 원의 적자를 낸 회사가 어떻게 짧은 기간에 차입금을 무려 2천억 원이나 갚고 1999년도 경상이익은 1천억 원을 넘길 수 있다고 자료 작성을 할 수 있는가. 그러니 믿을 수 없는 엉터리라는 것이었다. 또 공장의 청결도 등을 볼 때 생산수율이 상당히 높을 수 있는 건 인정되지만, 어떻게 1년 반 전에 바닥을 치던 생산수율 그래프가 구름 위로 치솟을 수 있느냐, 그것도 못 믿겠다는 것이었다. 그러면서 그들은 말했다.

"만일에 이 자료들이 신빙성이 있는 것이라면 이 회사는 인수할 가치가 있다."

1차 실사가 끝나고 아사히글라스 자체의 관계자들만으로 2,3차 실사를 계속했다. 재무제표의 수치들이 거래 은행 확인 작업 결과 사실로 나타났고, 생산 분야 자료들도 사실로 속속 확인되었다. 실사 결과 아사히는 내부적으로 한국전기초자에 대한 주식 지분 매입 방침을 정한 듯 했으나, 주식 인도 가격 등 몇 가지 문제 때문에 막판에 머뭇거리고 있었다.

그런데 막상 회사가 아사히로 넘어갈 공산이 커져 가자 그동안 서두칠 사장만 믿고 따랐던 회사 사람들 사이에선 불안한 기운이 감돌았다.

새 경영진이 올 게 뻔한데 누구를 믿고 일하나

불안감은 이런 이유 때문이었다.

'컨소시엄 형식이 아니고, 아사히가 주식의 50% 이상을 매입하게 될 텐데 그렇게 되면 경영에 관한 전권이 아사히로 넘어가는 것 아닌가. 회사가 넘어가면 즉각 아사히에서 새로운 경영진이 건너올 것이다. 간부들도 대폭 줄여서 새 진용을 짜는 게 관례다. 서두칠 사장은 자신이 책임질 테니 자신만 믿으라고 얘기하지만, 그렇게 장담하고 있는 서 사장 본인부터 회사를 나가게 될 것이다. 그러면서 사장만 믿고 죽자사자 고생해 온 우리는 누구를 믿고 일한단 말인가.'

그러나 서 사장은 머뭇거릴 틈이 없었다. 그는 최종 결론을 내지 못하고 있는 아사히 쪽에 확실한 신뢰를 심어 주고 조속한 결정을 촉구하기 위해서 일본으로 건너가기로 작정했다. 아사히에서 회사를 인수할 경우 그들로부터 장치 기술 지원을 받을 수 있는지, 그들의 해외 경영 전략 확인도 방문 목적 중 하나였다. 서두칠 사장은 '열린 대화방'을 통해 일본 방문 목적을 알렸다.

우리 회사의 경영과 관련하여 10월 12일부터 10월 13일까지 이틀 동안 일본의 아사히글라스 본사를 방문할 계획입니다. 방문 목적은 다음과 같습니다.

첫째, 그동안 우리 회사는 일본전기초자와의 상당한 기술 교류가 있었으나 아사히와는 거의 교류를 하지 못했습니다. 그래서 이번 기회에 아사히글라스의 사장과 전무 등 경영진을 만나 회사 경영이 어떤 방식으로 이뤄지고 있는지를 살펴볼 필요가 있다고 생각합니다.

둘째, 세계 벌브유리 시장의 추세를 보면 CPT(TV 브라운관 유리)와 CDT(컴퓨터 모니터 유리) 유리의 수요와 성장 속도가 둔화하고 있습니다. 따라서 우리 회사로서는 PDP와 LCD 등 새로운 기술의 확보가 매우 시급한 실정입니다. 아사히의 경우 이 방면의 신기술을 보유하고 있으므로 향후 우리 회사와의 기술 협약을 위한 사전 검토의 필요성이 있습니다.

셋째, 대우그룹(오리온전기)이 가지고 있는 우리 회사의 지분을 아사히에 매각함에 있어 필요하다면 우리 회사의 모든 것을 사실대로 충분히 인식할 수 있도록 보충설명을 하겠습니다.

우리 회사는 2년 전의 한국전기초자가 아닙니다. 이제는 달라졌습니다. 사람 Man, 자본Money, 기계Machine, 원재료Material 등 4M의 경영 요소가 제자리를 잡았습니다. 임직원 모두는 일하고자 하는 의욕으로 충만해 있고, 불과 2년 만에 혁신적으로 경영 상황을 호전시켰습니다.

'불과 2년'이라고 하지만 남들에 비한다면 6년에 맞먹는 성과를 우리는 거두었다고 자부합니다. 하루에 10시간 일하는 사람이 1년에 250일을 근무하면 2,500시간을 일하게 됩니다. 그러나 우리는 하루 24시간을 365일 하루도 쉬지 않고 일하고 있습니다. 1년에 8,760시간을 일하고 있는 것입니다.

우리가 내세울 수 있는 것은 바로 이것입니다. 경영 주체가 누가 되더라도 우리의 이 같은 노력과 성과를 대신할 수는 없을 것입니다. 어느 누구도 현재의 우리 조직, 분위기, 활력을 능가하지는 못할 것입니다. 나는 누구보다 우리 한국전기초자 임직원들의 왕성한 의욕과 단단한 조직력을 믿습니다. 나를 믿고 따르세요. 흔들리지 맙시다.

그리고 그는 일본으로 갔다.

●● 아사히글라스로

　서두칠 사장은 아사히글라스의 이쉬즈石律進也 사장과의 미팅에서, 그때까지만 해도 아직 최종 결정을 내리지 못하고 있던 아사히 측에 조속한 결단을 요구했다.

　"우리 회사가 잘 운영되고 있는 비전 있는 회사라는 사실은 당신들도 인정할 것이다. 실사 과정에서 우리가 제시한 자료들이 진실하다는 것을 내가 증명할 수 있다. 어차피 한국전기초자를 내가 책임지고 경영해왔고, 만일 당신들이 경영권을 인수하게 되면 자세한 내막을 훤히 알게 될 터인데 왜 거짓말을 하겠는가."

　아사히 측은 서두칠 사장의 얘기를 신뢰하면서도 노사문제에 대해서만은 의구심을 버리지 못하고 있었다. 아시히글라스의 경우 지금까지 노사 간의 분규를 겪어 보지 않은 무분규 회사였다. 일본의 2개 지역에 공장을 두고 있는데, 양쪽에 단 한 사람씩만의 노조지부장(전임자)이 있고 그들의 임금도 회사에서 지급하는 게 아니라 노조 회비에서 지급하고 있었다. 노조지부장은 재임 기간 동안 회사에서 휴직 상태를 유지하고, 임기가 끝나면 곧장 종전의 자리로 복귀한다. 그러므로 생산 현장은 노조지부장 경력을 가진 사람들이 많았고, 오히려 그들이 경쟁력 있는 회사를 만들어 나가는 데 긍정적인 역할을 하고 있었다.

이런 풍토에서 경영해 온 아사히글라스에게 '석 달 가까이 파업 사태가 있었고 그 때문에 회사 경영권이 다른 곳으로 넘어간 전력이 있다'는 정보는 가볍게 볼 게 아니었다. 회사 자체는 매력이 있는데, 그렇다고 덜컥 삼킬 수도 없는 뜨거운 감자였던 것이다. 머뭇거리는 아사히 측에 서 사장은 못을 박았다.

"한국전기초자는 이미 열린 경영으로 '이해와 협력'이라는 새로운 노사문화의 정착에 성공한 단계이며, 지난 2년간의 경영 성과가 노사 협력의 상징적인 증거다. 필요하다면 노사 간 협력 경영을 선언하겠다는 약속을 할 수 있다."

서두칠 사장의 얘기에 그들도 막연한 불안감을 어느 정도 떨쳐내는 듯했다.

이 미팅에서 또 한 가지 중요한 사항은 아사히가 해외 공장인 한국전기초자를 어떤 방식으로 관리 운영할 것인가 하는 점이었다. 다른 해외 공장처럼 경영권을 쥔 아사히 그룹의 관리자들이 한국으로 건너와서 모든 것을 직접 관리하는 형식이 된다면 현재 임원, 간부들은 대거 회사를 떠나게 될 것이기 때문이다.

나를 믿으세요

아사히로서도 한국전기초자의 '특수'한 구조와 정서를 모를 리 없었다. 쉽게 말해서 2,000억 원에 이르는 거금을 외국에 투자할 때는 그 회사가 앞으로도 장사 잘하는 회사로 유지되어서 이익을 많이 가져올 수 있게 하는 게 최고이다. 그런데 한국전기초자의 지난 2년간의 경영 실태를 조사해 봤더니 기적에 가까운 성과를 올렸다. 그렇다면 현재의 조직 체계를 가능하면 변화시키지 않고 그대로 끌고 가는 게 상책이 아닌가. 결국 서두칠 사장은 일본 방문을 마치고 돌아와서 이렇게 말할 수 있었다.

"아사히글라스가 우리 한국전기초자의 주식 50% 이상을 매입해서 경영권을 확보한다고 해도, 지금까지 해온 공장 경영 전략과는 달리, 우리 회사의 경우에는 경영 현지화Localization 전략, 즉 한국전기초자의 현 경영진 중심으로 경영할 것임을 확인해 주었습니다."

이 무렵 한국에선 퇴출기업의 노조와 사용자 간에 고용 승계 문제를 둘러싼 싸움이 어지럽게 진행되고 있었다. 대우계열의 일부 회사들에서도 퇴출기업 직원들의 고용 문제를 둘러싸고 노동자들이 장기 농성 투쟁을 벌였고, 이 문제가 급기야 국회로까지 확대되기도 했다.

"금융감독위원회에서 부실 판정을 받아 퇴출될 당시 우리 A사 직원들의 고용을 같은 대우그룹 계열의 B사가 승계하여 계약직으로 채용하기로 했으니 그 약속을 지켜라."

퇴출회사 노조 측의 이러한 주장에 대해, 애당초 받아 주겠다고 했던 계열사에서는 고개를 흔들었다.

"퇴출이 결정될 당시에는 퇴출 인력을 3년 계약직으로 채용하려 했으나, 지금은 우리 B사도 자체 인력을 줄이고 있는 상황이어서 곤란하다."

한마디로 내 코가 석 자인 판에 지금 '대우가족'을 따지게 됐느냐는 것이었다. 자금도 인원도 그룹 내에서 마음대로 옮겨 다니던, 그래서 어느 그룹이라는 배경만 있으면 장사를 잘했든 못했든 보장되던 문화가 깨지고 있었던 것이다.

이 때 한국전기초자의 사내 소식지에는 같은 대우그룹 계열회사들의 퇴출과 고용 승계로 인한 노동자들의 투쟁 소식이 모두 소개되었다. 교훈을 일깨우기 위한 의도로도 보였고, 상대적으로 '우리 회사는 끄떡없다'는 것을 과시하기 위한 의도로도 보였지만, 그보다는 '모든 정보는 함께 나눈다'는 열린 경영의 원칙 때문이었다. 소식지에 회사에 불리한 내외 동향은 물론 생산 현장 부서별로 가끔 발생하는 실수나 잘못을 솔직히 공개하고 개선을 다짐하는 '자아비판성' 기사들이 자주 등장하는 것도 같은 맥락이다.

1999년 10월 17일, 3층 강당에서 노조 간부 및 조장(반장급 조장 포함) 이상의 관리자 300여 명이 참석한 자리에서 '성공 2000'을 위한 '신노사 협력 경영 선언식'이 열렸다. 서두칠 사장의 요청을 김철수 노조위원장이 받아들여 성사된 행사였다.

선언식 직후 열린 초청 강연의 특강 연사로 초빙된 〈매일경제〉 황봉현 차장은 "최근 정부에서 신노사문화 인증제도 도입을 천명했는데, 이미 오래 전부터 신노사문화를 바탕으로 선진적 경영을 활발히 펼치고 있는 한국전기초자를 보니 감개무량하며, 짧은 기간에 이룩해낸 발전적인 성과는 기적에 가깝다"고 말했다.

서두칠 사장은 이어서 사원 가족을 대상으로 경영현황설명회를 갖고, 그동안 아사히와의 협상 진행 상황을 상세히 설명했다.

"그동안 우리 회사가 어디로 넘어갈 것이다 등의 언론 매체 기사를 접하고 얼마나 불안했습니까? 그러나 이런 때일수록 내조를 더 잘해서 경영책임자를 중심으로 전 사원이 일치단결해야 경쟁력이 생깁니다. 이미 우리 한국전기초자는 회사의 주식 지분 분포가 바뀌었다고 해서 불안에 떨 만큼 나약한 회사가 아닙니다. 나를 믿고 안심하십시오."

그리고 11월, 한국전기초자의 아사히글라스로의 매각이 사실상 확정되었다. 그런데 인수 계약서 서명에 앞서 아사히 측에서 조건 하나를 걸고 나왔다. 서두칠 사장의 거취에 대한 것이었다.

M&A의
새 모델을 만들다

매각 협상이 타결되어 주식 양도 계약을 조인하기 위해 한국에
온 아사히글라스 측에서 이런 조건을 내밀었다.

"한국전기초자가 한국의 대표적인 우량기업임을 우리는 믿는다.
또한 우리는 전적으로 한국전기초자의 임원들을 신뢰한다. 그러나
대표이사가 1년 후에 대우로 돌아가지 않겠다는 확답을 받아야겠
다."

서두칠 사장은 한국전기초자가 대우로 경영권이 이전되던 1997
년 12월에 임시주주총회에서 대표이사로 선임되었고, 법적인 임기
(3년)를 계산하면 2000년 말까지가 공식적인 임기였다. 서두칠 사장
은 1년 후인 2000년 말까지만 경영을 맡게 된다. 아사히가 걱정했
던 것은 그 다음의 일이었다. 만일 서두칠 사장이 2000년 말에 임
기가 만료된 후 대우그룹으로 돌아가 버린다면 낭패라는 것이다.
아사히 측은 서두칠 사장에게 대표이사 계약을 하자고 나섰다. 그

러나 서 사장은 그런 제의에 찬성하지 않았다.

"나는 계약을 원치 않는다. 공식 임기가 2000년 말까지니까 순리대로 그때까지 내가 이 회사를 경영하고 그때 당신들이 내가 경영을 잘 한다고 판단해서 필요를 느끼면 더 있으면 될 것이다. 나나 당신들이나 상대방과 일을 처음 해 보는 것 아닌가. 내가 당신들 마음에 차지 않을 수도 있고, 당신들이 내 맘에 차지 않을 수도 있다. 그러니 3년 있어라, 5년 있어라 식의 계약을 할 게 아니라 일단 법적으로 등기돼 있는 1년 임기를 채우고 다시 얘기하기로 하자."

서 사장의 이런 자세가 오히려 아사히 측을 불안하게 만들었던 모양이다. 한국의 노사분규에 대해서 불안감을 가지고 있던 아사히로서는, 서 사장에 대한 사원들의 신뢰도 등 여러 측면에서 따져 볼 때 누가 와서 하더라도 그만큼 잘 해낼 수 없다는 판단을 했음직하다. 또 경영 측면에서도 아사히로서는 서두칠 체제를 그대로 안고 가는 것이 최선이라 판단하고 있었기 때문에, 1년 후에 대우로 돌아가 버리면 곤란하다는 우려를 했다. 경영권이 일본 회사로 넘어가면 속된 말로 '볼장 다 보는 신세 되는 것 아니냐?'고 불안해했던 것과는 정반대의 상황이 벌어진 것이다.

"이렇게 하는 게 어떻겠소?"

아사히글라스의 기획 담당 이와이岩井가 아이디어를 제시했다.

"일단 내달(1999년 12월)에 서 사장께서 사표를 내시는 겁니다. 그런 다음 곧바로 열리는 주주총회에서 3년 임기의 새로운 대표이사로 취임을 하는 겁니다."

서두칠 사장을 합법적으로 3년 동안 붙들어 둘 수 있는 절묘한 제안이었다. 서 사장은 결국 그의 제안을 받아들였다.

11월 4일, 서울 힐튼호텔에서 주식 양도 계약 조인식이 열렸다. 대우그룹이 가지고 있던 한국전기초자 주식지분(오리온전기 46%, 대우전자 5%)을 아사히글라스가 매입함으로써 아사히는 50%가 넘는 지분을 확보하게 되었다.

이는 대우그룹으로서도 큰 이익을 본 거래였다. 1997년 한국유리로부터 경영권을 넘겨받을 때 계열사를 통해 주식 51%를 매입하는 방식으로 인수했는데, 그때 투자한 총액이 400억 원이었다. 인수 후 대우그룹에서 한 일은 서두칠이라는 전문경영인과 간부 몇 사람을 그 회사에 내려 보낸 것이었다. 그리고 2년이 채 안 되어 지분을 일본의 아사히글라스에 2,000억 원을 받고 넘겼다. 서두칠 사장이 400억 원을, 그것도 IMF 사태로 극심한 불황를 겪었던 시기에 2,000억 원으로 불려준 것이었다. 만일 경영 실적에 따른 대우를 받기로 하는 스톡옵션 형식의 CEO였다면 서두칠 사장은 돈방석에 올랐을 것이다.

이에 대해 서 사장은 이렇게 말한다.

"열심히 일한 다음의 성취와 보람, 나 자신에 대한 보상은 그걸로 충분합니다."

보따리 싸는 대신 승진

기업 간 인수합병이 이뤄지는 경우 대개 경영권을 쥔 지배주주가 경영진의 진용을 새로 짜고 새로운 조직을 만들어 회사를 장악하게 마련이다. 그런데 아사히의 한국전기초자 경영 방식은 특이한 형태로 나타났다.

먼저 12월 27일에 열린 주주총회에서 7명의 이사를 선임하여 이사회를 구성했다. 일본의 아사히 멤버가 4명, 서두칠(대표이사), 그리고 2명의 한국인 사외이사(그중 1명은 서두칠 사장의 추천) 등으로 구성되었다. 이사회는 사업 계획과 일정 수준 이상의 투자 문제, 회사의 발전 방향 등 거시적인 사항들을 심의 결정하는 의결기구의 기능을 하도록 규정되었다.

이사회와 별도로 집행임원회를 두어서 실질적인 경영을 책임지고 관리하는 것은 물론 일정 규모까지의 사업에 대한 결정도 할 수 있게 했다. 집행임원회는 아사히 측에서 회장과 전무 등 2명이 참여하고, 서 사장을 비롯한 기존 집행임원 10명이 참여하게 되었다.

서 사장 자신이 옛 대우그룹 직급상 '부사장급'에서 사장으로 승진한 것을 비롯해서 9명의 기존 임원들은 새로이 집행임원에 참여하면서 모두 한 직급씩 승진했다. 그러니까 회사가 넘어가면 보따리를 싸야 할지 모른다고 불안해했던 임원들은 오히려 승진의 기쁨을 맛볼 수 있었던 것이다.

서두칠 사장은 이사회의 대표이사와 집행임원회의 사장을 겸하게 되었는데, 이는 아사히 측에서 서 사장으로 하여금 책임 경영을 할 수 있도록 배려해 준 것이었다. 소유와 경영을 분리하여 전문경영인이 책임지고 회사를 경영하도록 장치된 선진 경영 시스템이 만들어진 것이다.

서 사장은 대표이사로 새로이 취임하기 전에, 한 가지를 더 요구했다. 집행임원들에 대한 급여 인상이었다. 아사히 측에서 난색을 표했다. 일본 기업의 투자는 신중하기로 정평이 나 있는데, 아무리 잘 나가는 회사라지만 2,000억 원(184억 엔)이라는 거액을 투자해 놓은 상태인 만큼 출발은 조심스럽게 하고 싶었던 것이다.

"우리는 당신 의견대로 임원들을 단 한 사람도 내보내거나 줄이지 않고 모두 그대로 안고 가기로 했다. 하지만 급여 인상은 시간을 두고 검토해 봐야 하지 않겠는가. 우리는 아직 한국전기초자를 경영해보지 않았다. 현재 경영 상태는 좋다. 하지만 앞으로 수지가 어떻게 변할지 모르는 일이다. 따라서 경영권 이전과 동시에 급여를 인상한다는 것은 위험부담이 있는 일이라 생각한다. 2000년 1년간은 종전 수준을 유지했으면 좋겠다."

서 사장도 물러서지 않았다.

"모든 집행임원은 지난 2년 동안 나를 믿고 365일 단 하루의 휴무도 없이 일해 왔다. 뿐만 아니라 전 임원이 그동안 임금 동결, 보너스 삭감, 복지 혜택의 유예 조치 등을 감내해 왔다. 그리고 이제는 '성공 2000'을 앞두고 있다. 더구나 세계 굴지의 유리회사인 아사히글라스가 경영 참여를 하게 됐으니 서기 2000년을 축제 분위기에서 힘차게 출발할 수 있게 사기를 진작해 줘야 하지 않겠는가."

결국 서 사장의 주장은 받아들여졌다. 이뿐만이 아니었다. 후속 조치로 생산 현장의 조장에서부터 부장에 이르기까지 116명의 간부들에 대해 승진 발령을 내렸다. 임금도 인상했다. 2년 동안 노고에 대해 작은 보답을 한 셈이다. 대우계열사는 물론 여타의 국내

기업들이 인수합병 과정에서 대대적인 감원 조치를 취했고, 이 과정에서 노조의 고용 승계 투쟁이 빈번해 어수선한 상황이었던지라 한국전기초자의 이런 모습은 주목을 받았다.

먼저 아사히가 경영권을 쥐면 모두 쫓겨날지 모른다는 불안감에 휩싸여 있던 상황에서, 기존의 조직을 그대로 유지한 채 독자적인 책임 경영의 틀을 만들어냈다. 아사히의 다른 해외 공장의 경우 아사히글라스 본사에 20~30명씩을 현지에 파견하여 경영 전반을 직접 지휘하고 있는 현실에 비춰보면 확실히 특이한 경우였다. 또 회사가 넘어가는 마당에 기존의 경영책임자가 인사권을 행사하여 승진 인사까지 단행한 '아사히+한국전기초자'의 인수합병은 우리나라 M&A 역사에 새로운 기록을 남겼다.

결론적으로 아사히글라스는 단순히 '한국전기초자'라는 유리공장을 산 게 아니었다. 1,600명 초짜맨들이 일궈낸 '혁신'이라는 질 좋은 상품을 2,000억 원에 사들인 셈이다. 또한 모두가 힘을 뭉쳐 발휘해 나갈 미래의 능력에 투자한 것이다.

그렇다면 서 사장은 이 M&A를 어떻게 평가하고 있을까?

"내가 잘한 건 별로 없습니다. 그보다 이 모든 것은 1,600명 우리 초자 식구들이 피땀 흘려 노력한 데 대한 정당한 대가라고 생각합니다. 아니죠. 2년 동안 우리의 혁신 과정을 돌이켜볼 때 이 정도로는 오히려 부족한 감이 있습니다."

많이 벌었다.
그 다음은?

1999년 2월, 이쉬즈 아사히글라스 사장이 처음으로 회사를 방문했다. 그는 저녁 시간에 2시간이 넘도록 1, 2, 3 공장을 정밀 답사했다. 늦은 시각인데도 불구하고 모든 간부들이 제자리를 지키고 있었고, 생산 현장이 틈새 하나 없이 맞물려 돌아가고 있었다. 뿐만 아니라 공장 내부의 청결성은 감탄이 절로 나올 정도였다. 답사한 뒤에 피력한 그의 소감은 한 마디로 "감격스럽다. 미라클!"이었다.

이쉬즈 사장은 일본으로 돌아가 아사히글라스의 간부들을 모아놓고 "한국전기초자로부터 배울 점이 많다. 우리 간부들이 모두 한번씩 보고 오는 게 좋겠다"는 얘기를 공식적으로 했다.

절대 빚내서 투자하지 않는다

그렇다면 한국전기초자는 '도약 99'라는 비전을 내걸었던 1999년에 어느 정도나 도약을 했을까?

1997년에 1,250만 개이던 생산량이 1998년에는 2,200만 개로 늘었고, 1999년도에는 2,684만 개로 증가했다. 특히 1997년에는 부가가치가 낮고 만들기 쉬운 텔레비전 유리만을 주로 생산했던 것이, 1998년에는 부가가치가 높은 컴퓨터 모니터용 유리의 생산 비중을 50%로 높였고, 1999년에는 70%로 높여 제품의 고부가가치화를 이룩했다.

기술면에서도 회사 내 기술 연구소의 꾸준한 연구 개발로 19인치와 21인치 컴퓨터 모니터용 유리와 29인치 및 33인치 대형 TV 브라운관용 유리, 그리고 평면유리 제품을 개발하는 데 성공했다.

매출액 역시 1997년 2,377억 원에서 1998년 4,842억 원, 1999년 5,717억 원으로 증가했다. 경상이익은 1997년 600억 원 적자에서 1998년 307억 원 흑자로 전환했고, 1999년에는 1,032억 원을 기록했다.

부채 비율은 1997년 1,114%였던 것이 1998년 174%, 1999년 94%로 줄어들었다. 서두칠 사장이 '도약 99'의 비전을 제시하면서 부채 비율을 100% 이하로 낮추겠다고 공언했던 약속을 보기 좋게 달성한 것이다.

서두칠 사장의 당초 임기는 1998년부터 2000년까지 3년이었다. 그런데 경영권이 아사히로 넘어가면서 2000년부터 2002년까지 새로운 임기가 그에게 주어졌다. 그는 새로운 비전을 설정해야 했다.

서 사장에게 있어 비전 설정은 대단히 중요하다. 그는 구체적인 실천 사항이 뒤따르지 않는 추상적인 구호를 싫어한다. '1998년도에는 혁신하자'는 등의 구호는 어느 회사나 내걸 수 있다. 그러나 그의 '혁신 98'은 구호 차원이 아니었다. 노사관계를 혁신하고, 생산공정을 혁신하고, 재무 구조를 혁신하고, 종업원들의 사고思考를 혁신하겠다는 세부 계획을 세우고 모든 역량을 결집했다.

'성공 2000'의 가장 주요한 목표는 빚 없는 회사를 만드는 것, 즉 '무차입 경영'의 실현이었다. 그럼 그 다음은 어떻게 할 것인가? 서 사장은 2001년을 '재도약의 해'로, 2002년을 '변혁의 해'로, 그리고 2003년을 '성취의 해'로 잡았다. 그의 임기가 2002년에 끝나게 되지만 실질적으로는 2003년 초에 회사를 떠나게 되므로 2003년까지의 비전을 제시할 필요가 있었다. 또한 회사는 영속할 것이기 때문에 "내년에는 어떻게 하겠다"는 비전 제시 없이 '변혁 2002'를 추진해 나가는 것은 내일을 모르고 오늘을 사는 것이나 마찬가지라는 생각도 있었다.

"사실 '성공 2000'의 실천 목표로 제시한 무차입 경영을 완성한 다음에는 회사를 떠날 생각이었습니다. 회사 빚 다 갚고 훌훌 떠나려 했던 것인데 뜻하지 않게 발목을 잡힌 것이지요. 그래서 아사히 쪽과 우리 사원들에게 새로운 비전을 제시하게 된 것입니다. 2001년은 재도약하는 해입니다. 재도약이란 게 뭐냐? 앞으로 기존 CRT(브라운관) 유리의 수요는 점점 줄어들고 좀 더 얇고 가벼운 유리로 가게될 겁니다. 회사가 경쟁력을 갖추기 위해서는 두 가지 방향으로 추진하지 않으면 안 됩니다. 첫째는 기존 유리보다 더 얇고 가벼운 강화유리FD GLASS를 만드는 것입니다. 이건 유리 설비를 가지고 기술만 도입하면 생산이 가능합니다. 또 하나는 초박막액정유리TFT-LCD GLASS를 생산하는 것인데 바로 이것이 2001년에 우리가 추진해야 할 사업입니다. 초박막액정유리TFT-LCD GLASS의 경우 아사히가 기술을 갖고 있기 때문에 그 기술을 공유하면 될 것입니다. 그 다음 해인 2002년은 변혁으로 나아가고, '성취 2003'을 성취하고 나면 개인에게는 최고의 보람을 안겨 주고 기업은 세계 최고의 경쟁력을 확보하게 될 것입니다."

비전을 설정하면서 서 사장은 한 가지 철칙을 세웠다. 어떤 경우라도 은행 빚을 내서 투자하지 않겠다는 것이다. 돈 좀 벌었다는 회사의 경우라도 필요 경비를 다 제외하고 나면 10%의 영업 이익을 내기 어려운 게 현실인데, 그 10%로 은행 이자 갚고 나면 빈손 털기 일쑤이다. 이런 상황에서 작은 문제라도 생기면 회사가 망해먹기 십상이라는 생각이었다. 그가 1998년 이래 부채 비율 낮추기에 기를 쓰고 매달려 온 것도 '벌어서 투자한다'는 경영 철학 때문이었다.

서두칠 사장은 1999년의 경영 내역을 전 사원(협력업체 대표 포함)을 대상으로 한 경영현황설명회를 통해 상세히 알렸고, 소식지 '열린 대화방'을 통해 사원 가족들에게도 설명했다.

"작년 한 해 동안 우리가 피땀 흘려 노력한 결과가 이렇게 좋게 나타났다"는 보고를 들은 모두의 기분은 흐뭇하지 않을 수 없었다. 그러나 그 흐뭇함 한편으로는 땀의 대가에 대해 보상을 요구하는 심리가 발동하게 마련이었다. 일각에서 이런 얘기가 흘러나왔다.

"많이 벌었으면 생산의 주역들에게 일정 부분 분배하는 것이 타당한 것 아닌가!"

미래를 위해
투자하라

2000년 3월 6일, 서두칠 사장은 한국전기초자의 일본인 회장 가츠마타, 그리고 차기원 전무와 함께 일본으로 건너갔다. 아사히의 총수를 만나 1999년 결산 내용을 설명하고 2000년도에 회사를 어떻게 끌고 갈 것인지를 설명하기 위해서였다.

늘 그랬던 것처럼 일본에 건너가서 나눈 내용은 귀국 후에 '열린 대화방'을 통해 '보고'되었다.

화점(花點)에 돌 하나를 두다
지난 3월 6일부터 8일까지 일본의 아사히글라스를 방문하고 돌아왔습니다. … 나는 아사히글라스의 최고경영자인 세야 회장을 면담하고 우리 회사의 경영 현황과 앞으로의 경영 방침을 자세히 설명했습니다. 우리에게는 충분한 생산 기술과 무엇보다 제품 하나하나에 열의를 다 바치는 손끝 정성이 있기 때문에, 당장은 아사히의 강화유리 기술이 접목되면 상당한 시너지 효과가 있을 것이라는 점을 강조했습니다. 그리고 향후의 지속적인 성장 발전을 위해서는 TFT-LCD GLASS에 대한 기술 이전이 필요함을 역설하고, 이 신기술을 제품화하여 생산할 공장의 부지 문제도 논의하였습니다.

우리 한국전기초자로서는 앞으로 살아남기 위한 방도가 두 가지 있습니다. 즉 가볍고 깨지지 않는 강화유리를 생산하는 것과, 신규 사업을 펼쳐 나가는 일입니다. 이 두 가지는 우리가 한꺼번에 선택하여야 하며 또한 사활을 걸고 추진하여야 하는 '성공 2000'의 관문입니다. 적어도 향후 10년 이상의 보장을 위해서는 TFT-LCD 사업이 필수입니다. 따라서 우리는 이 두 가지를 동시에 추진해야 합니다.

그러나 가장 걱정되는 사항이 있습니다. 우선 지금까지처럼 전 임직원이 TOP이 의도하는 바대로 계속해서 같은 방향으로 힘을 모을 수 있겠느냐 하는 것입니다. 우리 모두가 단단한 각오와 이해의 일치를 이뤄내지 않으면 한국전기초자의 미래를 가능할 이 사업은 난관에 부닥치게 될 것입니다.

둘째는 신규 사업에 소요될 막대한 자금의 문제입니다. 우리는 무슨 수를 써서라도 자체 자금으로 이 사업을 시작하지 않으면 안 됩니다. 따라서 모든 사원들이 지금처럼 허리띠를 졸라매고 생산과 판매에 힘쓰고 능률을 올리는 일에 정진하지 않으면 안 됩니다. 그러나 요즘 장래 회사의 주축이 될 직급의 인원 중 일부가 부정적인 생각과 소극적인 행동을 하고 있는 경우가 있는 것 같습니다. 이는 매우 안타까운 일입니다.

나는 이번의 일본 방문을 통해서 당장에 무엇을 시작한다기보다 화점花點에 돌 하나를 두고 왔다고 생각합니다. 그 화점을 중심으로 집을 짓고 땅을 넓히는 일은 우리 모두가 사활을 걸고 추진해야 할 공동의 목표요, 비전입니다….

이 '귀국 보고'의 화두는 미래에 대한 준비에 힘을 모으자는 것이었다. 서 사장은 2002년 말이면 임기가 끝난다. 그리고 지금 회사는 장사를 잘하고 있다. 2000년 말이면 부채를 모두 상환하여 '무차입 경영 시대'의 막을 올릴 수 있게 된다. 지금처럼 해 나간다면 그가 임기를 마치고 물러나는 날까지 한국전기초자는 지난 2년보다 더 놀랄 만한 성과를 올릴 수 있을 것이다. 지금처럼만 해도 '서두칠이라는 사람은 퇴출 직전의 회사를 맡아서 초우량기업으로 일궈 놓은 전문경영인'이라는 평판을 받으며 퇴임할 수 있을 것이다.

그러나 그는 3년 후나 5년 후를 위해서 강화유리 생산 체제를 갖추자고 호소했고, 그보다 더 먼 장래를 위해 TFT-LCD 유리를 만들어낼 수 있는 터전을 마련하는 일에 사활을 걸어야 한다고 주장했다.

이것은 그가 재임 중에 자신의 실적으로 남을 지표의 눈금을 올리는데 급급하지 않고, 자신이 떠나고 없게 될 먼 미래에도 한국전기초자가 여전히 경쟁력 있는 회사로 남아 있게 하기 위해 온 힘을 쏟겠다는 의지의 표명이었다. 그는 이것을 '화점에 바둑돌 하나를 두고 왔다'는 비유를 들어 얘기했다. 그는 아사히의 경영진이 지배주주인 자신들의 이익을 위해서도 한국전기초자의 새로운 사업을 승인할 것으로 확신하고 있었다.

그러면 서두칠 사장이 TFT-LCD 유리 사업을 미래의 자구 수단으로 짚은 것은 옳은 판단일까?

미래에 대한 투자 없이 무슨 수로 고용을 보장합니까?

TV 브라운관이나 컴퓨터 모니터용 유리 사업이 독과점 성격으로 유지돼 온 것은 그 사업에 신규로 뛰어드는 사람이 별로 없었다는 얘기와 통한다. 가장 큰 이유는 돈이 많이 들어가기 때문이다. 라인 하나를 설치하는 데도 7백억~1천억 원에 가까운 돈을 투자해야 한다. 라인을 설치했다고 해도 금방 수지를 맞출 수 있는 게 아니다. 고객으로부터 정품으로 승인받기가 까다롭기 때문에 적어도 5~6개월 동안은 '버릴 물건'을 생산해야 한다.

이런 이유로 세계적으로 벌브유리회사는 고정되어 있다. 그런데 외국 회사들은 생산량을 줄이거나 생산 시설을 철수하는 추세다. 왜냐하면 벌브유리의 수요자인 일본의 튜브회사들이 동남아나 중국으로 이전해 버렸기 때문이다. 일본에서 만들어서 동남아나 중국으로 운송해서는 가격 경쟁이 안 될 게 뻔하다. 한국전기초자도 국내의 TV, 컴퓨터 회사들이 동남아나 중국 등지로 공장을 옮기면 그때는 어떻게 살아갈 것이냐 하는 문제가 심각하게 대두될 수 있다.

그래서 대안으로 나온 것이 TFT-LCD 유리이다. 초박막액정유리인 이 제품은 쉽게 말하자면 휴대폰에 사용되는 것과 같은 액정유리 제품을 일컫는데, 당시 이 유리를 사용한 텔레비전이나 컴퓨터 제품이 개발되어 시중에 나오고 있었다. 즉 이 분야의 유리 생산은 이제 막 시작 단계에 있는 사업이었기 때문에 회사의 지속적인 성장을 유지하기 위해 반드시 추진해야 할 분야였다.

그래서 TFT-LCD 유리의 제품 생산을 위한 공장 부지도 마련했다. 제2공장과 제3공장 사이에 한국토지공사 소유의 땅이 있었는데, 공장 설립 부지로 맞춤인 면적이었다. 운 좋게도 서두칠 사장이 일본으로 건너가기 전 이 땅에 대한 공매 공고가 났고, 이렇게 해서 장치 회사의 역점 사업의 발판이 될 새로운 공장 부지를 장만할 수 있었던 것이다.

2000년 1/4분기 매출 실적이 나왔다. 1,555억 원이었다. 1999년 1/4분기와 비교할 때 20.9%의 신장률이었다. 게다가 연초에 서 사장이 '성공 2000'의 비전을 제시할 때 약속했던 무차입 경영도 연말이면 가능하게 되었다.

당연히 '장사를 잘했으면 이제 나눠 먹어야 할 것 아니냐, 피땀 흘려 고생한 대가를 사원들에게 골고루 배분해야 한다'는 목소리가 일각에서 나왔다. 일반적으로 회사가 돈을 벌어 빚을 다 갚고 축적을 하게 되면 분배문제가 제기되는 것은 자연스러운 일이다. 그러나 경영현황설명회에서 서두칠 사장은 그런 기류에 대해 가차 없는 질책을 쏟아 놓았다.

돈을 좀 벌었으니 나눠 먹자? 적어도 한국전기초자 사원들이 그런 얘기를 해서는 안 됩니다. 여러분은 과거에 이미 두 번이나 쓰라린 경험을 한 적이 있습니다. 1970년에는 흑백 TV 유리로 장사를 잘했습니다. 장사를 잘했으면 뭐 합니까. 1980년대 초에 컬러 텔레비전 방송이 시작되자 흑백 TV 수요가 급격하게 줄었어요. 그 여파로 1980년 6월에 650명이던 사원 수가 1982년 5월에 207명으로 줄었지요. 2/3가 넘는 사원들이 쫓겨났습니다. 미래를 위해서 투자를 안 하고 연구를 게을리 한 탓입니다. 1997년의 홍역 역시 마찬가지입니다.

지금 우리 회사는 잘되고 있습니다. 돈도 잘 벌고, 금년 내로 빚도 다 갚게 될 것입니다. 하지만 잘된다고 나눠 먹고 주저앉아 있으면 여러분 고용이 보장될 줄 아십니까. 금년까지 빚 다 갚고 내년부터는 번 돈 가지고 재도약을 해야 합니다. 강화유리 양산 체제를 갖추고 TFT-LCD 유리에 투자하지 않으면 또 언제 그 쓰라렸던 전철을 밟을지 모릅니다.

은행 빚 내서 투자하자고요? 지금 우리 회사 신용이 좋아서 은행에서 제발 돈 좀 빌려가라고 야단입니다. 그러나 나는 무슨 일이 있더라도 빚 얻어서 투자하지는 않습니다. 우리가 지난 2년 동안 얼마나 고생을 했습니까. 갖은 고생을 감내하면서 벌어들인 돈이 은행 이자 갚는 데 다 들어가 버린다고 생각해 보세요. 일할 맛 나겠습니까?

나는 사람을 대단히 소중하게 생각하는 사람입니다. 일터에서 사람을 내모는 일은 최후 수단으로서도 피해야 한다는 주의입니다. 이런 생각을 가진 내가 여러분에게 고용 보장을 약속했습니다. 그런데 눈앞에 뻔히 보이는 미래에 대한 투자 없이 무슨 재주로 1,600명의 고용을 보장하겠습니까!

사장의 설득은 공감을 얻었다. 사원들은 모두 자신들의 장래에 대해 현명한 인식을 하게 되었다. 회사의 현재를 숨김없이 털어놓고 미래를 말하자. 그 미래가 현재처럼 생생히 다가올 것이다. 사장은 자신이 제시한 비전을 지배주주인 아사히의 경영진에게도 설명하고 협조를 구했다.

"당신들은 2천억이라는 거액을 이 회사에 투자했다. 그렇다면 한국전기초자가 Take Off(도약)해야 본전을 뽑을 것 아닌가. 물론 지금도 사업이 잘되니까 당신들이 차지할 배당은 높아질 것이다. 그러나 배당이 몇 푼이나 되는가. 당신들은 TFT-LCD 유리에 대한 선진 기술을 가지고 있다. 그 기술을 한국전기초자에 이전하면 기술 이전에 따른 대가도 함께 받아갈 수 있지 않겠는가."

아사히 측에서도 서 사장의 이런 주장을 긍정적으로 검토하기 시작했다. 마침내 한국전기초자에 강화유리와 TFT-LCD 유리의 생산 기반을 조성하기 위한 새로운 사업팀이 꾸려졌다. '성취 2003'을 위한 준비에 박차를 가하게 된 것이다.

이건 기적입니다!

2000년 3월 31일, 아사히글라스의 세야 회장이 구미에 왔을 때의 일이다. 70대의 노老경영자는 평생을 아사히에 바쳐 온 유리업계의 대부 격이다. 이제 한국전기초자를 인수했으니 규모면이나 생산능력 면에서 세계 최대의 CRT 유리 생산 업체의 대표가 된 셈이다. 서두칠 사장으로부터 1999년 경영 실적과 2000년 1/4분기 경영 내역을 보고받은 세야 회장은 공장을 일일이 돌아보고 나서 "그냥 잘하고 있다는 말로는 모자란다. 이건 기적이다!"라고 감탄했다.

세야 회장이 "미라클"을 연발하자 듣고 있던 서두칠 사장이 대답했다.

"조물주가 하는 일이라면 몰라도 사람이 하는 일에 기적이 어디 있는가. 우리는 벌써 3년째 전 간부가 단 하루도 쉬지 않고 1년 365일을 풀타임으로 근무하고 있다. 남이 잘 때 깨어 있고, 남이 쉴 때 일하고, 남이 놀 때 공부한 결과일 뿐이다. 우리는 하루 24시간, 1년에 8,760시간을 일한다. 그러니까 다른 회사가 5~6년에 이룰 일들을 2년 만에 해냈고, 또 앞으로 3년이면 다른 회사가 10년 할 일을 이뤄낼 수 있다. 그냥 해 보는 소리가 아니다. 실제로 우리가 지난 2년 동안(1998~1999년) 번 돈이 과거 20년간 벌었던 돈보다 많다."

세야 회장은 서두칠 사장의 "1년이면 8,760시간을 풀타임으로 일한다"는 얘기에 놀라움을 금치 못했다. 그런데 서 사장이 이렇게 치고 나왔다.

"금년에 우리는 8,760시간을 일하지는 않을 것이다."

서 사장의 얘기에 세야 회장이 다소 긴장된 표정으로 "무슨 얘기냐?"고 물었다. 이제 세계 굴지의 아사히의 일원이 됐으니 예전처럼 그렇게 죽자 사자 열심히 할 필요 뭐 있겠느냐, 이렇게 알아들은 듯했다.

"금년은 작년이나 재작년과는 다르다. 왜냐하면 금년은 2월이 29일이어서 24시간이 더 있다. 우리는 8,784시간을 일할 것이다."

좌중에 한바탕 폭소가 터졌다. 그날 저녁식사를 함께 하며 세야 회장은 서 사장에게 두 가지를 정중히 제안했다.

첫째, 일본의 아사히 이사회에 서두칠 사장이 직접 참석해서 한국전기초자의 성공담Success Story을 발표해 줄 것.

둘째, 모든 사람이 볼 수 있는 자리에다 'World Best Glass Company(세계 제일의 유리회사)'라는 간판을 붙일 것.

물론 한국전기초자에는 세야 회장이 제안했던 대로 'World Best

Glass Company'라는 현판을 걸었다. 기실 '세계 제일의 유리회사'
는 서두칠 사장이 '성공 2000'의 비전을 제시하면서 내걸었던 목표
이기도 했다.

그러나 서 사장을 비롯한 한국전기초자 임직원들에게 "지금 당신
들의 회사가 세계 제일이냐?"고 묻는 것은 어리석은 일이었다. 왜
그러한가? 회사 경영에 있어 정점頂點이란, 그 회사가 망한 다음에
"그때가 우리 조직의 피크였어"라고 회상할 때에나 존재하기 때문
이었다.

차입금 제로 상태를
선언하다

2000년 8월 8일, 3층 강당에서 경영 현황 설명회가 열렸다. 2000년도 전반기의 경영실적을 공개하고 앞으로의 나아갈 바를 설명하는 자리였다. 이날 모두의 1차 관심사는 '성공 2000'의 가장 핵심적인 목표로 설정했던 연내 '무차입 경영'이 실천돼 가고 있으냐 하는 점이었다.

회사가 '차입금 제로'를 선언한다는 것은 사원들에게 남다른 의미가 있었다. 차입금은 1997년 이후 번번이 회사의 발목을 잡아 온 족쇄였다. 부채 비율이 높다는 이유로 퇴출 대상으로 몰리기도 했고, 합병 대상이 되거나 매각 대상으로 내몰리기도 했던 것이다. 그동안 자신의 일터가 '빚더미에 올라앉은 회사'라는 사실 때문에 사원들은 늘 불안감을 떨치지 못하고 있었다. 따라서 '우리 회사가 잘 나가고 있다'는 막연한 얘기보다, '2000년 말까지 빚을 다 갚을 수 있다'는 얘기가 정서적으로 훨씬 더 활력있게 받아들여질 수 있었다.

　더구나 국내 20% 가량의 기업이 영업 이익으로 이자도 못 갚는 경영 실적을 기록했다는 언론 보도가 쏟아져 나오고 있는 상황이어서, 만일 한국전기초자가 '차입금 제로'를 선언할 수 있다면 그동안 땀 흘려 온 보람이 한층 높아질 것이었다.

　한국전기초자의 2000년 상반기(6월 말 기준) 매출은 3,365억 원으로 발표되었다. 1999년 상반기에 비해 32.7%가 신장된 수치였다. 그러나 만족할 만한 수치는 아니었다. 6월에 예상치 못했던 정전 사고가 발생하여 금액으로 환산하면 25억 원 가량의 생산 차질이 있었고, 용해로 하나가 고장을 일으켜 보름 동안이나 가동을 못하게 된 사로고 35억 원의 손실이 있었다. 그럼에도 불구하고 전년 대비 32.7%의 매출 신장을 기록했다.

　상반기의 매출 총이익은 1,346억 원, 영업 이익은 1,149억 원을 기록했다. 이것은 전년도 1년 치를 초과하는 이익 발생이었다. 매출액 대비 순이익률은 23%였다. 장사를 잘한다는 대기업의 경우 전체 매출의 10%만 순이익으로 남겨도 대단한 실적을 올린 것처럼 평가되는 현실에서 보기 드문 이익률을 기록한 것이다.

　드디어 서 사장이 부채 내역을 공개했다.

　"우리 회사는 2000년 6월 말 기준으로 400억 원의 부채를 가지고 있어서 49%의 부채 비율을 기록하고 있습니다. 그러나 실적으로는 차입금 제로 상태입니다. 우리는 6개월을 앞당겨 '성공 2000'의 핵심 목표인 무차입 경영을 달성한 것입니다."

　400억 원의 빚이 아직 남아 있다면서 차입금이 제로 상태라니,

도대체 무슨 소린가?

빚은 빚이지 좋은 빚 나쁜 빚이 어디 있나?

한국전기초자의 주거래 은행은 한국산업은행이다. 일부 회사채를 제외하면 이 400억 원의 부채는 예전에 제2공장과 제3공장을 지을 때 산업은행으로부터 설비 자금으로 끌어 쓴 돈으로 주로 외화 자금이다. 회사는 2000년 상반기에 800억 원의 자금을 손에 쥐고 있었다. 빚을 갚고도 남을 여유가 생긴 셈이다. 그래서 무차입 상태로 전환하기 위해서 은행에 찾아가 빚을 갚겠다고 했다.

그러나 산업은행 측의 반응은 의외였다. "왜 만기도 되지 않았는데 돈을 갚으려 하느냐, 안 받겠다"고 나오는 것이었다. 회사 측은 만기가 되기 전에 빚을 갚는 것이 은행에 불리하다면 패널티(손해 배상)를 감수하고라도 차입금을 청산하겠다고 맞섰다. 그래도 안 된다고 했다.

결국 회사와 산업은행 사이에 "빌린 돈을 갚겠다", "만기될 때까지 돈 못 받겠다"하는 이상한 줄다리기가 벌어졌다. 급기야 회사는 제발 좀 갚자고 사정을 하고 산업은행 측은 제발 조기 상환하지 말고 거래 관계를 유지하자고 사정하는 진풍경이 벌어졌다.

서두칠 사장은 2000년도에는 무차입 경영을 실현하겠다고 약속해 둔 터여서 부채 제로의 증빙서류를 내보이고 싶었으나 명분만 고집할 수는 없는 노릇이었다. 사실 산업은행에 걸려 있는 차입금은 주로 외화 자금인데 금리가 7~7.5%에 불과했다. 그런데 빚 갚을 돈을 달리 운용하면 8% 이상의 이자 수익을 올릴 수 있었다. 서 사장은 만일에 대비하여 은행과의 거래 관계를 유지하는 것도 나쁠 것 없다고 판단해서 더 이상 무리하게 갚겠다고 나가지는 않았다.

지금도 무차입 경영에 대한 서 사장의 생각은 자금 담당자가 보기에는 결벽증에 가까울 정도이다.

"싼 이자로 빌릴 수 있는 경우도 많기 때문에 기업이 일정 부분의 은행 부채를 가지고 있다는 것이 꼭 나쁘다고 볼 수는 없거든요. 설비자금의 경우 정책 자금이라 해서 아주 싼 금리로 대출해주는 경우가 많아요. 극단적인 예를 들자면 그런 자금을 싼 이자로 빌려서 다른 데 예금을 해 놓으면 주는 이자보다 받는 이자가 더 많은 경우도 있어요. 그러니까 빚이 있다고 다 나쁜 게 아니고 그 빚의 종류가 어떤 것이냐를 따져 봐야지요. 그런데 사장님은 1997년 말에 와서 '빚 많은 설움' 때문에 극심한 고생을 하셨기 때문에 빚을 내서 뭘 한다는 데 대해서는 고개를 절레절레 흔드시는 분입니다. 1998년 하반기 이후에 발행한 회사채의 경우 12%짜리도 있고 8%짜리도 있기 때문에 아주 쌉니다. 금리라는 게 항상 오르락내리락 하는 것 아닙니까. 17%짜리 회사채를 발행했는데 나중에 금리가 10%로 내리면 질책받을 일이지만, 17%짜리를 발행했는데 현재의 금리가 20%가 되면 그때 참 싸게 잘 빌렸다고 좋아하게 돼 있습니다. 이처럼 차입금이란 게 상황에 따라 꼭 나쁜 것은 아니란 거죠. 그런데 사장님은 '빚은 빚이지 좋은 빚 나쁜 빚이 어디 있느냐'고 할 만큼 부채 문제에 있어서만은 결벽에 가까운 경영 방침을 일관되게 지켜나가고 있습니다."

최영호 상무의 설명이었다.

좋은 소문은 나팔을 불어도 잘 안 퍼지지만 나쁜 소문은 빗장 걸어 가둬 두어도 천 리 밖까지 나게 돼 있다. 과거 한국전기초자의 부채 상황이 워낙 악성이었기 때문에 지금도 한국전기초자라 하면 '아, 부채 비율이 1,000%가 넘은 그 회사'라는 인식이 어딘가 남아 있을 수 있다. 따라서 '부채비율 0%'를 대내외에 선언함으로써 한국전기초자의 달라진 면모를 가시적으로 내보일 필요도 있었을 것이다. 기업의 신용을 따지는 데 있어서 재무제표 수치의 중요성이야 새삼 거론할 필요도 없다.

그런데 이런 해프닝은 산업은행에서만 벌어진 게 아니었다.

제발 빚 좀 갚지 마시오.

은행 빚을 내기도 힘들었지만 갚기도 결코 쉬운 일만은 아니었다.

"우리가 당신 은행에 1,500억 원의 빚이 있다. 그 빚 중에서 300억을 갚으러 왔다."

"아직 만기가 안 됐는데 300억 원을 당겨서 갚겠다고? 그건 안 된다."

"만기가 안 됐지만 일부라도 상환해서 부채 비율을 조금이라도 개선해 나가야 되는 회사 사정이 있다. 제발 버는 대로 조금씩 갚아 나가도록 해 달라."

"그럴 거면 1,500억 원을 일시에 다 갚아라."

"우리 회사 부채가 1,114%였고 지금은 부채 비율이 높다고 퇴출이다 합병이다 해서 도마 위에 올라 있다. 버는 대로 얼마라도 갚아서 대외 신용을 개선해 나가야 하는 실정을 이해해 달라. 부채 비율을 낮추는 건 우리 회사의 절체절명의 과제다. 회사를 살려야 당신들도 나머지 빚에 대한 원리금을 온전하게 상환받을 수 있을 것 아닌가."

이런 설득 끝에 그동안 차입금을 앞당겨 갚아 나갈 수 있었다. 서 사장이 만일 은행 부채를 앞당겨 갚지 않고 만기가 될 때까지 방치했더라면 아직도 회사의 신용이 상당히 어려울 것이라고 말한다.

부채 비율과 관련해서 덧붙여야 할 점은, 어떤 기업이든 '차입금 제로'는 가능하지만 '부채 비율 제로'는 불가능하다는 것이다. 부채란 은행 차입금에 미지급 채무를 합한 것이다. 은행 차입금이야 다 갚아 버리면 제로가 되지만 끊임없이 원자재를 갖다 쓰고 그 대금을 추후에 결재하고 하기 때문에 미지급 채무조차 하나도 없는 상태인 '부채비율-0'은 만들 수 없다는 얘기다.

서 사장은 2000년도에 무차입 경영을 달성하겠다고 선언했다. 그런데 차입금을 갚고 싶어도 은행에서 돈을 안 받아 준다. 그러면 한 가지 방법이 있을 수 있다. 가령 400억 원의 차입금이 아직 남아 있다면, 차입금과 똑같은 액수인 400억 원의 현금을 은행에 예치하고 나서 "사원 여러분, 이제 플러스 마이너스 제로가 됐습니다. 나는 무차입 경영의 약속을 지켰습니다." 이렇게 선언하는 것이다.

하지만 그는 어떤 목표를 달성했을 때 그 내용은 전 사원에게 철저히 공개하되 거창한 이벤트를 벌이는 것을 체질적으로 싫어한다. 그런 이벤트를 벌이지 않더라도 정보 공개를 통해 모두가 차입금 제로 상태를 인식하고 있으면 되는 것 아닌가.

더군다나 과거와는 달리 증권회사 등에서도 차입금 제로 상태를 순부채 개념으로 판단한다. 과거에는 차입금 통장에 '0'이 표시돼야 제로가 됐다고 했으나, 요즘은 차입금이 500억 원이 있고 예금이 500억 원이 있다면 순부채 개념으로 '차입금 제로'로 표시한다는 것이다.

반년이나 앞당겨 차입금 제로 약속을 지켜낸 서 사장은 2000년 상반기 경영 실적을 설명하면서 이렇게 말했다.

"무차입뿐만 아니라 나는 여러분에게 100가지도 넘는 약속을 했습니다. 그 약속 중에 단 한 가지라도 지켜지지 않은 게 있습니까? 다 지켰습니다. 내가 점쟁이여서 미래의 상황을 맞혔던 게 아닙니다. 물론 경영책임자인 나 자신도 지켜낼 자신이 있는 약속을 했고, 또 그 약속을 지키기 위해서 자나깨나 노력을 해 왔지만, 그 무엇보다 1,600명 우리 전기초자 식구들의 능력과 가능성을 믿었기 때문에 가능했습니다."

그 100가지가 넘는 약속 중에는 주가株價에 대한 것도 있었다. 2000년 상반기까지만 해도 회사 주식은 하락세를 보이고 있었다. 사장은 말했다.

"지금은 벤처 열풍이다 코스닥이다 해서 우리 회사 주식이 턱없이 저평가되고 있지만, '성공 2000'의 중간 지점에 이르면 틀림없이 우리의 혁신 노력이 정당한 평가를 받게 될 것이다. 기대해도 좋다."

아닌게 아니라 2000년 8월의 경우를 보면 전반적인 증시의 침체에도 불구하고 4만 원대를 맴돌던 주가가 9만 원대에 육박하게 되었다. 주가와 관련해 서 사장은 웃으면서 이런 말을 한 적이 있다.

"경영책임자인 나를 믿고, 또한 우리 모두가 만들어 나갈 미래의 성과에 대해 확신을 했던 사람에게는 아마 좋은 일도 있을 거예요."

이것은 '그때 내 말 믿고 우리 회사 주식에 투자한 사원은 돈도 벌 것'이라는 의미의 은근한 암시였던 셈이다. 그렇다면 서 사장은 주가가 큰 폭으로 오른 현상에서 무엇을 읽어내고 있었을까?

"과거에 장사 잘했다는 것? 그건 아무 필요 없습니다. 현재 어떻게 하고 있느냐는 것? 주식 시장에서는 그것도 다 아는 사항이기 때문에 주식 값을 끌어올리지 못합니다. 현재 상황은 기존의 주가에 이미 다 반영돼 버렸어요. 그럼 한국전기초자의 주식 값이 큰 폭으로 올랐다는 것은 무얼 의미하느냐, 한국전기초자의 미래에 대한 기대가 크다는 것입니다. 주가를 결정하는 것은 기업의 미래 가치 아닙니까. 미래에 대한 명확한 비전을 제시하지 못하고, 그 추진 과정에서 신뢰를 잃게 되면 또 언제 곤두박질칠지 모릅니다."

여러분과 제가 그 일을 해냈습니다

차입금이 실질적으로 제로 상태에 이르렀다는 것은 단지 장부상의 숫자놀음이 아니다. 매출액 대비 금융비용을 뽑아 보면 1998년도에는 전체 매출액의 10%를 은행 이자로 지출했다. 그러던 것이 2000년 상반기에는 2%로 떨어졌다. 그러다가 8월 이후에는 은행에 주어야 할 이자보다 은행에 돈을 예치함으로써 받는 이자가 더 많아지게 되었다. 서 사장은 이렇게 번 돈을 어떻게 써야 할 것인지에 대해 사원들에게 설명했다.

"지금부터 해야 할 일이 아주 많습니다. 우리가 생산해 오던 기존의 CRT 공장이 조건이 유리한 중국으로 몰려가고 있습니다. 중국은 우리에 비해 인건비가 1/20밖에 안 됩니다. 거기다가 원료의 자체 조달도 가능합니다. 앞으로 중국이 CRT의 생산 기지로 변할 것입니다. 이런 상황에서 우리는 무얼 해야 하느냐, 중국이 못 만드는 것을 부지런히 만들어야 합니다. 가령 컴퓨터 모니터용 유리 CDT 중에서도 19인치나 21인치 등 대형 제품은 중국이 적어도 3년 이내에는 생산하지 못할 제품입니다. 더불어 평면유리의 양산 체제를 갖추는 것도 시급합니다. 여기 들어가야 할 돈만 1천억 원입니다. 그리고 우리가 의욕적으로 추진하고 있는 TFT-LCD 유리 생산에 1천5백억 원을 투자해야 합니다. 도합 2천5백억 원인데, 무슨 일이 있더라도 철저히 우리가 번 돈으로 이 자금을 마련해야 합니다. 은행에서 돈을 잠깐만이라도 빌려오면 그 순간에 우리 회사의 신용 등급이 1등급 낮아져 버립니다. 돈 빌려서 할 바에는 차라리 회사 문 닫는 게 나아요."

서 사장은 부채 비율이 낮은 기업의 장점으로 과감한 투자를 할 수 있다는 점을 꼽는다. 경제 전반이 어렵고 미래에 대한 예측이 불가능한 상황에서는 어떤 기업도 섣불리 투자를 단행하기 어렵다. 기본적으로 빚을 내서 투자할 생각을 하기 때문이다. 그런데 한국전기초자가 어려운 시기임에도 새로운 사업에 적극적인 투자를 감행할 수 있었던 것은 투자 재원이 '직접 번 돈'이기 때문이었다. 물론 투자는 철저하고 치밀한 계산에 의해서 진행되어야 한다. 회사 사람들 중에서 서 사장의 '철저함과 치밀함'을 의심하는 사람은 없었다. 지난 2년 반 동안 그가 했던 약속은 하나도 빗나가지 않았기 때문이었다.

이날 경영현황설명회에서 그는 또 다른 자료를 공개했다. "우리의 일터가 안정되었다는 증거를 보여 주겠다"면서 한국신용평가정보KIS가 매긴 신용 평점 내역을 제시한 것이다. 거기에는 비교대상 기업으로 같은 유리 생산 업체인 한국유리와 벌브 유리를 사용하는 회사인 삼성SDI, 그리고 굴뚝사업의 으뜸 주자라 할 수 있는 포항제철이 제시되어 있었다.

이 4개 기업의 1997년 평점을 보면 한국전기초자가 53점, 한국유리 63점, SDI 72점, 포철 72점이었다. 그런데 혁신 운동의 원년인 1998년에는 한국전기초자(78)-포철(74.5)-SDI(72.5)-한국유리(60) 순이었고, 1999년의 경우에도 한국전기초자는 87점을 획득하면서 나머지 회사들을 앞질렀다. 가장 공신력 있는 평가기관으로부터 초우량기업으로 평가받은 것이다.

이날 설명회를 마치며 서 사장은 한국전기초자의 '현재'에 대해서 힘주어 말했다.

"우리 한국전기초자는 세계 제일의 유리회사로 확실하게 인정받았습니다. …여러분과 제가 그 일을 해냈습니다."

빈틈 없는 하루

4시 50분, 서두칠 사장은 자신의 자취집에서 눈을 뜬다. 시계의 자명종을 4시 50분에 맞춰 놓았지만 그는 시계 소리를 듣고 일어나는 적이 거의 없었다. 시계가 그를 깨우는 게 아니라 그가 먼저 일어나 시계를 깨웠다. 전날 밤에 쌀을 안쳐 놓은 전기밥솥의 코드를 꽂고 샤워를 했다. 샤워를 하면서 그는 회사 경영과 관련해 지난밤에 생각한 것을 다시 한 번 머릿속에 정리했다.

5시 20분에는 아침식사를 했다. 바쁘다고 해서 섭취를 아무렇게나 하는 법은 없었다. 다행히 슈퍼마켓에서 파는 포장 식품이 많아서 편리했다. 물만 붓고 끓이면 미역국도 만들어낼 수 있고 우거지국도 끓여낼 수 있었다. 물론 밑반찬은 일주일에 한번 내려오는 아내의 도움을 받았다.

서 사장은 김칫국 하나는 누구보다 잘 끓일 수 있다고 자랑했다.

"처음에는 신김치에다 물 붓고 된장을 넣어 끓였는데 영 맛이 없었어요. 몇 번 시도 끝에 비법을 터득했습니다. 우선 신김치를 물에 씻어서 불끈 짠 다음 된장하고 식용유를 넣고 버무려서 볶습니다. 어느 정도 볶아졌을 때 별도로 끓여놨던 멸치국물을 부어 다시 끓이면 아주 맛있는 김칫국이 돼요."

5시 40분에 집을 나섰다. 물론 손수 운전이다. 보통 사람들의 출근 시간보다 턱없이 이르기 때문에 차가 막히지 않아 좋았다. 서 사장이 회사를 향해 출발하는 것과 거의 동시에 같은 아파트를 빠져 나가는 사람이 있었다. 1997년 말, 서 사장과 함께 대우에서 온 차기원 전무였다. 그 역시 서 사장과 마찬가지로 가족을 서울에 둔 채 자취 생활을 해 오고 있었다.

6시 5분 전에 회사에 도착, 곧바로 생산관리팀장으로부터 지난밤의 생산현황을 보고 받았다. 1, 2, 3 공장에 있는 전면유리로 4

기, 후면유리로 2기, 그리고 전면유리로에 딸린 12개의 프레스기와 후면유리로에 딸린 6개의 라인들이 어떤 상태로 가동됐는지, 문제는 없었는지 보고를 나눴다. 소요되는 시간은 보통 10분이었다.

6시 10분 경에 생산관리팀장의 보고가 끝나면 인터넷에 들어가 경제 기사 중심으로 신문의 헤드라인을 검색했다. 국내외 주요 이슈를 살피고 관심이 가거나 필요한 기사는 정독했다.

6시 30분, '총무대학'의 아침 강좌가 시작되었다. 최영호 상무를 비롯하여 12명의 총무팀원들이 매일 아침 갖는 모임이었다. 총무팀원들은 사장의 분신이 되어야 한다고 주장해온 서 사장은 총무팀 아침 미팅을 아주 중요하게 여겼다. 총무팀 사원은 최고경영자의 경영 감각을 익히는 것은 물론 현장의 누가 어떤 것을 물어 오더라도 막힘없이 대답할 수 있어야 했다. 그런 실력을 갖추기 위해 1년 365일 아침마다 2시간 20여 분씩 '총무대학' 강좌가 열렸다. 일일 아침 미팅의 효과는 컸다. 일례로 구미공단 내 각 회사의 노무팀 대표가 모임을 갖는 경우, 한국전기초자 노무 담당자의 식견은 거의 회사 사장 수준이라고 인정받았다.

7시 50분부터 8시까지 10분 동안은 관리직 사원들의 체조 시간이었다. 아침 체조 행사에 참여를 강요하지는 않지만 사장이 빠짐없이 참석하는 관계로 불참하는 임직원은 거의 없었다.

8시 50분부터 9시 20분까지는 일본인 회장과 서두칠 사장, 일본인 전무, 생산과 연구소를 총괄하는 차기원 전무, 관리를 총괄하는 최영호 상무 등 5인이 모여서 전날 있었던 일과 당일 할 일을 놓고 경영 차원의 의견을 나누고 정보를 교환했다. 회의는 주로 영어로 진행됐다.

9시 30분이 되면 생산, 영업, 관리 등 전 분야의 임원과 주요 팀장이 참석하는 정례회의 시간이다. 각 파트별 실적이나 차후 계획을 보고하고, 문제점은 공론화해서 논의하고, 경영책임자로서 지적하거나 결단할 일이 있으면 서 사장이 즉석에서 지침을 내놓았다. 이 정례회의는 짧으면 30분, 길면 한 시간이 걸렸다.

10시 30분부터 서 사장은 예정된 사람들을 만나거나 내부 결재를 했다. 12시 30분에 오전 일과가 끝났다. 오전에만 6시간 반을 근무하는 셈이 됐다. 이는 다른 임원들도 마찬가지였다.

외부인과 특별한 약속이 없는 한, 한국전기초자 구내 식당은 일본인 회장, 서두칠 사장, 현장 사원들까지 모두 한데 섞이는 장소였다. 일본인 회장은 기본을 지키는 데 상하가 따로 없다는 서 사장의 경영 방침을 존중하여 담배를 피울 땐 회장실을 나와 복도 창문에서 피웠다.

오후가 되면 주로 생산현장을 둘러보고 특별한 이슈가 있을 경우 해당 업무 책임자들과 토론을 하거나 경영 전략 회의를 열었다. 영업과 관련된 외부인이나 행정관청 인사를 만나기도 했다. 강연 초청이 있는 경우 적극 응해서 바람직한 노사 문제, 그리고 한국전기초자의 혁신 스토리를 들려주었다. 서 사장은 이 일을 국가 경제를 위해 대단히 중요한 '사업'이라고 얘기하곤 했다.

저녁에 집에 도착하면 거의 녹초가 되었다. 대우 시절에는 퇴근 후에 무슨 일이 있어도 한두 시간은 독서를 했는데 한국전기초자에 부임해서는 몸이 말을 들어 주지 않아 책을 읽는 일이 어려웠다.

이어 저녁밥을 지었다. 초기엔 아침에 두 끼 밥을 함께 지었다가 저녁에 먹기도 했으나 1인분 밥솥이 나와서 때 맞춰 지어 먹었다. 아침거리 쌀을 씻어 놓은 다음에 방문을 닫고 들어앉으면 절간 같은 적막의 시간이었다. 그러나 그는 이 시간이 오히려 즐거워서 기다려지기까지 했다고 말한다.

한때 대우중공업에 있을 때에도 집을 떠나 창원공장에 있었고, 대우전자 시절에는 인천공장과 구미공장, 그리고 대우전자부품을 맡았을 때에는 전라북도 정읍에서 혼자 살았다. 혼자 사는 데 단련된 정도를 넘어서 이제는 혼자 사는 도道를 깨우친 셈이었다.

취침 직전에는 조용히 앉아 명상을 했다. '내일 아침에는 무슨 얘기를 할 것인가. 그 얘기를 가장 효과적으로 전달할 방법은 무엇인가?' 등이 화두였다. '혁신 98'을 비롯한 연간 비전, '3890'이라는 아이디어를 짜냈던 것도 이 시간대였다. 이것이 서두칠 사장의 일과였다.

직급에 따른 차이는 있겠으나 서두칠 사장이 부임하면서 다른 임원들도 '빈틈 없이 꽉 찬' 하루를 보내고 있기는 마찬가지였다. 그나마 회사가 어느 정도 체제가 잡혀가는 덕분에 그와 같은 규칙적인 생활이 가능하게 되었던 것이다.

서울에 급한 볼일이 있어 상경하는 경우, 가족이 기다리는 집에는 들러 보지도 못하고 곧장 구미로 내려왔다. 처자식 보고 싶은건 참을 만한데 첫 손자를 보고 싶은 건 참기 힘들 때가 있었다. 그래서 며느리는 손자 사진을 이메일로 보내 오곤 했다.

1999년 2월 9일, 서 사장은 여느 때와 같이 6시에 출근해서 평소와 다름없는 일과를 보냈다. 보다 못한 간부들과 노조 임원 몇 사람이 음료수 몇 병을 사서 사장실을 방문했다. 방문객의 인사를 받던 중 서 사장은 이런 말로 화답했다.

"평생을 살아오면서 일관되게 지켜가려고 노력했던 인생의 모토가 있었다면 '기본에 충실하고 원칙을 존중하자'는 것이었습니다. … 소원요? 지금도 내 소원은 '소가 디뎌도 무너지지 않는 회사'를 만드는 것입니다."

그날은 그의 회갑이었다.

굴뚝 산업이라고
폄하하지 마라

서 사장은 한국전기초자 사장으로서 홈페이지를 개설하여 경영 정보를 공개하고 사원들 의견도 수렴했다. 디지털 혁명의 중요성과 그 변화의 가치를 항상 염두에 두긴 했지만 2000년 초의 '벤처 열풍'에 대해서는 할 말이 많은 사람이다.

e비즈니스의 중요성을 모르는 바 아니나, 사회 여론이 온통 '벤처 바람'에 들뜬 나머지 상대적으로 기존의 제조업이 '굴뚝산업'이라는 이름으로 폄하되는 것은 문제가 있다는 게 그의 생각이다. 특히 '굴뚝산업은 성장성과 수익성이 한계에 도달한 별 볼 일 없는 사양산업'이라는 세간의 일부 잘못된 인식에 불만이 많았다. 굴뚝산업이라 해서 모두 같이 사양산업이라 보면 안 된다는 것이다.

같은 제품을 같은 방식으로 만들어낸다면 그 제조업체는 희망이 없다. 그러나 굴뚝이 유난히 많은 한국전기초자는 TV 유리 중심에서 컴퓨터 모니터 유리 중심으로, 소형에서 대형으로, 그리고 다시 평면유리로, TFT-LCD 유리 산업으로 끊임없이 부가가치가 높은 영역을 지향해 나갔다. 그런 의미에서 벤처 정신으로 뭉쳐진 회사라 할 수 있다.

"지식 기반 산업, 두뇌 혁명, 다 좋은 말입니다. 그러나 그렇게 해서 소수의 인원으로 운영해 나갈 수 있는 산업으로 구조가 바뀌어야 한다며 기존 산업을 비판만 해서는 안 됩니다. 오늘날 가장 심각한 문제가 실업문제 아닙니까. 전통 제조업이야말로 많은 인원을 고용해서 일자리 문제 해결에 있어 지대한 공헌을 하고 있습니다. 벤처산업, e-비즈니스 다 좋지만, 사실 그러한 사업이라는 게 제조업에서 만든 물건이 존재하는 바탕 위에서 발전하는 것 아닙니까. 유통이니 뭐니 하는 분야에 관계하는 e-비즈니스는 엄밀한 의미에서 생산 활동이라고 볼 수 없습니다. 한국전기초자는 생산을 통해 달러를 벌어왔고, 1,600명의 사원들이 생계를 유지했습니다. 국가 경제에 누가 더 공헌한 것입니까. 개인적으로 벤처산업이 번창하기를 바라지만 언젠가는 그 거품이 빠지고 내실 있게 정리될 날이 오겠지요."

이 지적은 이후 '코스닥 시장의 주가 폭락'과 이른바 '닷컴기업 위기설' 등의 현실로 나타나기도 했다.

벤처 기업인이 본 벤처 정신

2000년 4월 15일, 회사에 의외의 방문객들이 나타났다. 중부 지역 벤처기업인 20여 명이 경영 혁신 사례를 배우겠노라고 회사를 방문한 것이었다. 이들은 30분간 회사 현황을 설명 듣고, 40여 분간 현장을 돌아보았다.

한 시간 동안 토론을 하고 저녁 식사를 하기로 예정돼 있었는데 "우리가 여기 저녁 먹으러 온 게 아니잖느냐"며 열띤 질의를 계속하는 바람에 토론이 두 시간 넘게 진행되었다. 그리고 서 사장에게도 많은 질문이 쏟아졌다.

- 기술 제휴선을 단절하고 어떻게 해서 그토록 짧은 기간에 CDT(컴퓨터 모니터용 유리)개발에 성공할 수 있었는가?
  - 기술을 개발해내지 않으면 생존할 수 없다는 절대절명의 위기의식을 전 사원이 공유한다면 이미 그 일의 반은 이뤄진 게 아닌가. 여건의 문제가 아니라 결국은 사람의 문제다. 반드시 해내야 하고 또 할 수 있다는 자신감이 기술 자립의 원천이었다.
- 생동하는 조직이 되기 위해서는 중간관리자의 리더십이 중요한데 리더십 발휘를 위해 중간관리자가 지녀야 할 덕목은 무엇인가?
  - 간단하다. 함께하는 조직원들로 하여금 '리더와 같이 되고 싶다'는 생각이 우러나게 만들어야 한다. 리더 스스로가 솔선수범하고, 조직원들이 그것을 존경하게 될 때 진정한 리더십이 발현된다.
- 거대한 장치산업인데도 생산 현장이 의외로 청결한 데에 놀랐다. 꼭 그렇게 해야 할 이유가 있는가?
  - 생산성이란 현장의 정리정돈 상태, 즉 청결 상태와 밀접한

관련이 있다. 청결하지 않은 환경에서 높은 수율이나 좋은 품질을 기대할 수 없다. 우리 회사는 유리공장이지만 반도체 공장 못지않은 청결 상태를 유지하고 있다. 나는 이것이 높은 생산성을 기록할 수 있는 큰 이유 중 하나라 생각한다.

• 일에 임하는 사원들의 자세가 남다르지 않았다면 한국전기초자가 단기간에 그토록 획기적인 경영 혁신에 성공하지 못했을 것이다. 어떤 마음가짐으로 일하도록 리드했는가?

– 경쟁력으로 무장하자고 호소했다. 경쟁력이 없으면 그 일은 죽은 것이 된다. 남보다 더 큰 경쟁력을 갖기 위해서는 남보다 더 노력하는 수밖에 없다. 남과 같이 해서는 앞설 수 없지 않은가. 남이 잘 때 깨어 있고, 남이 놀 때 공부하고, 남이 쉴 때 일하는 것이 남보다 앞선 경쟁력을 가지는 지름길이다.

그리고 며칠 후 벤처기업 대표들 몇 사람이 한국전기초자를 방문했던 소감을 글로 적어 보내왔다.

… 우선 회사의 짜임새가 빈틈이 없다는 걸 확인할 수 있었습니다. 사실 이제껏 여러 곳에서 읽었던 갖가지 경영 이론과 노하우가 피상적으로만 머릿속에 남아 있었는데, 한국전기초자에 가보고 나서야 그것들이 실천되는 현장이 바로 이곳이구나 생각했습니다. 저한테는 아주 소중한 경험이었습니다.

무엇보다 사장부터 현장 직원까지 목표 달성을 위해 한 방향으로 나아가고 있다는 점이 놀라웠습니다. 그 단결된 힘을 발휘할 수 있는 한국전기초자 특유의 고유한 문화가 굳게 형성돼 있다는 느낌을 받았는데, 1천6백 명에 이르는 사원들의 힘을 하나로 모을 수 있다는 것. 그것이 바로 경영자의 진정한 리더십이라고 생각합니다. 모두가 하나 되어 이러한 단결력을 보일 수 있는 것은 목표점이 분명했다는 사실도 빠뜨릴 수 없겠지요. 목표와 비전을 세우고, 7대 구조조정을 통해 착실히 실천해 왔다는 것 역시 중요한 포인트였습니다.

— (주)지니텍 **이경수**

… 공장이 상당히 깨끗이 관리되고 있다는 점에 놀랐고, 이 한 가지 사실만 가지고도 얼마나 많은 노력을 해 왔는지 짐작할 수 있었습니다. 유리 사업은 다른 업종에 비해 거칠고 중후한 작업인데도 불구하고 현장 구석구석까지 관리자의 손길이 미친 흔적이 역력했습니다. 저 또한 제조업 현장에서 십수 년간을 품질 문제와 씨름하면서 지내 본 사람으로서, 관리자의 솔선수범이 선행돼야만 높은 생산성으로 연결된다는 얘기에 전적으로 공감합니다.

— (주)우리정도 **장태순**

편지 중에는 "존폐 위기의 벼랑 끝 상황에서는 '남들보다 일 더 하기'가 그 어떤 경영 방법보다 우선할 수밖에 없었을 것이며, 전 사원의 에너지를 한 방향으로 결집해낸 강력한 리더십은 찬사를 받아 마땅할 것"이라고 전제하면서도, "1년 내내 회사와 함께 해야 한다는 일 중심의 기업문화가 바람직한 것만은 아닐 것"이라는 지적도 있었다. "앞으로는 경영이 안정되어 가는 상황이니만큼 보다 인간적이고 정서적인 경영이 가미될 것으로 기대한다"는 내용도 있었다.

이 지적에 대해 서 사장은 "기업 경영은 두 발 자전거 타기와 흡사해서 페달을 밟는 일을 멈추면 지속적인 성장을 이룰 수 없을 것"이라고 말했다. 아직 올라서야 할 험한 언덕길이 눈앞에 버티고 있는 상황임을 잊어서는 안 된다는 것이다. 페달을 밟지 않아서 넘어지는 경우도 있지만, 체인이 벗겨지거나 타이어가 펑크 나는 불의의 사고도 있는 만큼 지금은 몇 바퀴라도 더 부지런히 굴려 두어야 한다는 얘기였다. 강화유리 부문과 TFT-LCD 유리 등의 차세대 사업 추진에 박차를 가해야 할 현 시점에서는 초심을 흩뜨려서는 안 된다는 게 그의 주장이었다.

왜 최고경영자인가

2000년 5월 14일 일요일, 서 사장은 관리직 사원들과 함께 구미 금오산에 올랐다. 1년 365일 동안 휴무일이 전무했으므로 간부사원들이 단체로 등산길에 오른다는 것은 이전 같으면 엄두도 못 낼 사건이었다. 물론 이날도 어김없이 아침에 출근하여 한두 시간 동안 업무 처리를 한 다음, 통근버스를 이용하여 산 들머리에 내려 등산을 시작했다.

"산신령이 오래간만이라고 가랑이를 붙드는 바람에 산에 오르기가 너무 힘들어."

예전에 등산이 유일한 취미였다는 한 간부가 우스개 삼아 이렇게 말했다. 1998년 초부터 2년 반 동안 그들에게는 단 하루도 쉬는 날이 없었던 것이다. 가족과 함께가 아니라 회사에서 가는 산행이었지만 이날 산을 오르는 직원들의 표정은 밝았다.

한국전기초자의 혁신에는 이들 간부사원들의 자기 희생이 큰 몫을 차지하고 있다. 휴가를 반납한 것은 물론 설날이나 추석 같은 명절날은 오히려 평일보다 더 열심히 일해야 했다. 조상 제사가 잦은 한 종갓집 종손의 경우 밤중에 부산까지 내려갔다가 새벽에 다시 구미로 올라와야 했으니 이들의 희생은 눈물겨운 것이었다. 그런 솔선수범이 사원들에게 혁신의 고통을 감내하도록 이끈 본보기가 되었다.

점심 도시락을 비우고 금오산 정상 기슭 공터에 모인 그들은 서두칠 사장의 선창으로 회사의 연도별 비전을 쩌렁쩌렁하게 합창하였다. 서 사장이 "98?" 하면 직원들이 "혁신!", "99?" 하면 "도약!" 하는 식으로 2003년까지 여섯 개의 비전을 순서대로 했다가, 거꾸로 했다가 하는 식으로 20여 분간 외쳤다.

서 사장은 월 1회씩 일요일에 열리는 이 등산 행사를 2000년 말까지 7회에 나눠 가졌다. 연구소팀, 관리 부문팀, 노사 대표팀 등으로 나눠서, 서 사장은 매번 참여했다. 왜 하필 7회냐고 묻자 그는 이렇게 대답했다.

"'혁신 98', '도약 99', '성공 2000', '재도약 2001', '변혁 2002', '성취 2003' 등 우리 회사가 실천해 왔거나 실천해 나갈 비전이 모두 6개 아닙니까. 나머지 하나는 신노사 문화를 정립하는 것입니다."

물론 그가 7번이라는 회수를 미리 설정해 두고 거기 맞춰 인원 배정을 한 것은 아니다. 업무 공백을 줄이는 선에서 등산팀을 짜다 보니 7팀이 됐을 뿐이다. 그러나 '일곱 번? 그렇다면 그냥 생각 없

이 일곱 차례 올라갔다 올 것이 아니라 뭔가 의미를 부여해 보자'고
서 사장은 생각했던 것이다.

산에 오르는 것 하나에까지 이 궁리 저 궁리를 할 정도로 그는 자
나깨나 회사 경영만 생각하는 사람이다. 한국전기초자의 혁신 프로
그램은 그의 남모르는 긴장과 명상 속에서 출발했다고 봐도 무리가
아니다.

TOP이 없으면 강연 안 한다

1999년 회계연도의 경영 실적이 알려지면서 한국전기초자에 대
한 외부의 객관적인 평가가 나오기 시작했다. 2000년 4월 7일, 한
국신용정보에서는 한국전기초자의 기업 어음을 최고 등급인 A1으
로 평가하였다. 1997년 당시 신용이 정크 본드 수준인 C등급으로
서, 현금 없이는 용해로의 연료도 살 수 없었던 데 비하면 꿈같은
반전이었다.

또한 4월 10일에는 노동부가 1/4분기 중 기업 경영 설명 우수
기업 20개 사를 발표했는데, 이 중 한국전기초자는 열린 경영의
'모범 사례'로 소개되기도 했다. 임직원뿐만 아니라 협력업체 직원,
그리고 사원 가족에까지 최고경영자가 직접 경영 현황을 설명하는
기업은 그 예를 찾아보기 어려웠던 것이다. 뿐만 아니라 노사 간
임단협에 있어서 1998년부터 3년째 단 1회의 협상으로 협약을 체
결한 기록도 매우 특이했다.

많은 상도 받게 되었다. 서두칠 사장은 경영 능력을 평가받아
2000년 6월에 한국경제신문이 제정한 다산경영상 전문경영인상을

수상했다. 한국전기초자는 6월 20일 대신종합경영평가에서 중형사 부문 최우수 기업으로 선정되었다.

회사 혁신 스토리가 화제가 되면서 강연 요청이 쇄도했다. 한국통신, 오리온전기, 대우전자, 한국전자, 코리아나화장품 등이 그를 초청하여 회사 경영 스토리를 들었다. 구미 순천향병원과 포항 성모병원에서는 한국전기초자의 경영 혁신을 병원 운영에 벤치마킹하겠다고 했다. 이외에도 구미 시청, 칠곡 군청, 안양 시청 등 지방 행정기관과 철도청에서도 경영 성공 사례를 연구했다.

1998년 이후 서두칠 사장은 본의 아니게 기업 혁신 전도사가 되었다. 그는 회사 일에 방해가 안 되는 한도 내에서 강연 요청에 적극 응했다. 기업 혁신 성과를 전파하는 일 또한 자신의 사명이라고 생각했기 때문이다.

그의 혁신 성공 스토리를 들은 사람들은 한결같이 "좋은 얘기다. 우리도 그렇게 하면 되겠다"고 맞장구를 쳤다. 그러나 그 뒤에는 또 한결같이 "그렇긴 한데…"라는 자신없는 말이 따라붙었다. "혁신 운동은 아무나 하는 게 아니라는 걸 알았다"고 말하기도 했다.

한국전기초자식 혁신을 시도한다 해도, 열린 경영의 경우 최고경영자는 뒷전으로 빠지고 간부들을 앞세우는 식이 돼 버리는 경우도 있었다. 실무를 전담하는 간부가 최고경영자보다 더 상세한 설명을 할 수 있을지 모르나, TOP이 몸소 실천하는 것과 차하위 간부가 하는 것과는 받아들이는 사람이 체감하는 근본적인 신뢰 문제에서 엄청난 차이가 난다.

한 공기업에 강의를 갔을 때 일이다. 대상은 노무관리를 담당하는 과장들이었다. 강의 한 달 후 전화가 왔다. 서 사장이 말한 혁신이 이루어지려면 더 윗선에서 강의를 들을 필요가 있다고 했다. 그래서 이번에는 이 공기업의 국장들을 대상으로 강의를 했다. 다시전화가 왔다. 강의를 들은 사람들이 자기들 위의 계층도 들어야 한다고 했고, 결국 최고위층을 위한 강의를 했다. 한 기관을 대상으로 세 번이나 강의한 셈이다.

그래서 그는 강연장에 들어서면 제일 먼저 확인하는 것이 있었다. 그 조직의 TOP이 강연회에, 그것도 맨 앞자리에 앉아 있는가하는 점이다. 조직의 TOP이 참여하지 않았다면 강의를 하지 않았다. 아무리 경영 혁신을 전파한들 그것이 진정한 혁신으로 파급되려면 TOP의 역할과 헌신이 매우 중요하다고 생각하기 때문이다. 대신 따로 얘기하지도 않았는데 그 조직의 TOP이 앞자리에 앉아있는 경우엔 될 성싶은 조직의 조건을 갖추고 있다고 판단했다. 그는 단호하게 말했다.

"솔선수범하지 않으면 최고경영자가 아닙니다."

5
CHAPTER

이별,
그리고 다시
서두칠로…

외자에도
품질이 있다

 1999년 11월, 동종업계 세계 1위의 야심을 품고 있었던 아사히 글라스가 주식 지분 50%에 한 주를 더 인수함으로써 한국전기초자는 또 다시 새 주인을 맞아야 했다.

 아사히는 동종업계가 극심한 불황에 허덕일 때 기적같은 경영성과를 일궈 낸 한국전기초자 사장 서두칠을 주목하지 않을 수 없었다. 그래서 아사히 측은 서 사장의 유임을 강력하게 원했고, 서 사장은 아사히 측의 제안을 받아들였다. 단 절대로 경영간섭을 하지 않는다는 조건에서였다. 아사히 측 역시 흔쾌히 약속했다.

한국전기초자 혼자만 살겠다고 해서야 되겠습니까?

 2000년에 들어서 브라운관 유리를 사용하는 TV와 PC모니터의 가격은 점점 하락하는 추세였다. 그때 막 보급되기 시작한 초박막 액정TFT-LCD은 빠른 속도로 시장을 점령해갔다. 경기침체로 전체 수요도 감소하고 있는 상황에서 초박막액정의 등장으로 브라운관 유리의 수요는 전 세계적으로 크게 줄어들었다.

게다가 가전사들이 경쟁적으로 완제품 가격을 내리면서 가장 비싼 부품이었던 브라운관 유리의 가격 인하를 요구해 와 브라운관 유리 생산업체들로서는 난감한 상황이었다. 똑같은 제품의 공급가를 갑자기 낮춘다면 아무리 우량회사라도 그 출혈을 감당하기 어려웠다.

하지만 한국전기초자에게만은 큰 문제가 되지 않았다. 가격경쟁력에서 만큼은 절대적인 우위를 확보하고 있었기 때문이다. 2000년 당시 한국전기초자는 생산수율에서 단연 세계 1위였기 때문에 가장 강한 경쟁력을 갖고 있었다. 생산 수율도 높았지만 서 사장 부임 이후 협력업체들에게 어음이 아닌 현금결제만 해주었더니 협력업체들은 자진해서 10% 낮은 납품가로 자재를 공급해 주었다. 어음을 받으면 10% 이상 커미션을 주고 현금화해야 하는 상황에서 10% 낮은 가격으로 공급해 주어도 그들에게는 득이 되는 장사였기 때문이다. 납품 물량이 계속 늘어나자 중국 회사들까지도 자진해서 납품가를 깎아주었다.

자재비가 싸고 생산수율이 높으니 가전사들이 가격인하 요구를 해와도 별 문제가 되지 않았다. 오히려 시장에서 우위를 차지할 수 있는 좋은 기회였다.

사실 한국전기초자는 가전사들의 요구가 있기 전부터 가격경쟁 전략을 써 왔고, 2000년에는 10% 인하를 약속하기도 했다. 그렇게 해도 될 만큼 생산성에 자신이 있었던 것이다.

그러던 2000년 1/4 분기 중 아사히글라스 그룹의 영업본부장이
서 사장을 찾아왔다.

"우리 그룹은 한국전기초자 외에도 같은 제품을 생산하는 8개의
유리회사를 가지고 있지만 이 제품의 수요는 어차피 줄어들게 돼
있습니다. 한국전기초자가 가격경쟁력을 무기로 공격경영을 하고
있는데, 그룹의 다른 회사들은 상관없이 한국전기초자 혼자만 살겠
다고 해서야 되겠습니까? 한국전기초자를 포함해서 우리 아사히글
라스 그룹의 9개 회사가 공동작전으로 일정한 물량을 서로 나누어
갖는 방식으로 협조를 해야 되지 않겠습니까?"

그들의 태도는 정중했으나 전체 회사가 생산량을 줄여서 기존
가격을 유지하자는 메시지였다. 하지만 서 사장 역시 소신이 분명
했다.

"내 생각은 다릅니다. 개별 회사가 저마다 독자성을 띠는 게 옳
다고 생각합니다. 전체 세계 시장을 놓고 보면 아사히글라스그룹
의 9개 회사만 제품을 공급하는 건 아니지 않습니까? 우리가 공급
물량을 줄인다고 해서 다른 회사도 같이 줄인다는 보장이 없는데,
우리가 줄인 물량을 그들이 차지해버리면 아무 소용없는 일 아닙니
까? 설령 생산량을 조절해 기존 가격을 일시 유지하는 데 성공한다
해도 그건 장기적인 처방이 못됩니다."

그는 아사히글라스의 제안을 거부했다.

그로부터 두어 달 후 아사히그룹의 영업본부장을 비롯한 임원들
이 또다시 구미로 찾아왔다. 작심한 듯 세계시장의 흐름을 꼼꼼하
게 분석한 도표까지 만들어 와서 브리핑했지만 역시 서 사장의 대

답은 간단했다.

"한국전기초자는 독자적인 경쟁력을 계속 키워나가야 합니다. 그룹 차원에서 생산량을 줄이는 소극적인 방식으로 가격을 유지하자는 전략에 나는 찬성할 수 없습니다."

가격 인하라는 공격적인 경영은 오랜 기간 그것을 준비해오지 못한 기업에게는 상당히 부담스러운 전략이기 때문에 아사히글라스 그룹이 그런 제안을 해온 이유를 이해 못하는 것은 아니었다. 하지만 구조조정에 성공한 한국전기초자로서는 생산량을 줄일 이유도 없었고, 오히려 가격인하를 통해 경쟁력을 향상시킬 수 있는 기회였기에 그들의 요구를 받아들일 수 없었다. 무엇보다 당초 약속과 달리 경영간섭을 해오는 것이 더 큰 문제였다.

생산량 줄이시오, 신기술 개발하지 마시오

2000년 여름에는 두 차례나 그룹 측에서 서 사장을 도쿄 본사로 불렀다. 공장을 견학시키고 식사초대를 하는 등 후한 대접을 했지만 그들의 요구는 똑같았다.

'저 고집쟁이 서두칠의 기분을 맞춰 가면서 잘 구슬려서 그룹의 방침에 따르도록 회유해보자'는 의도였지만 그는 회유당하지 않았다.

서 사장은 도쿄에 가면 장차 추진하려고 계획했던 TFT-LCD 유리 공장을 둘러보고 오겠다는 계획을 세웠지만 아사히 측에서 허용하지 않아 첫 번째 방문에서는 무산되고 두 번째 방문에서야 겨우 허락되었다.

그들은 한국전기초자가 TFT-LCD 유리 제품을 개발하는 것 또

한 반대하는 입장이었다. 서 사장의 입장에서는 차세대 제품 개발이 시급했다. 하지만 아사히그룹 입장에서는 기존 제품에서도 한국전기초자의 경쟁력에 밀려 아사히가 운영하는 일본 후나바쉬 공장, 대만공장이 문을 닫는 등 사정이 악화되었는데, TFT-LCD 유리 시장까지 한국전기초자에게 빼앗길 수는 없는 노릇이었다. 그러니 서 사장이 도쿄에 와서 TFT-LCD 유리 공장을 둘러보는 것도 한국전기초자가 차세대 제품을 개발하는 것도 탐탁지 않았던 것이다.

특히 두 번째 도쿄 미팅에서 그들은 보다 노골적이고 구체적으로 경영 간섭의 뜻을 피력했다. 앞으로 그룹차원에서 전 세계에 흩어져 있는 회사들의 영업을 총괄할 테니 한국전기초자는 그룹으로부터 배정받은 물량만큼만 생산 납품하라는 것이었다. 그룹본부에서 영업을 관할하는 대신 한국전기초자는 한국 내에서의 영업의 독자성을 보장하겠다는 뜻도 밝혔다. 그러나 한국에서 영업 독자성을 보장한다는 말은 얕은 수에 불과했다. 삼성, LG와 같은 국내 대표적 가전업체들이 해외공장의 생산량을 늘리고 있는 추세여서 국내 수요는 줄어들 수밖에 없는 상황이었기 때문이다.

"그룹으로부터 배정받은 물량만 만들어서 납품하라고요? 그러면 한국전기초자의 독자경영을 보장하겠다는 약속은 어떻게 되는 겁니까? 한국전기초자는 아사히글라스의 단순한 한국 내 생산기지로 전락하고, 나는 경영자가 아닌 공장장 역할에 만족하라는 얘긴데, 결코 수용할 수 없습니다."

그룹 측의 속내를 알아차린 서 사장 역시 결코 물러서지 않았다. 전 세계로 공급량을 늘려가야 하는 마당에 그룹 측에서 오히려 생산량을 줄여 배당하면 인원감축은 불을 보듯 뻔한 일이었다. 그의 경영방침에 잘라내기 식의 인력 구조조정이란 없었다.

서 사장은 제안을 받아들일 수 없는 이유와 의지를 분명히 했다. 그리고 원가경쟁력을 바탕으로 아사히글라스 그룹 전체를 구조조정하는 안을 내놓았지만 그들 역시 받아들이지 않았다.

나는 전문 경영인, 모든 주주를 위해 기업 가치를 높이는 사람

서 사장은 대주주의 이익을 위해 다른 주주들과 고객을 외면할 수 없었다. 대주주인 아사히글라스 뿐만 아니라 비록 소주주일지라도 다른 주주들까지 만족시켜야 하는 책임을 가지고 있었다. 서 사장에게 아사히글라스는 회사의 주인이 아니라 대주주였고, 주주 중 하나일 뿐이었다.

경영자는 모든 주주를 위해 기업 가치를 높여야지 지배주주의 이익을 위해서만 행동할 수 없다는 것이 그의 평소 경영철학이었다.

두어 달 후 본사에서 또 호출이 왔다. '영업에 관한 건'으로 회의를 한다는 것이었다. 무슨 얘기가 오갈지 뻔한 상황이었기에 거부했다. 그러나 꼭 만나야 한다는 본사 측의 요구로 후쿠오카에서 만나기로 했다. 후쿠오카 공항 인근에서 서 사장과 본사 사장의 독대 자리가 마련되었다. 본사 사장은 한참을 입에 발린 칭찬을 하더니 대뜸 서 사장의 월급을 인상해주겠다고 했다.

"감사합니다. 그러나 지금은 아닙니다. 그동안 경영혁신을 추진하는 과정에서 우리 종업원들의 노고가 무척 많았고, 임원들도 임금을 동결한 채 고생을 많이 했습니다. 2000년 말에 경영성과가 나오면 그때 인상해주어도 늦지 않을 것입니다. 임금인상 문제는 내년에 생각해보지요."

사장이 나가고 영업총괄 본부장과 전무가 들어왔지만 서 사장은 그들의 각본대로 따라갈 수 없다는 것을 분명히 했고, 다섯 시간의 회의는 내내 평행선을 달렸다.

"나는 전문경영인으로서 당신들뿐만 아니라 나머지 50%의 주주에게도 중립적으로 다가가야 할 의무가 있다고 믿습니다. 아사히그룹의 감산전략으로 나머지 주주들을 손해 보게 할 수 없는 것 아닙니까?"

후쿠오카 1차 담판은 그렇게 끝이 났다.

2001년 3월, 또다시 후쿠오카에 협상테이블이 마련됐지만 협상이라기보다 그 자리에서 아사히글라스측은 본사 영업팀을 한국전기초자에 파견하겠다는 뜻을 밝혀왔다. 영업팀을 한국에 파견하겠다는 방침을 굳혀놓고 서 사장에게는 통보하는 식이었다.

"말도 안 되는 소리입니다. 더 이상 얘기할 필요가 없을 것 같습니다. 내 거취를 생각해 보겠소."

그들은 서 사장이 받아들이지 않을 것을 계산하고 강수를 둔 듯했다. 서 사장이 버티고 있는 한 한국전기초자를 자신들의 뜻대로 할 수 없다는 것을 알고 '뜨거운 감자'였던 서 사장을 뱉어내겠다는 계산이었다.

3개월 후, 부산에서 본사 사람들과 다시 만남을 가졌다. 마침 그날은 굵은 빗방울이 쏟아지는 날이었다. 서 사장은 마지막 회동이 될 것임을 직감했다.

본사 전무와 영업본부장, 영업이사와 기획부장이 와서 다시 서 사장의 의향을 물었다. 흥분한 서 사장은 목소리를 높여 똑똑히 말해 주었다.

"당신들은 주식을 50%에서 한 주 더 가진 투자자라는 것 외에 아무것도 아니오. 당신들의 제안을 받아들일 마음이 털끝만큼도 없소이다. 왜냐고? 나는 전문경영인이니까!"

호텔을 나왔다. 한국전기초자에서의 3년 8개월이라는 인연이 주마등처럼 스쳐갔다. 더 이상 한국전기초자에서는 전문경영인으로서의 역할도, 비전도 기대할 수 없게 되었다.

"사양화되어 가는 기존 제품만을 붙들고, 거기다 영업권마저 박탈당한 채 회사의 미래가 달린 차세대 제품마저 개발할 수 없다면 전문경영인으로서 회사의 비전을 어디서 찾아야 한단 말인가. 비전을 분명하게 제시하지 못하는 CEO는 존재가치가 없다. 비전을 만들어낼 수 없는 회사에서 그저 자리만 지키며 월급만 축낸다면 나에게 회사는 봉급수령처 이상의 아무 것도 아니다. 그것은 내 경영철학은 물론 기본적인 삶의 철학과도 어긋나는 것이다."

2001년 7월 15일자로 서 사장은 3년 8개월 간 몸 바쳤던 한국전기초자를 떠나고 말았다.

다시 추락하는 한국전기초자

서 사장 사임 이후 한국전기초자에는 사외이사였던 P씨가 사장으로 부임했다. P사장은 부임하자마자 서 사장의 흔적지우기에 바빴다. 먼저 공장 벽에 걸린 77m의 대형 슬로건 '가장 어려운 일을 항상 즐거운 마음으로 열심히 일하는 회사'라는 간판부터 내렸다.

철저한 신뢰가 바탕이던 노사관계는 인기영합주의로 변모했다. 무엇보다 쉬는 시간이 많아졌다. 유리에 먼지가 날아드는 것을 방지하기 위해 창문을 닫아 클린룸 같이 청결을 지켜야 했던 일터는 더우면 맘대로 창문을 열어도 되는 분위기로 바뀌었다. 간부들에게는 골프를 못하면 승진대상에서 제외시키겠다는 말로 노는 문화를 부추겼다. 그렇게 일하는 문화는 쉬는 문화로, 공부하는 문화는 노는 문화로, 도전하는 문화는 현실안일주의로 변화되었고, 인간존중문화는 열심히 일하는 사람을 소외시키는 분위기로 바뀌었다. 지도자가 바뀐 불과 몇 개월 사이에 혁신마인드로 무장됐던 사원들의 긴장은 풀리고 해이해져 대표적인 제조경쟁력 지표인 전면 유리 공장 종합수율이 떨어지기 시작했다. 단 1년 만에 85%에서 75%로 떨어졌고, 그 다음해에는 서 사장 부임 직전의 65%수준 이하로 급격히 하락하는 모습을 보였다.

서 사장 사임 전 설비고장 없이 논스톱으로 품질과 생산이 안정되었던 것이 일주일에도 몇 번씩 장시간 가동하지 못하는 일이 발생했고, 품질뿐만 아니라 생산수율이 급격히 하락해 고객 클레임도 많아졌다. LG전자와 삼성SDI(삼성전관)에서 "세계 1등 품질이 1년 만에 이렇게 망가질 수 있는지 이해할 수 없다"는 불만을 표시했다. 결국 경쟁사에게 물량을 빼앗기는 상황이 되었고, 매출액과 영업이익이 급격히 악화되었다.

주식시장도 요동쳤다. 그의 사임 소식에 한국전기초자의 주가는 이틀 연속 하한가 행진을 하며 9만 6천 원에서 6만 9천4백 원으로

27%나 떨어졌다. 오너도 아닌 전문경영인의 거취로 주가가 곤두박질친 것은 한국에서 매우 드문 일로 서 사장 때문에 'CEO 주가'라는 말이 처음 나오는 계기가 되기도 했다.

서 사장이 떠난 2년 후 한국전기초자는 초라하게 무너져 내렸다. 회사의 공장제조 지표, 재무지표들이 그것을 대변해 주었다. 악화되는 경영실적에 P사장 부임 2년 만에 다시 전문경영인 L사장으로 교체되었지만 새로 부임한 CEO가 위기의식을 불어넣고 다시 혁신마인드를 바로 잡는 데에도 1년 반이라는 긴 시간이 소요되었다. 그러나 서 사장 재임 시 넘버원이었던 총자본 이익률, 수익성, 안전성, 활동성 등 각종 공장 제조지표들 중에 몇 개를 제외하고는 서 사장 재임 시의 수준으로 되돌리지는 못했다. 그 뒤에 또다시 K사장이 왔지만 결과는 마찬가지였다.

'기업경영이란 자갈밭을 달리는 자전거와 같다. 경영혁신이라는 페달 밟기를 멈추는 순간 넘어지게 되어 있다. 긴장의 고삐를 풀지 않고 지속적인 혁신을 해나가지 않으면 한순간에 무너진다'는 서 사장의 말이 그대로 들어맞았다.

그 후 대대적인 인원구조조정으로 2004년에 80명, 2005년 상반기 380명, 하반기 300여 명의 사원이 회사를 떠나야 했고, 2011년 12월에는 급기야 상장폐지에 이르렀다. 뿐만 아니라 회사는 폐쇄되어 흔적도 없이 사라지고 그 자리에는 다른 중소기업들이 들어섰다.

이 소식을 들은 서 사장은 어느 강연석상에서 "외자에도 품질이 있다"는 말로 안타까운 마음을 드러냈다.

그리고
서두칠로…

　서 사장은 여가 시간이 생기면 책을 읽거나 명상하기를 좋아했다. 가끔씩 근처 호젓한 뒷산을 산책하기도 한다.

　"경영인이 아니라면 아마 교직에 있었을 겁니다. 난 무엇보다도 공부하기를 좋아했고, 지식을 공유하고 토론하는 것을 좋아했거든요."

　그는 자신에게 가장 영향을 준 인물로 부모님을 꼽는다. 일본에서 초등학교 1학년 때 해방이 되어 한국에 들어왔지만 한국에서 과수원을 하는 바람에 늘 마을과는 동떨어진 거리에서 살았다. 그러니 부모님과 가장 많은 대화를 나눴고 부모님의 모습을 통해 세상을 배웠다.

　"부지런하고 정직하게 농사짓는 아버지 어머니의 모습이 내 몸에도 밴 것 같습니다. 그래서 농과대학에 가게 되었고, 새벽에 일찍 일어나는 농부의 부지런한 근성을 익혔던 것 같아요. 부지런한 것이야 농업이고 공업이고 다 같은 것 아니겠습니까?"

특히 그의 부친은 개척정신과 도전 정신이 강했고, 대단한 도량을 가진 사람이었다. 그의 부친은 결혼 후 만주 간도 땅으로 건너가 5년간의 생활을 마치고 귀국했다가 다시 가족과 함께 삼천포에서 배를 타고 일본 땅을 밟았다.

1937년 일본에서는 중학교 3학년이었던 둘째 아들을 교통사고로 잃게 되었지만 사고로 받은 보상금을 사고 택시 운전기사의 치료비와 아들 학교의 장학금, 다니던 교회의 헌금으로 모두 기부하여 당시 일본 아사히 신문의 사회면을 크게 장식하기도 했다. 서 사장은 그 어떤 것보다 아버지의 삶 자체가 가장 소중하고 커다란 재산이라고 말한다.

땅에서 배운 것

전문경영인이 아니라 자연인으로서 서 사장이 가진 가치관은 그가 한때 농학을 공부했고 직접 농사를 지은 적도 있다는 사실에서 나온다.

2001년 2월 24일 서 사장은 모교인 국립 경상대학교에서 명예 경영학박사 학위를 받았다. 그는 이 자리에서 그 영예를 1,600여 한국전기초자의 임직원들에게 돌리며 이런 답사를 했다.

"저는 어릴 적 농사를 접하면서 커 왔고 대학에서 농학을 공부하였습니다. 따라서 농사로부터 많은 것을 배워 왔으며 생각의 기본도 여기에 있지 않나 생각합니다. 농경 사회의 뿌리는 개척정신입니다. 억센 밭을 개간하고 일구어서 삶의 열매를 얻어내는 것입니다. 그러므로 정직해야 합니다. 농사에는 뿌린 대로 거두는 정직과 가꾼 대로 수확하는 인과응보의 원리가 있습니다. 그리고 그 거둠을 위해서는 기다리며 노력할 줄 아는 인내가 있어야 합니다. 작은 것에서도 감사할 줄 알아야 하며 그 결실에 대해서는 겸손할 줄 알아야 하겠습니다. 이런 점에서 익을수록 고개를 숙이는 벼는 우리에게 많은 것을 이야기해 줍니다. 그 한 알 한 알은 다시 수천 수만으로 되태어나면서 창조와 참의 정신을 말해 줍니다. 변화하는 환경에 대해 그것을 이겨내고 살아 남는 적응력도 보여 줍니다. 그리고 결국 우리 인간에게 모든 것을 다 내어 주고 사라집니다. 바로 희생정신인 것이죠."

성실과 정직, 인내와 희생, 겸손과 변화에의 적응, 그리고 창조, 결국 한국전기초자 혁신의 씨앗은 일정 부문 대지에서 비롯된 셈이다.

생각의 중요성

서두칠 사장은 삶에서 올바른 인생관을 확립하는 것처럼 중요한 일은 없다고 말한다. 즉 어떠한 인생관을 갖느냐에 다라 인생을 살아가는 태도와 목표가 달라지게 되며, 사람의 값어치도 그에 따라 정해진다는 것이다. 그래서 그는 삶을 변화시키기 위해서는 늘 생각을 새롭게 하는 습관을 기를 것을 권한다.

"사람들은 흔히 어떤 일의 결과가 나쁘면 '운명이라고 생각하자'며 모든 것을 운명 탓으로 돌립니다. 자신의 사고에 문제가 있다는 것을 인정하지 않기 위해 운명을 도피 수단으로 활용하는 것입니다. 어떤 생각을 가지고 일을 추진하느냐에 따라 일의 결과는 얼마든지 달라질 수 있으며 100%는 아니더라도 운명까지 바꿀 수 있습니다. 당연히 긍정적이고 적극적인 사고, 낙관적인 사고, 협조적인 사고, 주도적인 사고를 가진 사람이 성공할 확률이 높아요. 생각이 행동을 결정하므로 이러한 사고를 가진 사람들은 설사 실패가 따르더라도 그것을 극복하고 다시 일어서겠다는 자신감을 쉽게 회복할 수 있기 때문입니다."

그는 가치 있는 삶을 위한 사주四柱의 균형도 자주 얘기한다. 이것은 성공적인 삶을 위한 네 기둥으로, 집을 잘 지으려면 네 기둥이 튼튼해야 하듯이 사람도 사주가 좋아야 잘 산다는 것이다.

그 첫째는 건강이라는 기둥이다. 건강해야 사람 구실을 하고 남편과 아내 노릇을 하고 인간의 도리를 다할 수 있다는 것이다.

둘째는 일이라는 기둥이다. 누구든 일이 있어야 제 밥벌이를 할 수 있으며, 남에게 신세지지 않고 남을 도울 수 있는 힘은 일을 통하여 얻어진다는 것이다.

셋째는 가정이다. 가정은 공동생활의 최소 단위이고 사회생활의 기본 질서와 도덕이 만들어지는 곳이다. 기본에 충실한 자세는 바로 가정에서 길러진다.

넷째는 가치관이라는 기둥이다. 세상을 어떤 생각과 태도로 살아갈 것인가를 다짐하는 것으로, 이를 인생관이라고도 한다.

일의 의미

서 사장은 1999년 3월에 쓴 〈한국전기초자와 나〉라는 글에서

'나는 지난 1년 동안 한 일이 3년분은 된다고 느껴질 만큼 모든 힘과 정성을 다 쏟았다. 내겐 지칠 여유마저 없었다'고 적었다. 그가 그렇게 열심히 일한 첫째 이유는 최고경영자로서 책임을 다하기 위해서였다. 하지만 책임감 외에 다른 이유도 있었다.

사람은 누구나 정해진 시간밖에 살지 못합니다. 남들보다 짧게 살고 간 사람이 있고 백 년 넘게 장수를 누리는 사람도 있지만 영겁의 우주 시간에 비하면 그 차이란 아무것도 아닙니다. 오히려 역사에 남을 훌륭한 업적을 남긴 사람 가운데는 요절한 사람도 많습니다.

세네카는 '인생은 짧은 것이 아니라 우리가 그것을 짧게 만들 뿐'이라고 했고, 루소는 '가장 오래 산 사람은 가장 오랜 세월을 산 사람이 아니라 인생을 가장 잘 체험한 사람'이라고 했습니다.

그런데 인생을 가장 잘 체험한 사람이란 내가 내 인생의 주인이 되어 내 힘으로 살고, 내 피땀으로 인생을 건설한 사람일 것입니다

스티븐 코비 박사는 『성공하는 사람들의 7가지 습관』에서 성공하기 위해서는 첫째 주도적으로 일하는 습관을 가져야 한다고 했습니다. 그런데 일을 주도적으로 하려면 무엇보다 먼저 일의 참뜻을 알아야 합니다.

일의 의미는 경제적, 생명적, 사회적, 종교적 차원의 의미로 나누어 생각할 수 있습니다.

먼저 경제적 의미에서의 일이란 생계유지의 기본 수단입니다. 직업이란 생계유지를 위한 계속적인 경제 활동이며, 일이란 활동을 하고 일정한 보수를 받는 경제적 행위이기 때문입니다. 일을 생업이라고 표현하는 것도 이런 연유에서입니다.

생명적 의미에서의 일은 우리의 몸과 직결되어 있다는 의미입니다. 우리는 일한 다음에 쉬고, 쉬고 난 다음에 다시 일합니다. 이것은 활동과 휴식이 우리 생명과 생활의 가장 중요하고 근본적인 리듬이기 때문입니다. 그러므로 생활과 존재의 리듬이 생명적인 조화와 균형을 이룰 때 우리 몸도 오랫동안 건강을 유지할 수 있게 됩니다.

사회적 의미에서의 일은 사회적 역할이요, 사회적 기여란 의미입니다. 사회는 하나의 유기체로서 다양한 분업의 체계를 이룹니다. 다종다양한 사회적 분업을 서로 분담하지 않으면 사회는 발전·존속할 수 없는 것입니다. 또 일을 통해서 가족, 이웃, 사회에 봉사한다는 점도 일의 커다란 사회적 의미라 할 수 있습니다.

종교적 의미에서의 일은 인간에게 맡겨진 사명이고 하늘이 부여한 천직이라는 것입니다. 그러므로 일은 인간에게 신성하고 존엄한 존재입니다.

일에 대한 서 사장의 생각이다.

최성율 팀장
혁신 성공 사례

내 꿈은 CEO,
열정 하나만은 1등이었다

　한국전기초자에 근무했던 초짜맨들 중에는 서두칠 사장의 경영 철학에 크게 감동하고 공감했던 사람들이 많았다. 그중 당시 과장 이었던 최성율 현 동진산업 대표는 서 사장의 솔선수범과 열린 경 영에 감동받았던 순간을 잊지 못했다.

　"사장님 한마디 한마디가 저를 가슴 뛰게 만들었습니다."

　CEO가 꿈이었던 최성율 팀장에게 망해가는 회사를 살려내는 서 사장의 혁신 활동은 살아있는 교과서 그 자체였다. 그래서 그 는 회사를 살리는 일이라면 어떤 어려움도 마다하지 않았다. 10년 동안 그 누구보다 열정을 바쳤던 회사였기에 서두칠 사장의 살가 죽을 벗겨내는 듯한 혁신 활동은 그에게 고통이 아닌 희망으로 기 억되었다.

제1호 특허

고브 롤 가이드 메커니즘(Gob Roll Guide Mechanism) 개발

최성율 팀장은 1987년 한국전기초자에 공채로 입사했다. 그의 남다른 열정과 적극성은 신입사원시절부터 유명했다. 아무리 어려운 여건이라도 '할 수 있다'는 도전정신으로 문제를 끝까지 해결하고야 마는 근성을 발휘해 여러 부문에서 괄목할 만한 성과도 이루어 냈다.

한국전기초자에서 핵심적인 프로젝트를 맡아 제1호 특허를 등록하게 했던 일은 그에게 아직도 가슴 벅찬 일로 남아 있다.

신입 시절, 회사에서는 전면 유리에 나타나는 셰어마크Shear Mark 즉 가위자국 때문에 많은 클레임이 들어오고 있었다. 브라운관 유리를 만들기 위해서는 1,600℃로 녹인 유리물을 1,000℃로 낮춰 일정량을 금형에 투입해야 하는데, 투입할 때 위에서 흘러내리는 유리물을 가위로 자르게 된다. 거대한 프레스 머신의 금형 위로 흘러내리는 유리를 가위로 자르면 가위자국이 내면에도 생기고 외면에도 생기는데 내면에 셰어마크가 생기면 100% 불량이 되고, 외면에 생기면 연마를 통해 없애야 했다.

당시 회사에서는 내면 셰어마크로 인한 불량이 5% 넘게 나와 골머리를 앓고 있었다. 외면 셰어마크 역시 심할 때는 연마제가 많이 들기 때문에 비용문제를 초래하는 문제가 발생했다. 내면 셰어마크는 육안으로 잘 보이지 않아 불산 처리를 거쳐야 알 수 있는데, 전수 검사를 할 수 없었던 한국전기초자는 고객사로부터 많은 클레임을 받고 있었던 것이다. 회사에서는 이 문제를 해결하기 위해 여러 사람에게 프로젝트를 맡겼지만 누구도 성공하지 못했다.

사장은 신입 1년 차 밖에 되지 않은 최성율 팀장에게 이 문제를 해결하라고 지시했다. 기라성 같은 선배들이 모두 실패한 일이었지만 매사 적극적이고 도전적인 최성율 팀장을 한번 믿어보기로 한 것이다. 사장의 직접 지시에 최성율 팀장 역시 절호의 기회라는 생각으로 가슴부터 설레었다.

처음 부여받은 임무였기에 모든 열정을 쏟았지만 그러나 의욕만큼 일은 순조롭지 않았다. 프로젝트를 맡아 수개월 동안 현장테스트를 했는데도 기대했던 결과를 얻지 못했다. 그러자 제조팀장이 나서서 더 이상 테스트를 하지 말라고 종용했다. 테스트가 계속되면 불량과 가동시간 손실을 발생시키고 현장 작업자의 업무 강도를 가중시킨다며 그만 포기하라는 것이었다.

그가 생각해낸 것은 롤가이드를 회전시키는 메커니즘이었다. 롤가이드를 회전시키면 뜨거운 유리물이 잘려 프레스 머신의 금형 안에 떨어질 때 잘린 가위 자국을 약하게 하고, 상부 금형으로 프레스할 때도 내면으로 자국이 나타나지 않게 되었다.

기존에는 유리물이 잘려 떨어질 때 밋밋한 삽 모양의 스페이드 Spade에 면접촉하여 떨어져 잘린 자국이 나타나고 상부금형으로 프레스할 때도 자국이 내면으로 나타나게 되어 문제가 발생됐다. 최성율이 개발한 고브 롤 가이드Gob Roll Guide는 실패 모양으로 돌아가는 장치이며 잘린 유리물이 그 장치에 접촉하게 하여 유리물을 떨어뜨렸다. 그 장치는 회전을 계속하면서 내면에 발생될 수 있는 잘린 자국을 밖으로 끄집어내기도 하고 잘린 자국이 돌아가면서 무마되어 셰어마크를 약하게 했다.

그는 포기하라는 지시를 고분고분하게 따를 수 없었다. 그의 사전에 '포기'라는 단어는 존재하지 않았기 때문이다. 한 번만 더 테스트한다면 꼭 성공할 것이라는 확신도 들었다.

그는 제조팀장을 찾아가 한 번만 더 디자인을 변경해 테스트해보자고 설득했고, 그의 집요한 설득 끝에 마지막 테스트 기회를 얻을 수 있었다.

결과는 완벽한 성공이었다. 불량률 5%이상, 고객 클레임 발생율 3만 ppmparts per million 이상이던 것이 제로화 되었고, 셰어마크 등의 흠집을 없애기 위한 연마 시간도 3분 이상 소요되던 것을 1분 이하로 단축시켰다.

한국전기초자는 최성율 팀장이 개발한 고브 롤 가이드를 제1호 특허로 등록하게 되었다. 이 기술은 미국 기술제휴회사인 TNG사에까지 전해졌다. 1년 후 최성율이 미국 출장을 갔더니 미국 TNG사의 실리반이라는 기술이사와 현장 계장급인 포맨foreman이 넘버원이라며 엄지손가락을 추켜세웠다.

엄청나게 뜨거운 작업장에서 불량을 줄이기 위해 작업자가 유리물을 잘라주는 장치를 조절하다 보면 온몸이 땀에 절게 마련이지만 최성율이 개발한 고브 롤 가이드를 사용한 이후로는 팔짱을 끼고 지켜만 보아도 불량이 발생하지 않았기 때문이다.

또한 최 팀장은 제조기술 과장 시절에 부장급들이 맡았던 ISO(국제표준화기구) 심사팀장을 맡아 부장과 차장급 선배사원을 감사팀원으로 데리고 일을 하기도 했고, 사원 시절에는 제조부문 TPMTotal Productive Maintenance 추진 담당자가 되어 권위 있는 일본 TPM 컨설턴트에게 집중적으로 컨설팅을 받음으로써 경영자의 안목도 기를 수 있었다. 과장 시절에는 전사경영혁신본부 TPM 사무국장을 맡아 전사적인 혁신을 추진하기도 했다. TPM이란 모든 기계 설비들이 제 성능을 발휘하도록 불합리한 요소들을 찾아 없애는 일련의 전사 생산보전 활동들을 말한다.

전면 유리 금형의 사용시간을 연장하라

서두칠 사장이 부임하기 직전 회사 상황은 최악이었다. 매일 아침 주요 조간에서 '부도 대상 1호 기업'으로 일면을 장식했다. 최성율 팀장은 10년을 몸 바친 일터가 하루아침에 망할 수 있다는 생각에 안타까운 심정은 이루 말할 수 없었다.

서두칠 사장이 구조조정을 위해 투입된다는 소문은 최성율 팀장을 비롯한 한국전기초자 사람들을 더욱 불안하게 만들었다. 하지만 전 사원을 대상으로 한 첫 경영설명회를 듣고 최성율 팀장은 서 사장이야말로 죽어가는 회사를 살릴 리더라는 사실을 그 자리에서 알아차렸다.

4명의 전임 사장을 모셨지만 그 누구보다 자신감에 넘치는 목소리였고, 서 사장이 제시한 앞으로의 비전은 귀에 와서 쏙쏙 박히며 절망을 희망으로 바꾸어 놓았다. 서 사장과의 만남으로 그의 열정은 다시 살아나기 시작했다.

일주일간의 업무 보고를 받은 서두칠 사장은 당시 핵심과제였던

'전면유리 금형의 사용시간 연장 문제'를 놓고 고민했다. 당시 전면유리 금형의 사용시간은 성형의 생산성과 품질에 가장 걸림돌이 되고 있었다. 금형의 사용시간이 짧아 잦은 금형 교환으로 가동시간 손실을 일으키고 품질 문제도 발생시켰으며, 불량률도 높았다.

서 사장은 조간 임원회의에서 이 문제를 최성율 팀장에게 맡겼다. 최 팀장을 전면유리 금형 사용시간 연장 TFT 팀장으로 발탁하고 활동 실적을 2주마다 아침 임원회의석상에서 발표하게 했다.

최 팀장은 회사를 살릴 가장 중요한 프로젝트 책임자로써 막중한 책임감과 사명감을 느꼈다. 기존 업무와 병행해야 했기에 부담이 되긴 했지만 밤을 세워가며 연구한 끝에 한 달 후에는 금형 사용시간을 15시간에서 22시간으로 연장시켰다. 얼마 후에는 경쟁사 S사로부터 금형 교환 전에 금형을 예열하는 장치를 이용하면 효과가 있다는 사실을 알아내 임원회의석상에서 발표했다. 예열은 온도차로 인한 열충격을 줄여주어 금형의 수명을 늘리는 데 도움이 되었다.

'돈 2천만 원이 부족해 부도날 판'이라는 말을 수요경영회의에서 들었던 터라 최 팀장은 9개 프레스머신 중 1개만 적용해보자고 조심스럽게 건의했다.

"최성율 팀장, 내가 어떤 방법을 써서라도 돈을 구해올 테니 9개 프레스머신 전체에 금형 예열로를 제작해 빠른 시일 내 현장에 적용하게."

서 사장은 그 자리에서 최 팀장의 제안을 적극 받아들였고, 최 팀장은 사장의 지원에 감격했다. 사장이 믿어주니 그때부터 일에 전념하지 않을 수 없었다.

TFT 활동실적을 임원회의에서 발표하는 날이면 최 팀장은 밤을 꼬박 새워야했다. 3개 공장 9개 머신의 성형가동일보를 밤새도록 돌아다니며 모두 조사하고, 현장 작업자의 의견을 참고해 문제점의 원인과 대책 보고서를 작성해야했기 때문이다.

하지만 그러한 고생도 내일 아침 서 사장 앞에서 발표한다고 생각하면 오히려 가슴 설레는 일이었다. 밤을 꼬박 새워도 피곤한 줄 몰랐고, 서 사장이 칭찬이라도 해주면 남아있던 피곤함마저 금세 사라졌다.

최 팀장은 일주일에 세 번 이상 성형과 금형, 설비의 TFT 팀원들과 난상토론을 하면서 금형 교체 원인을 분석하여 개선대책을 스피드있게 실행해 나갔다. 그러한 노력 끝에 1년 뒤에는 기존대비 8배를 향상시킨 120시간 연장이라는 신기록을 세웠다. 세계 최고 수준을 가진 경쟁사 S사의 72시간보다 48시간이나 늘어난 긴 시간이었다.

전면유리 33인치 생산수율 업계 최고수준 달성

33인치 유리는 제일 컸기 때문에 생산하기가 매우 힘들었다. 문제가 발생할 경우 유리를 끄집어 내야 하는데 너무 뜨거워 패드를 댄다 해도 손을 데기 일쑤였다. 굉장히 생산하기 힘든 초대형이라 생산수율 역시 낮았다.

그런데 이익률은 제일 높은 제품이기도 해서 회사의 입장으로서는 매력적인 제품이었다.

서두칠 사장은 33인치 유리 수율을 올리기 위해 최성율 팀장을

TFT팀장으로 앉혔다. 33인치 유리는 회사의 주요 타깃 제품이 되었고, 수율을 높이기 위해 여러 방법을 찾아야 했다.

최 팀장은 타사를 벤치마킹하기로 했다. 어떤 회사를 벤치마킹할 것인가는 최 팀장의 선택에 달렸다. 최 팀장은 새로운 벤치마킹 방법을 생각해냈다. 보통 벤치마킹을 한다고 하면 최고의 회사 하나를 선정해 그 회사를 따라한다. 하지만 그는 여러 회사를 조사해 그 회사에서 가장 잘하고 있는 것만 골라 벤치마킹 대상으로 삼았다. 용해 불량, 성형 불량, 연마 불량, 가동손실 등 여러 요소들을 회사마다 분석해 장점만 골라 벤치마킹한 것이다. 그렇게 되면 모든 회사보다 우위를 차지할 수 있을 것이라고 생각했다.

그는 목표를 달성하기 위해 팀원들과 열린 토론을 하며 문제점을 세부적으로 분석해 개선 대책을 실시하는 등 여러 노력으로 결국 경쟁사 S사의 수율 70%보다 10% 더 향상된 80% 이상의 결과를 얻을 수 있었다. 33인치의 수율 향상은 한국전기초자를 세계 최고로 만드는 데 큰 역할을 했다.

그 외에도 17, 19인치 플래트론(무한대 평면 유리)을 세계 최초로 개발, 양산하는 프로젝트 리더를 맡았고, 고객사에서 유리를 코팅해 가열로를 통과시킬 때 생기는 전면유리 파손 문제 해결 프로젝트 리더를 맡는 등, 자신이 맡은 프로젝트에 대해서는 모두 최단 시간에 성공시켰다. 그래서 사람들은 그를 보면 '세계 최고 신기록을 갈아치우는 제조기', '해결사'라는 별명으로 부르기도 했다.

이러한 성과들은 경쟁사에 알려졌고, 경쟁사 사장이 "한국전기초자에 도대체 무슨 일이 벌어지고 있는지 정보를 입수하라"는 특명을 내렸다는 소문도 돌았다. 그 때문인지 퇴근 때가 되면 경쟁사 직원들이 회사 주변을 배회했다는 이야기도 전해졌다.

성형과 금형의 조화를 이루라

최 팀장을 지켜본 서 사장은 그에게 좀 더 막중한 역할을 맡겼다. 9개 생산라인 중 250명으로 인원이 제일 많은 6라인장으로 발령한 것이다.

"내가 최성율 팀장을 6라인장으로 임명한 이유는 세 가지다. 첫째 인사기록을 보니 신입사원 때부터 성형전문가였다. 해보고 싶은 것이 많을 것이니 마음껏 펼쳐보라. 둘째 새벽에 불시에 6라인을 둘러보니 불안한 요소가 많았다. 최 팀장이 그것을 해결하라. 셋째, 회사 운영자금이 없어 서울에 가서 금융담당 책임자들을 만나보니 젊은 30대 젊은이들이 많더라. 최 팀장도 30대이니 뜻을 이루어 보라."

최 팀장 역시 자신을 알아준 서 사장을 위해 온몸을 던져 일하겠다고 다짐했다.

하지만 너무 과중한 업무로 건강이 극도로 악화되었고, 성형된 유리에 크랙이 발생하는 '내면주름' 문제를 해결하지 못해 수개월 후 6라인장에서 내려와야 했다. 최 팀장은 무엇보다도 자신을 믿어준 서 사장을 실망시켰다는 사실이 힘들었다.

대신 서 사장은 최 팀장을 금형팀으로 발령내면서 "자네가 성형기술 전문가이니 금형팀에 가서 성형과 금형의 조화를 이뤄 품질과 생산 수율을 세계 최고 수준으로 향상시키라"는 미션을 던졌다.

그는 금형팀으로 내려와 직접 금형 내면주름 문제를 분석했다. 내면주름은 상부 금형의 두께가 기준치 대비 얇아 유리물 성형시 금형이 과냉되어 성형된 유리에 크랙이 생기는 문제를 말한다. 다시 말해 유리물을 식힐 때 같은 속도로 식혀야 하는데 테두리 부분이 먼저 굳어버림으로써 주름이 발생하는 것이다. 주름이 발생한 유리는 브라운관 유리로 사용할 수 없었다. 최 팀장은 상부 금형 코너 두께가 얇아 유리물이 빨리 식는다는 사실을 확인하고 상부금형 코너부에 유리물이 빨리 굳지 않도록 보온재로 코팅하여 내면주름문제를 단번에 해결했다. 그리고 금형설계 담당자와 협의해 상부금형을 제작할 때 코너부 두께를 아예 3mm두껍게 설계 변경해 근본적 문제를 해결할 수 있었다.

서 사장은 매주 두 번 발간되는 '열린 대화방'의 CEO메시지를 통해 최 팀장이 금형과 성형의 조화를 이뤄냈다며 크게 칭찬했다.

당시에는 성형전문가가 금형팀으로, 금형전문가가 성형팀으로 인사이동 된 적은 한 번도 없었던 터라 성형전문가인 최 팀장이 금형팀으로 발령 난 것은 초유의 일이었다.

금형팀에서 최 팀장의 주 업무는 성형 조건에 적합한 양질의 금형을 공급하도록 판별하는 최종 판사와 같은 역할이었다. 최 팀장의 까다로운 검사에 금형팀 담당자들이 처음에는 불만을 가졌지만 일을 할수록 금형의 작업량이 결과적으로 줄어들게 되어 최 팀장의 결정을 신뢰하게 되었다.

한 번도 시도한 적 없는 성형전문가의 금형팀 발령으로 품질과 생산수율을 세계 최고 수준으로 높인 것은, 고정관념을 깬 서 사장의 뛰어난 통찰력 때문이었다.

초박막액정 유리 신사업 성공

서두칠 사장은 한국전기초자 재임 시 미래 먹거리를 위해 한국전기초자 자체 기술로 초박막액정 유리TFT-LCD GLASS 사업을 계획하고 있었다. 하지만 아사히글라스의 경영간섭으로 그 꿈을 이루지 못한 채 회사를 떠나고 말았다.

서 사장이 떠난 2001년 최성율 팀장이 초박막액정유리 신사업팀장을 맡게 되었다. 그는 2년간 여러 국내 대학 교수들과 체코 박사들, 한국전기초자 내부 팀원들, 경쟁사에서 나온 경력사원 등 15명을 모아 초박막액정유리 연구 인프라를 구축했다.

초박막액정유리는 매우 정밀한 유리로 두 가지 제조공법이 있었다. 퓨전fusion 공법과 플로트float 공법이 그것이다. 아사히글라스에서는 플로트 공법을, 경쟁사 S사는 퓨전공법을 사용하는데, 두 공법은 모두 장단점을 가지고 있었다.

플로트공법은 대형가마에서 유리를 수평방향으로 빼내어 성형하는 공법이다. 건축용 판유리나 자동차용 유리 분야에서 많이 쓰이는 방법인데, 유리를 크게 뽑아낼 수 있는 장점이 있다. 성형틀만 넓다면 폭을 4m까지 매우 넓게 유리를 뽑아낼 수 있고, 뽑아낸 유리는 고객사인 LG전자나 삼성전자에서 필요한 만큼 길이별로 잘라 사용하기 때문에 생산성이 높았다. 대신 외면에 접촉하는 면이 있어 연마공정이 필요한 단점이 있었다.

퓨전공법은 소형가마에서 유리를 수직 방향으로 빼내어 성형하는 것으로 다품종 소량생산에 적합한 공법이다. 한 번에 사용할 수 있는 유리물이 제한되어 있어 크게 뽑아내기 어렵고 생산성이 낮지만 외면에 접촉하는 부분이 없기 때문에 연마 공정이 필요 없는 공법이다. 경쟁사 S사는 퓨전공법으로 5세대까지 양산하고 있었다.

최성율 팀장이 이끄는 연구소는 퓨전공법을 자체적으로 개발해 7세대까지 생산할 수 있는 실력을 갖추었다. 여기서 '세대'라는 것은, 보통 디스플레이 유리는 패널 원판의 크기에 따라 세대를 나누는데, 회사마다 규격의 차이는 있지만 1세대는 휴대폰과 같은 소형 제품, 2~3세대는 노트북과 소형 모니터, 4~6세대는 모니터, 7세대 이상은 대형 TV나 모니터에 사용된다고 보면 된다.

하지만 아사히글라스의 반대로 실력은 갖추었지만 양산하지는 못했다. 연구팀은 초박막액정유리 기술개발을 비밀리에 진행시켜 아사히글라스의 허락만 떨어진다면 당장이라도 생산이 가능한 상태까지 발전시켜 나갔다.

최 팀장은 사양화되고 있는 CRT 유리 사업을 대신할 미래 신사업에 대한 사명감이 남달랐다. 그래서 가또마츠 아사히글라스 사장을 만나기 위해 일본으로 건너갔다. 사업 승인을 부탁하기 위해서였다. 돈도 있고(서두칠 사장 재임 당시 모아둔 돈이 있었다) 기술도 있으니 사업을 승인해 달라고 했지만 아시히글라스의 사장은 알았으니 검토해보겠다는 답변만을 주었다. 그들의 검토해보겠다는 답변은 곧 거절의 의미였다.

당시 우리 정부는 디스플레이 강국을 만들기 위해 정책적으로 많은 혜택을 주던 시기였다. '고도기술산업'으로 인정만 받으면 법인

세와 소득세를 7년간 면제하고 공장부지도 50년간 무료로 제공하는 파격적인 혜택이었다. 고도기술산업이란 외국인이 국내에 투자할 경우 국내 기술보다 외국 기술이 우위에 있을 때 정부가 인정해주는 제도였다.

최 팀장은 당시 산업자원부(현 산업통상자원부) 등 정부기관을 돌아다니며 초박막액정 유리 사업이 고도기술산업으로 지정받을 수 있도록 힘썼다. 여기에도 난관은 있었지만 최 팀장은 적극적으로 설득했다.

"국가에서 디스플레이 강국을 외치고 있지 않습니까? 일본과 대만에서 지금 플로트공법으로 유리를 만들고 있습니다. 국내 S사는 퓨전공법으로 5세대까지밖에 만들지 못하고 있습니다. 앞으로 한국이 TFT-LCD 유리 시장에서 경쟁력을 갖기 위해서는 7, 8, 9세대까지 만들어야 하는데 이것이 고도기술산업이 아니고 무엇입니까?"

최 팀장의 끈질긴 설득과 노력으로 고도기술산업이라는 인정을 받아냈다. 하지만 아사히에 동조했던 회사의 임원들은 LCD 유리 사업을 하지 말자는 분위기였다.

최 팀장이 일본을 다녀온 한 달 뒤, 마침 신임 L사장의 취임식이 있었다. 최 팀장은 아사히 사장이 참석한다는 소식을 듣고 다시 설득해 보기로 마음먹었다. 하지만 마음 한편에는 불가능할 수 있다는 생각도 들었다. 아사히가 이미 플로트공법 기술을 가지고 있는 상태에서 이익률이 40%로 높은 사업이었기에 합자를 원하지 않을 것이라 생각했다. 게다가 아무리 우수한 기술이라도 경쟁사 기술에 투자하는 모회사는 거의 없기 때문이었다. 최 팀장은 아사히글라스가 거절한다면 아사히글라스의 플로트공법 기술이라도 달라고 해서 사업을 하겠다는 전략이었다.

L사장의 취임식 날, 최 팀장은 한국전기초자에 상주하고 있는 아사히 측 일본인 회장에게 간절하게 부탁했다. 아사히글라스 가또마츠 사장 앞에서 딱 한 번만이라도 브리핑을 할 수 있도록 도와달라고 했다.

일본인 회장의 도움으로 간신히 기회를 얻어 사업구상과 정부의 파격적 지원에 대해서 보고할 수 있게 되었다. 발표를 들은 아사히 가또마츠 사장과 사측의 핵심 멤버들은 정부의 엄청난 혜택에 매우 놀란 눈치였다.

최 팀장은 전 사원들의 미래가 달린 사업이었기에 오로지 성사시켜야 한다는 일념뿐이었다. 이익률이 40~50%나 되는 사업을 일본 아사히 측이 합자투자할 리 없고, 아사히 측은 대만 진출을 생각하고 있었기 때문에 누구도 한국전기초자와 합자투자하리라 기대하지 않았다.

최 팀장의 발표가 끝나자 가또마츠 사장은 조심스럽게 말을 꺼냈다.

"한국전기초자가 초박막액정 유리 사업을 한다는 소문으로 주가가 출렁이는 것을 원치 않습니다. 긍정적으로 검토하겠습니다."

이익률이 50%에 가까운 이러한 사업은 사업을 한다는 소문만으로도 주가가 엄청나게 올랐다. 서두칠 사장 재임 당시에 LCD사업을 한다는 소문만으로 주가가 7만원에서 13만 원까지 뛴 적도 있었다. '긍정적'이라는 말은 곧 '합자투자 한다'는 말이라는 것을 알아차리고 최 팀장은 그 자리에서 감사의 인사를 세 번씩이나 했다.

그런데 그날 취임한 L사장은 최 팀장과 기획 관리실장, 기획 관리실 과장을 불러서 사표를 쓰라고 했다. 받은 사표는 책상서랍에 넣고 열쇠로 잠갔다. 사표를 받은 이유는 아사히 측에서 정보 누출 우려에 대해 매우 엄하게 얘기했기 때문에 그것을 단속하기 위해서였다. 정보가 유출될 시에는 책임을 묻겠다는 뜻이었다. 그러면서 정말 초박막액정 유리 사업이 고도기술 산업으로 인정받아 정부의 파격적 혜택을 받을 수 있는지 산업자원부와 구미시에 가서 다시 확인하라는 지시를 내렸다.

기획관리 실장과 함께 최 팀장이 다시 확인해 주자 L사장은 일을 성사시키기 위해 아사히 측 가또마츠 사장을 세 번이나 직접 찾아갔다. 그러나 아사히 측은 서두르지 않았다. L사장은 50%지분과 회사가 설립되면 회사 직원의 50%를 한국전기초자 직원으로 채용해 줄 것을 요구했다. 상식적으로 생각해봐도 50%의 지분을 가져온다는 것은 말도 안 되는 이야기였다. 하지만 CRT 유리사업이 문을 닫으면 이 많은 직원들은 어디로 간단 말인가? 50% 지분이 안 되면 한국전기초자 직원 50% 고용보장이라도 반드시 받아내야 하는 상황이었다.

결국 한국전기초자가 지분 33%를 갖기로 하고 직원 50%를 고용한다는 조건으로 일은 성사되었지만 이 과정에서 L사장은 아사히 측과 많은 갈등을 겪어야 했다. L사장은 아사히 측과의 관계악화를 감수하면서 50% 고용 보장을 받아 내기 위해 끝까지 최선을 다했다.

1,600명 전 사원이 안 된다던 초박막액정유리 사업은 그렇게 성사되었다. 최 팀장의 마음속에서는 모두가 안 된다고 했을 때 되는 방법을 찾느라 새벽까지 고민했던 시간들이 스쳐갔다. 무엇보다 한국전기초자 식구들의 미래 먹거리를 마련했다는 생각에 보람도 컸다.

현재 초박막액정유리 합자 회사는 AFKAsahi Glass Fine Techno Korea(아사히 글라스 화인테크노 코리아)라는 이름의 회사로 성장해 년 매출 1조 4,200억, 순이익 2,137억 원(2012년 기준)을 달성하는 기업으로 성장했다.

서두칠 사장이 떠난 회사 비전이 없었다

아사히 측의 경영간섭으로 같이 혁신을 추진했던 L사장마저 한국전기초자를 떠나게 되었다. L사장 역시 현대자동차를 거쳐 대한 알루미늄 사장으로 재직했던 전문경영인이었다. L사장은 CRT 글라스 사업을 다시 일으키기 위해 들어왔지만 LCD 글라스 사업이 의사결정만 남은 상태라는 것을 알고 LCD 글라스 사업이 순탄하게 추진될 수 있도록 최선을 다했다.

전임 P사장이 최하위 수준으로 떨어뜨려 놓은 회사의 실적을 다시 회복시키기 위해 대대적 혁신을 단행하기도 했다. 그때 혁신을 같이 추진할 인물로 최성율 팀장을 추천받아 2년 반 동안 함께 허물어진 한국전기초자를 다시 일으켜 세웠다. 한 번 무너진 혁신 분위기를 되살리기는 쉽지 않았다. 2년이라는 긴 시간이 흐른 뒤 다행히도 재무성과를 제외한 제조 경쟁력 지표 부분에서는 서두칠 사장 때의 수준까지 끌어올리는 성과를 이뤘다.

하지만 사업을 확장시키려는 L사장과 막으려는 아사히 측의 갈등이 심화돼 그는 3년 임기를 다 채우지 못하고 동부제강(현 동부제철)으로 스카우트되어 떠났다.

L사장이 떠나자 L사장을 적극적으로 따랐던 최성율 팀장 역시 난처한 입장에 처했다. 임원들은 아사히 측과 동조해 최성율 팀장을 곱지 않은 시선으로 바라봤다. 거기다 일본의 경영 간섭이 점점 심해져 더 이상 회사에서 비전을 찾을 수 없었다. 결국 최성율 팀장마저 자신의 진로를 다시 생각하게 되었다.

그러던 어느 날, 한 통의 전화가 걸려왔다. 동부제강으로 갔던 L사장이었다.

"최 팀장, 동부제강에 와서 혁신팀을 맡아주게. 여기서 한국전기초자와 같은 성공적인 혁신사례를 또 한 번 만들어보자고."

최 팀장에게는 반가운 소식이 아닐 수 없었다.

"네 사장님, 감사합니다. 동부제강의 위기 극복에 도움이 될 수 있도록 최선을 다하겠습니다."

최 팀장은 구미에 처자식을 남겨둔 채 2006년 1월 구미발 서울행 새마을호 열차에 몸을 실었다. 그의 손에는 옷가지 몇 개를 챙겨 넣은 가방이 들려있었다. 서두칠 사장이 서울에 가족을 남겨두고 단신으로 구미에 내려왔을 때와 비슷한 모습이었다.

그 후 최성율 팀장은 동부제강에 입사해 경영혁신팀의 일원으로서 '트리플 텐Triple Ten 경영혁신운동'을 성공시키는 등 한국초자에서와 같은 혁신 성공스토리를 만들어냈으며, 2014년 3월 동진산업 대표이사 사장에 부임해 현재 전문경영인으로서 또 다른 혁신 스토리를 써 나가고 있다.

※ 최성율 대표는 어릴 때부터 어머니의 영향을 많이 받았다. 그의 어머니는 2011년 2월 췌장암으로 돌아가셨지만 생전에 자식 사랑이 넓고 깊었고 매사 지극정성이었다. 어릴 때부터 그런 어머니의 삶을 보고 배워서인지 열정이 남달랐고, 남들이 불가능하다는 일에도 도전해 이루어 내는 모습을 보였다.

그는 평소 존경하는 서두칠 회장님의 『우리는 기적이라 말하지 않는다』의 증보판에 본인의 혁신 사례를 실을 수 있게 되었다며 지면을 할애해주신 서 회장님께 감사를 전했다. 또한 하늘에 계신 어머니께서 무엇보다 기뻐하실 것이라며 이 소중한 책을 가장 먼저 어머니께 바치고 싶다고 했다. 그리고 사랑하는 아내 김진숙과 두 아들 원준·원형에게도 힘들어하는 아빠를 위해 곁에서 많은 응원을 해주어 큰 힘이 되었다며 고마움을 전했다.

앞으로 최성율 대표는 서 회장님께 배운 리더십과 한국전기초자 성공혁신 사례를 기업체, 공공기관, 공공조직 등에 공유하고 전파하여 긍정적인 변화를 만들어내는 역할을 하고 싶어 했다. 그의 꿈이 이루어지길 기대한다.

한국전기초자의 회생 스토리가 전해지자 많은 단체나 기업에서는 서두칠 회장의 경영 철학을 배우고 싶어 했다. 서두칠 회장은 직장 생활 38년 만에 쉼표 같은 시간을 꿈꾸었지만 여러 기관의 강연 요청으로 오히려 세상에서 가장 바쁜 백수가 되었다.

서울대학교를 비롯한 대학원 강의와 EBS, MBC, SBS와 같은 TV 방송 등 여러 강연에서 그는 그의 경영의 핵심인 솔선수범과 열린 경영을 전파했다. 그의 이야기는 현장에서 얻은 살아있는 체험담이었기에 이론보다 더 강하게 청중을 감동시켰다.

〈성공적인 경영혁신의 조건〉은 2006년 12월, 청와대 상춘포럼에서 서두칠 회장이 강연한 내용이다. 2004년부터 실시된 상춘포럼은 대통령 비서실 직원들을 대상으로 세상과 함께 호흡하고 학습하는 비서실을 만들기 위해 만든 포럼이었다. 월 2회 국정현안과 관련한 브리핑을 하고, 사회·문화 분야에 관한 다양한 정보 교류 및 새로운 지식 습득을 위한 활동, 직무 능력 향상을 위한 간접 교육을 실시했다. 상춘포럼에서는 사회 각계각층의 저명인사들이 와서 강연을 했는데, 서두칠 회장은 38회 상춘포럼에서 강연을 했다.

이 글은 32회부터 48회까지의 강연내용을 엮어 만든 「2006 상춘포럼」에서 발췌한 내용이다. 여기에는 서두칠 회장이 전하는 경영의 성공요소, 경영 철학이 잘 드러난다.

성공적인 경영혁신의 조건

한국 사람의 특성을 바로 아는 게 경영의 출발선

경영이 무엇이라 생각합니까?

경영이란 사람이 모여서 일을 만들어가는 것이며, 사람과 일이라는 두 요소가 핵심입니다.

경영에는 전략적인 측면, 구조적인 측면, 인간적인 측면이 있는데, 이중 인간 적인 측면은 사람이 모여서 일을 한다는 내용으로 특히 중요한 부분입니다. 기업 의 '企'자는 사람 '인(人)' 밑에 그칠 '지(止)'입니다. '사람이 모였다'는 뜻이지요. 일 '업(業)'은 '일을 만들어 간다'는 뜻입니다.

그러므로 경영을 실제 굴러가게 하는 바퀴는 사람이요, 사람을 잘 이해하는 것이 경영의 출발점입니다.

이 세상에는 많은 종족과 사람이 있는데, 각각 차이점이 있습니다. 한국 사람 들은 어떨까요? 명절날 고향을 가기 위해, 한식날 벌초를 가기 위해 길을 메우는 나라는 우리나라 밖에 없습니다. 남다른 따뜻한 정을 갖고 있기 때문이지요. 한 국 사람들은 신명 나면 물불을 가리지 않습니다. 열이 오르면 '너 죽고 나 죽고' 가 되지요. 주체할 수 없는 끼 때문입니다. 우리나라 사람들은 몸도 유연하게 움 직입니다. 그들은 끼를 가지고 있어 환경만 조성되면 신명 나게 움직입니다. 그 래서 자신의 일과 실력에 자신을 가지면 두려움 없이 달려드는 민족입니다.

우리 민족은 전 세계에서 가장 과학적인 문자 한글을 가진, 지혜로운 민족이 기도 합니다.

공자는 이 세상에 많은 부류의 사람이 있지만 잘 나누어 보면 한 부류는 '인자 그룹'이고, 한 부류는 '지자 그룹'이라고 했습니다. 지자 그룹은 모든 것을 정한 대로 글로 써서 나타내는 일본인들과 같은 사람입니다. 한국인은 인자그룹에 속합니다. 가령 야간 통행금지가 있다면 일본인들은 법조항을 일일이 들어 벌금을 매기지만 우리나라 사람은 "큰집에 제사가 있어서 늦었다"고 하면 '아, 효자다. 그냥 가라'고 보내줍니다.

어질 '인(仁)'자는 사람 인(人) 변에 두 이(二)자를 씁니다. 한 사람인데 둘이라고 생각하는 민족으로 하나는 현재의 나 자신이고, 하나는 나의 뿌리입니다. 그 뿌리는 가장 훌륭하다고 생각합니다. 뿌리가 같다고 생각하기 때문에 한국 사람들은 평준화를 추구하고 평등사상을 강하게 갖고 있습니다. 경영자는 이러한 한국 사람의 기질들을 정확히 읽어야 조직의 핵심이 되는 사람들을 신명나게 끌고 갈 수 있습니다.

변화라는 것은 나 자신이 먼저 바뀌는 것

혁신의 '혁(革)'자는 가죽 혁(革)자입니다. 가죽을 벗기는 아픔이 있다는 뜻입니다. 혁신을 실행하려면 아픔과 어려움이 따르는데 이를 견뎌낼 수 있는 필수 요소는 열정입니다. 그리고 혁신의 핵심 요소는 변화이기에 변하는 것을 인내해야 합니다. 새로워지기 위해서는 바뀌어야 하지만 사람들은 바뀌는 것을 아쉬워하고 두려워합니다. 변화라는 것은 나 자신이 먼저 바뀌는 것입니다. 그래서 어렵습니다.

조직 속에 있는 사람들은 어떻게 해야 할까요? 저는 '보상을 위해서 일하는 열 사람보다 재미에 빠져 일하는 한 사람이 더욱 소중하다'는 말을 즐겨 합니다. 머리수가 많은 것보다 그 마음이 중요하고, 자기 일에 개인적으로 관심이 있어야 하고, 욕구가 충만해야 하고, 무엇보다 성취감을 맛볼 수 있어야 합니다.

과거 20세기에는 조직의 위계질서를 중시하는 권위주의적인 사고를 가졌습니다. 이제는 힘을 바탕으로 줄을 세우는 것이 아닌 각자가 스스로 동기 부여할 수 있는 모습이어야 합니다.

저는 형편없던 회사를 3~4년 후에 주가와 경쟁력, 자산 가치를 몇 배로 키운 사례를 여럿 남겼습니다. 1997년 말 한국전기초자를 맡았을 때 총 부채가 4,700 억 원에 부채비율 1,114%였고, 원천기술이 없어 미국의 테크노글라스사에 매출액의 1.5%를 로열티로 지불하고 있었습니다. 일은 어렵고 작업장은 뜨거운 3D 직종에, 77일간 총파업을 했습니다. 세계적인 경영컨설팅 회사가 6개월간 이 회사를 조사해 'can not survive!' 살아남을 수 없다고 했습니다.

채권단에서는 제2공장과 제3공장은 땅이 넓으니 팔아서 부채를 갚으라고 했고, 퇴출시키라고 했습니다. 하지만 저는 조직원들이 가진 잠재능력을 어떻게 자발적으로 발휘하게 할 것인가를 고민했습니다.

우선 '우리는 안 된다'는 생각을 버리게 했고, 시장점유율을 높이기 위해 오히려 투자를 늘렸습니다. 우리 스스로 기술을 개발했고, 아무리 열악한 환경이라도 일에 대한 가치관을 새롭게 가지면 무엇이든 할 수 있다고 말했습니다.

'열린경영'을 해야 했습니다. Mind, 마음에 숨김이 없고, Open Door, 환경을 다 개방하고, Open Book, 실용물을 다 공개함으로써 모든 구성원들이 신뢰를 갖게 했습니다. 한국 사람들은 신뢰를 받으면 대단한 열정을 발휘합니다.

21세기 리더는 솔선수범하는 사람

20세기와 21세기는 전혀 다른 세기입니다. 과거 20세기는 수요가 많고 공급이 모자라 계획적으로 공급만 잘 하면 수월하게 기업을 경영할 수 있었지만 지금은 수요보다 공급이 훨씬 많습니다. 수요와 공급이 맞지 않으니 경쟁이 훨씬 심합니다. 과거에는 몇몇의 엘리트 임원과 CEO를 따라가기만 하면 되었지만 21

세기는 리더가 실행의 한 복판에서 모든 구성원과 함께해야 합니다.

2004년 12월 19일 미국 시사주간지 타임지가 CNN과 더불어 '25명의 영향력 있는 글로벌 경영인'을 선정했는데 제가 포함되었습니다. 그들은 타임지 첫 줄에 제 사진과 더불어 이렇게 썼습니다.

"한국의 딱딱하고 수직적이고 보수적이고 위계질서를 중시하는 문화 속에서 대부분의 CEO들이 'Follow me'할 때 서두칠 사장은 'Let' go'라고 한다. 그 일의 한 복판에서 '함께합시다'라고 말한다."

21세기 리더는 시키는 사람, 감독하는 사람, 감시하는 사람이 아니라 일의 한 복판에서 함께하는 사람입니다. 모든 구성원이 함께해서 마음을 모을 수 있는 시스템을 만들고 그 시스템 한 복판에 설 수 있는 참된 리더십이 중요합니다. 리더는 조직의 한 복판에서 솔선수범하며 기업문화를 만들기 위해 노력해야 합니다.

관리는 뭘까요? 기획하고 예산하는 기능, 조직하는 기능, 충원하는 기능, 통제하는 기능, 문제를 해결하는 기능 같은 것입니다. 이제는 이런 일들을 조직 속에 있는 각자에게 스스로 하게 하는 겁니다. 리더는 그 조직의 방향을 설정하고 인적자원을 집중하고 동기를 부여하고 사기를 진작하는 것입니다.

공유하고 토론해서 얻어진 정보는 조직의 경쟁력

20세기 조직은 조직의 단계가 복잡합니다. 회장, 부회장, 사장, 부사장, 전무, 상무 등 10단계나 됐지만 지금은 싹 없어지고 팀장 한 사람만 있습니다. 이제 리더는 혼자서 할 수 있어야 합니다. 그리고 폭넓은 모습으로 다가가야 합니다.

20세기에는 책임자 몇 사람만 정보를 공유하고 '다른 사람은 몰라도 돼'라고 말했다면 오늘날 정보화 사회에서는 정보를 모두 공유해야 합니다. 한국 사람들은 대단한 자존심과 평등사상을 갖고 있는데 높은 사람끼리만 알고 '나머지는 몰라도 돼'라고 하는 것에 대해 대단한 불쾌감과 거부감을 갖습니다.

산업사회 초기에는 '정보 독점'이 비합리적인 권위의 기초가 되지만, 21세기는 '정보 공유'가 조직의 힘을 창출하는 시대입니다. 독점적인 정보가 개인의 권위를 만들어 준다면, 공유하고 토론해서 얻어진 정보는 조직의 건강한 경쟁력이 됩니다.

리더십은 결국 체인지(change)입니다. 급변하는 환경에 따라 조직을 새로 만들거나 바꾸어 나가는 일련의 과정입니다.

리더십에서 필요한 특성은 미래 예측입니다. 21세기가 앞을 내다볼 수 없을 만큼 깜깜하다 해도 리더십은 그럴수록 더 많은 미래 예측을 하고 조직원들을 미래 비전에 맞게 정렬하고 비전을 성취하도록 인도할 수 있어야 합니다.

올드(Old) 리더십은 가고 뉴(New) 리더십의 시대입니다. 뉴 리더십은 카리스마적입니다. 20세기에는 성실성이 제1덕목이었지만 21세기에는 성실성과 카리스마가 있어야 합니다. 성실성은 내 자신과의 약속을 충실히 지킬 때, 카리스마는 남과의 약속을 지킬 때 나타나는 모습입니다.

21세기에는 수많은 이해 당사자들이 있습니다. 기업을 하면 창업주, 소주주, 종업원, 환경단체, 정부, 지방자치단체 등 엄청나게 이해관계자가 많습니다. 거기다 이들 모두에게 균형되게 다가가야 하기 때문에 카리스마가 필요합니다.

토마스 칼라일은 『영웅숭배론』에서 영웅의 조건을 성실성, 통찰력, 재능, 카리스마 순이라고 했는데 21세기는 카리스마가 으뜸입니다. 전체를 볼 수 있는 카리스마가 필요합니다. 더욱이 청와대와 같은 조직은 다양한 이해당사자들에게 균형되게 다가갈 수 있는 아량과 재량이 있어야 하는데, 한쪽으로 치우치면 비난받을 수밖에 없습니다.

열린경영은 모든 임직원에게 경영자와 똑같은 정보를 제공하는 것

경영은 종합예술과 같아 어렵습니다. 저의 경영철학을 말씀드리겠습니다.

먼저 수많은 정보를 모든 사람과 공유해 조직원과 위기의식의 공감대를 형성합니다. 둘째, 조직원에게 무엇을 어떻게 할 것인지 비전을 제시하고 공유합니다. 셋째, 리더의 솔선수범으로 조직원들의 마음을 움직여야 합니다. 그러면 열의가 생깁니다. 이 세 가지를 통합하면 '열린경영'이 되는데, 한국적 경영에서는 열린 경영이 성공요소입니다.

정보를 공유한다는 것은 회사의 모든 정보와 경영 상태를 임직원 모두가 함께 공유하도록 공개하는 것입니다. 망할 수밖에 없는 한국전기초자를 3년 후 빚 한 푼 없이 갚고 3,500억 원의 자산을 쌓고, 주가를 130,000원으로 뛰게 하고, 시가 총액 1조원으로 만들고, 상장법인 중 영업 이익율 세계 최고를 만들 수 있었던 핵심은 정보 공유였습니다.

당시 저는 하루 세 차례 매일 조직원들과 정보를 공유했습니다. 공개된 정보는 포럼이나 워크숍, 연수 등 사원교육을 통해서 조직원들이 정확하게 이해하고 경영에 대한 지식을 갖출 수 있도록 해야 열린 경영의 가치가 제대로 발휘됩니다.

요즘은 변해야 살아남습니다. 10대, 20대부터 자기 위주의 생각을 버리고 남의 얘기에 귀 기울일 수 있어야 합니다. 그것이 변화입니다. 그리고 평생학습을 하십시오. 평생학습을 하고 10대, 20대에 이순(耳順)이 되는 것, 이것을 변화라고 합니다. 그러면 사람의 모습이 확 달라지고 성공적인 경영 혁신을 할 수 있습니다.

혁신을 하는 과정에는 자기희생과 헌신, 창의력이 필수이기 때문에 자발적 참여가 이루어져야 합니다. 규정과 규약으로 강요해서는 성과를 거둘 수 없습니다. 우리 민족은 알아서 잘 하는 민족입니다. 이해만 하면 잘 간다는 말입니다.

그러면 위기를 효과적으로 느끼게 하려면 어떻게 해야 할까요? 첫째 위기의 실상에 대한 정보를 낱낱이 공개해야 합니다. 구체적인 극복 방안이 단계별로 제시되고, 위기극복 후에 맞게 될 성과도 설명해야 합니다. 대안 없는 위기의식이 아니라 '나는 할 수 있다'는 셀프토크를 통해 절망과 실망을 극복해야 합니다.

축구 예를 들어볼까요? 히딩크가 올 때 우리나라 축구는 2002년 시드니 올림픽 예선 탈락, 아시안컵 3등으로 '이대로는 안 된다'는 위기감이 팽배해 있었습니다. 그때 우리 국민들은 좋은 감독 데려다 간섭하지 말고 적극 밀어주자는 분위기였고 그래서 성공했습니다.

그 다음 코엘류 감독이 왔습니다. 히딩크보다 기술적으로 한 수 위였지만 월드컵 4강이라는 환상에 들떠 위기감이라고는 찾을 수 없는 상황에서 그는 실패하고 도망치듯 떠났습니다.

공적인 경영혁신의 1단계는 위기감의 공감대 형성입니다.

존 코터 교수는 "오랜 시간 고유함을 즐기면서 자만심에 빠져 있다가, 가끔씩 깨어나 급하게 무언인가 해보려는 20세기형 기업경영 방식은 더 이상 통용되지 않는다."고 했습니다.

둘째는 비전입니다. 비전은 단순한 캐치프레이즈가 아니라 조직 구성원 한 사람 한 사람이 무엇을 해야 하는지 방향을 제시하는 것입니다. 비전은 위대한 리더십의 핵심요소이며, 경영혁신의 기본 방향도 명백히 해주고, 개인의 단기 이익보다는 전체에 도움을 주는 행동을 유발합니다. 그래서 좋은 비전을 공유하면 효과가 큽니다.

좋은 비전은 목표가 성취되었을 때 나 또는 우리가 어떤 모습이 되어있을 것인가 하는 미래상입니다. 그러기 위해서는 비전을 실천했을 때 장래 조직이 어떻게 변모해 있을지 상상할 수 있어야 하고, 조직의 이해당사자의 이익을 기대할 수 있어야 하고, 추진과정이 구체적이고 실현가능한 것이어야 하고, 환경변화에 대응할 수 있도록 독자적이면서 융통성이 있어야 되며, 비전의 구호가 명료하고 쉽게 전파할 수 있는 것이어야 합니다.

역대 대통령의 비전 중 '잘 살아보세', '경제개발 5개년 계획 1차, 2차, 3차', '근면자조협동의 정신', '1천불 소득, 100억불 수출' 등은 강하게 다가오지만 '정의사회 구현', '보통사람이 잘 사는 사회', '제2의 건국', '역사 바로 세우기', '동북아의 중심' 이런 것들은 어린 시절 교실에 걸려있는 '착한 어린이가 되자'는 식으로 기억에 남지도 않고 성과도 없습니다.

저는 조직을 맡으면 조직 내 비전을 철저히 공유하는데, 비전은 10년 후 ,5년 후를 말하기 앞서 장기 3년, 단기1년, 바로 이번 주, 이번 달, 이번 분기, 이렇게 다가가야 합니다.

제가 한국전기초자에 있었을 때 비전을 '혁신98', '도약99', '성공2000'으로 정했습니다.

제가 '혁신98'이 뭐냐 물으면 기능직은 "피보는 겁니다." 간부직은 "적자 안 내야죠", 임원들은 "채권단에 신뢰 받아야죠." 합니다. 각각 자기 직책에 맞춰서 해야 할 일이 뭔지를 만들어 실행하는 겁니다. 또한 '혁신 98'때는 세부 실천사항으로 '3890'을 세웠는데, 연간 3,000만 개 생산, 전면유리 수율 80%, 후면유리 수율 90%, 클레임 제로를 뜻합니다. 듣기도 좋고 외우기도 좋고 이것이 매일 매주 매달 어떻게 따라가는지 모두를 발표함으로써 자부와 긍지를 갖게 했습니다.

한국전기초자를 세계 으뜸으로 만들고도 3년 8개월 만에 떠난 이유는 더 이상 비전이 없었기 때문입니다. 회사 대주주였던 대우전자와 오리온전기가 모두 워크아웃 들어가면서 주식을 아사히글라스에 팔았는데, 아사히글라스는 세계에 공급할 물량을 배정하고 영업권을 자기들이 갖겠다고 했습니다. 그리고 차세대 제품인 TFT-LCD 유리를 개발하지 말라고 했습니다. 비전은 그렇게 중요한 것입니다.

리더는 변화는 유익하다는 믿음을 임직원 모두에게 심어주어야 합니다. 마음을 움직여야 열의가 생기는데, 열의를 끌어내는 가장 강력한 무기는 리더의 솔선수범입니다.

제가 한국전기초자를 떠나 동원시스템즈를 맡았는데, 회사가 어려워져도 아무도 걱정하는 사람이 없었습니다. 원래 성미전자라고 하는 아주 좋은 회사였지만 IT 거품이 걷히면서 2001년 말에는 820억 원의 적자를 냈습니다. '왕년의 성미전자인데 지금 좀 어렵고 환경이 이러니까 그렇지 이담에 잘 될 거야.', '통신회사 주식을 많이 갖고 있으니 다음에 주가가 올라가면 주당 차액만 하더라도 천억 이천 억이 될 거야.' 이런 생각을 가지고 있었지요. 채권단에서는 당좌대월한도, 외화지급한도도 다 걷어가 버려 아무 것도 없었습니다.

전임 사장은 IT붐을 타고 고액 연봉자인 연구원들을 스카우트해 연구실을 채워놓았습니다. 일하고자 하는 마음이 없고 열정이 없는데 연봉만 높았습니다.

그래서 저는 이 문제를 타개하기 위해 "이렇게 적자가 많이 나는 회사에서는 월급을 받지 않겠다. 회사가 턴 어라운드하면 월급을 받겠다"라고 선언했습니다.

기적은 없습니다. 피와 땀과 노력입니다. 그 피와 땀과 노력의 결정이 자발적인데 뜻이 있고, 값이 있는 거지요. 우리는 그렇게 함께한 것을 솔선수범이라고 합니다. 이런 것을 열린 경영이라고 하는데, 열린 경영이란 경영자처럼 생각하고 행동하는 경영혁신 방안이며, 그러기 위해 모든 임직원에게 경영자와 같은 정보를 제공하는 것입니다. 경영정보를 공개하되 공개된 수치를 이해하고 경영에 대한 지식을 갖출 수 있도록 교육도 해야 합니다. 또한 동기부여제도를 만들어 경영실적이 개선되면 보상을 받고 반대로 악화되면 위기를 분담하는 제도를 만들어가는 것이 열린 경영을 해 나가는 과정입니다.

열린 경영과 같은 경영혁신을 돕는 기반 조성도 필요한데 그것을 조직의 문화라고 합니다. 자식을 키울 때 성격을 키우듯 조직의 성격을 만들어야 하는데 그것이 바로 문화입니다. 제가 말하는 문화는 조직의 인원들이 공통으로 가지고 있는 생각, 그리고 일에 대한 반응입니다.

공부하는 문화, 일을 사랑하는 문화, 인간 존중의 문화, 도전하는 문화

문화를 만드는 핵심은 리더의 역할입니다. 공부하는 문화, 일을 사랑하는 문화, 인간 존중의 문화, 변화에 앞서고 도전하는 문화 이 네 가지를 겸비한 모습으로 부단히 계획을 세워서 실행해 나간다면 대개 3년쯤 지나면 효과가 나타납니다.

첫째, 공부하는 문화를 위해서는 정신적인 습관을 가져야 합니다. 자발적으로 안일함에서 벗어나려 하고, 자신을 낮추고 잘못을 반성하면 열린 마음으로 인생을 볼 수 있습니다. 또한 다른 사람 말을 끝까지 듣는 태도, 폭넓게 읽고 토론하는 태도가 필요합니다.

1998년 일본 '마르콘'이라는 회사에 갔을 때 사장이 인명록에 제 취미가 '독서'라고 써 있는 것을 보고 이렇게 말하더군요.

"서 사장, 독서는 생활이지요."

바깥세상이 쉬지 않고 물 흐르듯이 흐르니 책을 읽어야 합니다. 저는 매달 적어도 3~5권의 책을 읽고 있으며 좋은 책은 임원들에게 사주어서 소감문을 받기도 합니다.

우리나라 사람들은 대화가 부족합니다. 교장선생님 훈화나 국민과의 대화처럼 일방통행의 대화는 말만 대화지 훈화입니다. 쌍방향 대화가 이뤄져야 합니다.

둘째, 일을 사랑하는 문화, 제가 제일 강조하고 실천하는 것입니다. 한국전기초자에서 한 시간 일하고 30분 쉬는 문화에서 두 시간 일하고 10분 쉬는 것으로 바꾸었고, 3년간 하루도 쉬지 않고 일을 해냈습니다. 물론 저도 아침 6시를 지나 출근한 적이 없습니다.

일은 축복입니다. 칼 힐티는 『행복론』에서 행복하고 싶으면 일을 하라고 했고, 불경에서도 하루 일하지 않으면 하루 먹지 말라고 했습니다. 몰입과 헌신은 축복이며, 높은 성과를 낼 뿐 아니라 내 열정에 바탕한다는 것을 깨닫고 내 열정을 바쳐 실행해야 합니다.

셋째, 인간 존중의 문화입니다. 각자에게 책임을 맡기면 훌륭히 해냅니다. 타율에 의해 일하면 일에 대한 매력을 잃고 일을 그르치기 쉽습니다. 유비는 싸움 기술이 없고 전략도 없었지만 전략을 가진 사람과 싸움기술을 가진 각자에게 책임을 맡겨 성공한 것입니다.

마지막으로 변화에 앞서고 도전하는 문화는 잘 아실 것이라 생각하고 생략합니다.

다만 공적 조직에 있는 분들에게 고객은 국민이며 그들을 먹여 살리는 것은 국민의 혈세입니다.

대우전자가 아일랜드 벨파스트 근교의 작은 마을에 공장을 지었습니다. 어느 날 그 지역의 시장이 공장을 방문해 직원들의 구성에 대해 물었습니다. 시장이 돌아간 뒤 임원들은 걱정했습니다. 신교와 구교의 대립이 심각한 이 지역에서 우리가 그것을 생각지 못하고 직원을 뽑았구나 싶어서지요. 그런데 그게 아니라 공장 노동자들의 출퇴근 시간에 맞춰 버스 노선을 변경 운행하려고 왔던 것이었죠. 공조직이 진정으로 해야 할 일이 무엇인지 잘 보여주는 이야기입니다. 모두가 한마음 한 뜻으로 위기의식 속에서 비전을 갖고 방향을 연구하고 토론하는 문화가 이루어지기를 바랍니다. 〈2006년 12월, 38회 상춘포럼 발췌〉

혁신의 전형

2000년 3월 서울 출장길에 오른 서두칠 사장은 역전 서점에서 경영서 한 권을 뽑아들었다. 하버드 경영대학원 석좌교수인 존 코터의 『기업이 원하는 변화의 리더Leading Change』였다. 그는 세계적인 최고경영자 모임에서 강의하고, 성공적인 경영 혁신을 돕고 있는 경영 혁신 전문가였다.

책을 넘겨보던 서 사장은 깜짝 놀랐다.

'이거 전부 우리 회사 애기잖아!'

1. 자만심을 방치한다.
2. 혁신을 이끄는 강력한 팀이 없다.
3. 5분 안에 설명할 수 있는 비전이 없다.
4. 비전을 전사적으로 전파하지 못했다.
5. 무사안일주의에 빠진 관리자를 방치해 둔다.
6. 단기간에 가시적인 성과를 보여 주지 못한다.
7. 샴페인을 너무 일찍 터뜨린다.

존 코터가 적시한 기업 경영의 실패 이유 7가지이다. 이것은 부임 초기 한국전기초자의 실패 원인과 거의 일치했다. 당시 회사는 독과점 품목을 생산하는 업체로서 자만에 빠져 있었고, 혁신 작업을 이끌 강력한 팀이 없었다. 명확한 비전도 없었으며 단기간에 가시적인 성과를 보여 주기는커녕 무리하게 제2, 제3공장을 지었다가 용해로의 불을 끔으로써 오히려 고용 불안을 야기시켰다.

진단뿐만 아니라 처방도 비슷했다. 책에 실린 내용은 1997년 말부터 한국전기초자에서 일어난 혁신 운동과 거의 같았다.

존 코터는 변화를 성공으로 이끄는 요소로서 위기감을 조성하고, 강력한 팀을 구성하고, 비전과 전략을 개발하고, 그 비전을 널리 전파하며, 부하 직원의 권한을 넓혀주고, 단기간에 가시적인 성과를 얻어야 한다고 말하고 있었다. 또한 수평적이고 군살 없는 조직 구조로 개편해야 하며, 관리자는 평생학습의 기업문화를 가져야 한다고 주문하고 있었다.

서 사장이 맨 처음 한밤중의 생산 현장을 찾아간 것은 관리자들이 내미는 경영 자료를 검토하기 이전에 현장의 위기 상황부터 파악하자는 의도였다. 그리고 자신이 파악한 위기감을 전사적全社的으로 전파하기 위해 근무 시간이 들쭉날쭉한 종업원들을 맞대면했고 자정과 새벽을 가리지 않고 그들과 열린 대화를 시도했다.

존 코터는 위기감을 조성造成 차원에 그칠 게 아니라 지속적으로 '유지'해야 한다며 이렇게 적고 있다.

"외부 환경의 변화 속도가 빨라지는 상황에서, 성공적인 21세기 기업이라면 위기의식을 항상 평균 이상으로 높게 유지하도록 노력해야 한다. 오랜 시간 고요함을 즐기면서 자만심에 빠져 있다가 가끔씩 깨어나 급하게 무엇인가 해 보려는 20세기형 기업 운영 방식은 더 이상 통용되지 않는다."

서 사장의 경우에도 남들은 그의 1998-1999년 경영 성과를 칭송했지만 "아직 멀었다", "미래에 제대로 대처하지 못하면 여태까지의 성과는 물거품에 지나지 않을 것이다"라고 경고했다.

다른 항목도 마찬가지다.

'수평적이고 군살 없는 조직 구조를 가져라', '혁신은 단기간에 가시적인 성과를 거두어야 한다'는 충고는 혁신 과정을 지켜본 사람이라면 고개를 끄덕일 것이다. '관리자에 대한 평생학습'은 매일 실시되는 총무팀의 아침 미팅이 예가 될 것이다. 사장실에 원탁을 들여 놓은 서 사장에게 '호화로운 사무실은 당장 없애라'는 존 코터의 주문은 오히려 무색했다.

존 코터의 저술이 이론에 중점을 두고 있다면, 한국전기초자의 경우는 그 실제 사례들을 개발하고 적용했다는 점에서 더 큰 강점을 가지고 있다.

서 사장은『기업이 원하는 변화의 리더』라는 '문제의 책'을 과장급 이상 전 간부들에게 배포했는데, 읽고 난 사람들의 반응이 이랬다.

"이거 우리 회사 얘기잖아요."

회사의 경영 혁신 과정이, 세계적 경영 혁신 이론가의 주장과 기묘하게도 일치한다는 사실에 대해서 '우리 방법이 막무가내는 아니었구나' 하는 자부심을 느꼈을지 모른다.

그러나 존 코터는 이론가이지 현장 실천가는 아니다. 아울러 그는 한국의 경영 현실을 알지 못했고, 한국전기초자의 크기를 알지 못했으며, 한국 특유의 노사문화를 몰랐고, 더구나 IMF 구제 금융 하의 한국 상황을 알지 못했다.

그럼에도 불구하고 그의 혁신 이론과 서두칠 사장의 혁신 실천 과정이 일치하는 것은, 서 사장이 강조하는 '기본에 충실하자' 혹은 '원칙을 존중하자'는 보편적인 철학과 맞아떨어진 결과일 것이다. '기본'과 '원칙'은 동서東西와 고금古今을 초월하는 법이다.

서 사장은 "인생의 창조 행위는 일터에서 이뤄지며, 일을 해야 건강도 유지할 수 있고, 인생의 궁극적인 의미를 일에서 찾아야 한 다"고 말했다.

사실 이런 철학을 가진 최고경영자와 일하는 사람들은 힘들고 피곤하다. 그러나 그는 묘하게도 회사 사람들과 그 가족들마저도 자신의 철학에 대한 지지자로 만들었다.

1999년 5월에 소설가 이상락은 서 사장과 한국전기초자를 취재하고 난 다음 『신동아』 6월 호에 이렇게 적었다.

물론 모든 경영자에게, 최면 걸린 듯 일에 취해 지내는 서 사장을 그대로 본받으라고 하기는 어려울 것이다. 또한 모든 노동자들에게 한국전기초자 노동자들을 따라 하라고 요구하는 것도 무리일 것이다. 그러나 솔선수범과 열린 경영을 실천함으로써 노동자들의 에너지를 결집시켜 도산 직전의 회사를 우뚝 일으켜 세운 그의 값진 경험은, 이 어려운 시기에 대단히 생산적인 한 실험으로 평가해도 좋을 것이다.

하루 5분 나를 바꾸는 긍정훈련

행복에너지

**'긍정훈련'당신의 삶을
행복으로 인도할
최고의, 최후의'멘토'**

'행복에너지
권선복 대표이사'가 전하는
행복과 긍정의 에너지,
그 삶의 이야기!

인터파크
자기계발 분야 주간
베스트 1위

권선복 지음 | 15,000원

권선복

도서출판 행복에너지 대표
지에스데이타(주) 대표이사
대통령직속 지역발전위원회
문화복지 전문위원
새마을문고 서울시 강서구 회장
전) 팔팔컴퓨터 전산학원장
전) 강서구의회(도시건설위원장)
아주대학교 공공정책대학원 졸업
충남 논산 출생

책『하루 5분, 나를 바꾸는 긍정훈련 - 행복에너지』는 '긍정훈련' 과정을 통해 삶을 업그레이드하고 행복을 찾아 나설 것을 독자에게 독려한다.

긍정훈련 과정은 [예행연습] [워밍업] [실전] [강화] [숨고르기] [마무리] 등 총 6단계로 나뉘어 각 단계별 사례를 바탕으로 독자 스스로가 느끼고 배운 것을 직접 실천할 수 있게 하는 데 그 목적을 두고 있다.

그동안 우리가 숱하게 '긍정하는 방법'에 대해 배워왔으면서도 정작 삶에 적용시키지 못했던 것은, 머리로만 이해하고 실천으로는 옮기지 않았기 때문이다. 이제 삶을 행복하고 아름답게 가꿀 긍정과의 여정, 그 시작을 책과 함께해 보자.

『하루 5분, 나를 바꾸는 긍정훈련 - 행복에너지』